Autor: Neal Bedford
Lektorat: Adrian Phillips
Redaktion: Beth Hall
Design: Bookwork Creative Associates
Kartenredaktion: Anna Thompson
Redaktionsleitung: Clare Garcia

Deutsche Bearbeitung: H.-J. Schneider,
Lektorat und Herstellung, Köln
Übersetzung: Doreen Reeck M.A., Köln

1. Auflage 2008

„National Geographic" ist eine eingetragene Marke der
National Geographic Society. Deutsche Ausgabe lizensiert durch
National Geographic Deutschland
(G+J/RBA GmbH & Co KG), Hamburg 2008
www.nationalgeographic.de

Unsere Autoren haben nach bestem Wissen recherchiert.
Trotzdem schleichen sich manchmal Fehler ein,
für die der Verlag keine Haftung übernehmen kann. Hinweise,
Verbesserungsvorschläge und Korrekturen
sind jederzeit willkommen. Einsendungen an:
E-Mail: spirallo@nationalgeographic.de oder
National Geographic Spirallo-Reiseführer,
MAIRDUMONT GmbH & Co KG,
Postfach 3151, D-73751 Ostfildern

Herausgegeben von AA Publishing, einem Unternehmen der
Automobile Association Developments Limited, Fanum House,
Basing View, Basingstoke, Hampshire RG21 4EA, UK
Handelsregister Nr. 1878835.

Farbauszug: Keenes, Andover
Druck und Bindung: Leo Paper Products, China

A03498

NATIONAL GEOGRAPHIC

BUDAPEST

Inhalt

Das Magazin

ERHABENE ARCHITEKTUR

Die Skyline von Budapest versammelt viele Architekturstile, bestimmend dabei ist jedoch der Jugendstil. Dessen ungarische Variante heißt Sezessionsstil und seine charakteristischen Wellenlinien, Folkloremotive und der verschwenderische Umgang mit Farbe sind absolute Hingucker, die allem eine spielerische Note verleihen.

Seite 5: Das Gellértbad

Diese Seite: Geologisches Landesmuseum

Der Jugendstil in der Kunst

Der Jugendstil beschränkte sich nicht nur auf die Architektur, sondern durchdrang alle Kunstrichtungen. So finden sich seine fließenden Muster im Innern des Blumenladens Philantia (► 87), den Gemälden von József Rippl-Rónai und János Vaszary in der Magyar Nemzeti Galéria (► 46), dem Buntglas von Miksa Róth (► 118), den schmiedeeisernen Toren des Gresham Palastes (► 88) sowie den Möbeln, der Keramik und den Haushaltsgegenständen im Kunstgewerbemuseum (► 148).

Im späten 19. Jahrhundert war Budapest dermaßen gewachsen – die Bevölkerung hatte sich binnen Jahrzehnten verdreifacht –, dass Wohnraum und Bausubstanz rar wurden. Diese Entwicklung fiel mit einer Gegenbewegung zum Neoklassizismus zusammen, den von der Habsburgermonarchie bevorzugten Baustil. In Ungarn empfand man ihn längst als überholt und so war Budapest reif für eine architektonische Wende. Zur gleichen Zeit hielt der Jugendstil Einzug in Europa und die USA – eine neue Kunstbewegung, die organische Motive und asymmetrische Kompositionen betonte. Ungarische Architekten ließen sich fortan von Städten wie Paris oder Wien inspirieren, wo der Jugendstil bereits Fuß gefasst hatte. Sie brachten mit traditionellen nationalen oder transsilvanischen Folkloreelementen magyarische Einflüsse mit ein, woraus schließlich der ungarische Sezessionsstil hervorging.

Kaum erblüht, war ihm jedoch ein baldiges Ende beschieden. Der Beginn des Ersten Weltkriegs läutete den Niedergang des Stils ein und schon in den frühen 1920er-Jahren war er Geschichte. Im Gegensatz zu vielen anderen europäischen Städten hielt Budapest trotz wechselnder Architekturtrends, Kriegen und Fremdherrschaften an seinem Jugendstilerbe fest – zur Freude des heutigen Betrachters.

Die Architekten

Der wichtigste Vertreter des ungarischen Jugendstils war Ödön Lechner (1845–1914). Der »ungarische Gaudí« hatte zwar im Ausland studiert, machte sich aber die Erschaffung eines unverkennbar ungarischen Stils zur Aufgabe, indem er nicht nur die gängigen sezessionistischen Elemente, sondern auch traditionelle ungarische Motive sowie indische und persische Muster miteinbezog. Das Kunstgewerbemuseum (➤ 148) und die Magyar Királyi Takarék Pénztár (Postsparkasse, ➤ 94) zeigen seinen großzügigen Einsatz von Zsolnay-Fliesen und Keramikelementen sowie modernster Bautechniken. Andere bekannte Jugendstilarchitekten sind Béla Lajta, Károly Kós, Aladár Árkay und István Medgyaszay. Lajta, ein Schüler Lechners, gilt als einer der größten Meister der (vor-)modernen Architektur. Er schuf flächenhafte Fassaden, die horizontal von kunstvollen Dekorationselementen durchbrochen sind, wie z. B. am Rózsavölgyi Ház (Rózsavölgyi-Haus, V. Szervita tér 5) und dem Új Színház (Neues Theater, VI. Paulay Ede utca 35). Kós stützte sich in seiner Arbeit stark auf

Links: Ein Jugendstildetail am Freiheitsplatz

transsilvanische Motive und gestaltete große Teile des Állatkert (Zoo, ➤ 135).

Die Gebäude

Die Jugendstilarchitektur findet sich zwar überall in der Stadt, konzentriert sich aber besonders auf die Belváros (Innenstadt) und die Lipótváros (➤ 81) sowie in und um das Stadtwäldchen (➤ 134). Ein Muss ist das berühmte Kunstgewerbemuseum (➤ 148) in Ferencváros mit seiner außergewöhnlichen Fassade aus Zsolnay-Keramikfliesen, maurischen Mustern und offenen Formen. Die Magyar Királyi Takarék Pénztár (Postsparkasse, ➤ 94) ist ein weiteres Beispiel sezessionistischer Architektur und noch beeindruckender. Lechner gestaltete 1899 auch das Földtani Intézet (Geologisches Landesmuseum, XIV. Stefánia út 14) mit dem blau gefliesten Dach und der original erhaltenen Inneneinrichtung sowie die märchenhafte Sipeky Balázs Villa von 1906 (XIV. Hermina út 47) mit der pinkfarbenen Fassade und den Nadeltürmchen.

Der Eingang und das Elefantenhaus des Állatkert (Zoo, ➤ 135) sind unverwechselbar im Jugendstil gestaltet, ebenso wie das Schmuckmosaik an der Grundschule aus dem Jahr 1906 in der Dob utca 85

Links und rechts: Fassade des Gellért-Hotels und Heilbads

Unten: Eingang zum Állatkert (Zoo)

Aus der Vogelperspektive

Auf die Frage, warum das Dach der Magyar Királyi Takarék Pénztár (Postsparkasse, ➤ 94) so aufwendig gestaltet werde, obwohl man den Großteil davon von der Straße aus nicht sehen könne, antwortete Ödön Lechner: »Die Vögel werden es sehen«.

Oben: Der Giebel der Postsparkasse im Jugendstil

Fassade mit ihren Blumenmustern, mürrischen Gesichtern und eigenwilligen Fensterrahmen hat ihren Reiz. Der wunderschön restaurierte Gresham Palast (➤ 88) besticht auf den ersten Blick, während man beim zunächst unauffälligen Török Bankház (Türkische Bank, V. Szervita tér 3) diesen erst nach oben richten muss, wo ein Mosaik von Miksa Róth erstrahlt, das ein der Jungfrau Maria huldigendes Ungarn zeigt. Buda war bereits ausgebaut, als der Jugendstil aufkam, daher sind Vertreter der Richtung hier eher selten. Das Gellért Gyógyfürdő (Gellértbad, ➤ 54) gehört zu den wenigen Ausnahmen.

(VII. Bezirk), das spielende Kinder zeigt. In der Városligeti fasor, nahe am Stadtwäldchen, stehen eine Reihe sensationeller Jugendstilbauten – die cremefarbene Villa Egger (1901–02) in der Nr. 24 zeigt französischen Einfluss, die Vidor Villa (1904–05), in der Nr. 33 fast direkt gegenüber, fällt durch phantasievolle Details wie geschnitzte Tiere und die Holzterrasse auf. Die Városligeti református templom (Stadtwaldreformationskirche) in der Nr. 7, ein Vertreter des späten Jugendstils, verfügt über eine 1912–13 von Aladár Árkay entworfene Front aus Keramikfliesen und Buntglas. In Sachen Interieur ist die Liszt Zeneakadémia (Liszt-Musikakademie, ➤ 116) schwer zu überbieten.

Im Herzen von Pest liegt das hellgrüne Bedő Ház (Bedő Haus, V. Honvéd utca 3) von 1903. Es ist zwar kein außergewöhnlicher Bau an sich, aber die

Heilsame Entspannung

Die Türken hatten den richtigen Riecher: Sogar während der Belagerung von Budapest genossen sie beruhigende Kuren im Királybad (➤ 51), um Wunden und Schmerzen zu lindern. Sie bauten einige der schönsten *gyógyfürdők* (Thermalbäder) der Stadt, aber auch schon vor ihnen wurde hier fleißig gebadet.

In der Gegend um Budapest gibt es mehr als 120 Thermalquellen, die nach archäologischen Belegen bereits in der Jungsteinzeit Menschen hierher lockten. Später brachten die Römer nicht nur ihre Badekultur mit, sie bauten bei Aquincum (➤ 72) auch gleich Bäder. Die Magyaren führten den Brauch lobenswerterweise fort. Doch erst unter ottomanischer Herrschaft erlebten die Bäder ihre Blütezeit – nicht nur wegen der Heilkräfte des Wassers, sondern auch, um den islamischen Waschungen vor dem Gebet Raum zu geben. Einige der einstigen türkischen Bäder, wie z. B. das Király und das Rudas, gibt es noch heute

Unten: Der Außenpool des Rudasbad

– es ist purer Luxus, im warmen Quellwasser der achteckigen Becken aus dem 16. Jahrhundert zu liegen und nach oben ins Kuppelgewölbe zu blicken. Im späten 19. und frühen 20. Jahrhundert folgte die nächste Popularitätswelle und Bäder wie das Gellért und das Széchenyi entstanden. In jüngster Zeit wurden vor allem Wellnessbäder mit angrenzenden Luxushotels gebaut. Das Wesentliche ist jedoch geblieben: Sie sind Orte, an denen man entspannen und die Alltagssorgen vergessen kann.

Einmaleins des Badens

Der erste Besuch in einem Budapester Thermalbad kann durchaus zu einer verwirrenden Angelegenheit werden. Die Liste an Behandlungen ist lang, die Angestellten sprechen in der Regel nur ungarisch, und die peniblen Vorbereitungen für einen Badegang oder eine Massage werden selten erklärt. Doch nach einem Besuch lichtet sich das Dunkel recht schnell.

Zunächst sollten Sie sich für ein Angebot entscheiden und dafür am Schalter bezahlen. Die meisten Bäder bieten eine Riesenauswahl an Behandlungen und Massagen (die zum Glück in der Regel auch auf Englisch und Deutsch beschrieben sind), dazu kommen Fangopackungen, Pediküre und Saunen sowie ein Sprung ins Thermalbecken im Innern des Bads oder ins Außenbecken. Am Schalter sollten Sie sich

Oben: Gewölbedecke im Flur des Rudasbads

Unten: Eine klassische Skulptur im Rudasbad

Die großen Bäder

- **Gellért** (➤ 54) – eine wahre Perle des Jugendstils. Wie in den meisten Heilbädern Budapests ist das Wasser des Gellértbads reich an Kalzium, Magnesium, Wasserstoffkarbonat, Sulfaten, Chloriden, Natrium und Fluoriden. Es hilft bei Entzündungen der Gelenke, Arthritis, Kreislaufbeschwerden und Nervenschmerzen. Durch das Inhalieren des Wassers können auch Asthma und Bronchitis gelindert werden. Weitere Anwendungen sind z. B. Wasser- und Fußmassagen, Trocken- und Dampfsaunen, Fangopackungen und Kohlensäurebäder.
- **Király** (➤ 51) – eines der wenigen Überbleibsel der türkischen Besatzung. Die Zusammensetzung des Wassers ist der des Gellértbads sehr ähnlich und hilft bei Arthritis, Gelenkkrankheiten, Rückenproblemen und Nervenschmerzen. Große Auswahl an Massagen und Saunen.
- **Lukács** (➤ 74) – ein neoklassizistischer Bau mit türkischen Wurzeln. Neben den Thermalbädern innen und außen kann der Gast Kohlensäurebäder, Wassermassagen, finnische Saunen, Schlammpackungen und dergleichen genießen. Das stark riechende Wasser kann man trinken – so soll es angeblich gegen Kalziummangel helfen.
- **Rác** (➤ 52) – stammt aus der Zeit der türkischen Herrschaft. Es wird derzeit umfassend saniert und öffnet erst in den nächsten Jahren wieder.
- **Rudas** (➤ 55) – der Klassiker unter den türkischen Bädern in Budapest. Das Wasser enthält viele Minerale sowie Radon und hilft bei Gelenk- und Wirbelsäulenproblemen, Nervenschmerzen und Kalziummangel.
- **Széchenyi** (➤ 137) – glänzt im neoklassizistischem Design und verfügt über eine schöne Außenbadanlage. Das Wasser lindert Gelenkschmerzen und Arthritis; die innere Anwendung ist gut bei Magenproblemen, Entzündungen der Nieren und Harnwege, Nierensteinen und Gicht.

Weitere Bäder

Außer den oben aufgeführten Bädern gibt es in Budapest Dutzende weitere Schwimmbäder und moderne Thermalbäder. Erstere sind im Sommer der Publikumshit, Letztere wiederum warten mit topmodernem Badestandard auf. Hier einige der empfehlenswertesten:

- **Csillaghegy** (III. Pusztakúti út 3, Tel. 250-1533; teuer; HÉV Csillaghegy) – Das älteste Freibad der Stadt hat drei Becken und 90 Hektar dazugehöriger Parkfläche zu bieten.
- **Dagály** (XIII. Népfürdő utca 36, Tel. 452-4500; teuer; M3 Árpád híd) – Die riesige Anlage verfügt über zehn Becken, wovon einige mit Thermalwasser gefüllt sind.
- **Thermal** (XIII. Margit-sziget, Tel. 889-4700; www.danubiusgroup.com; teuer; Bus 26) – Das moderne Wellnessbad gehört zum Danubius Grand Hotel Margitsziget (➤ 33f) und befindet sich demnach in absoluter Toplage auf der beliebtesten Insel in Budapest.

Links: Badevergnügen im Innenbecken des Gellértbads

Unten: Blick ins Innere des Széchenyi

auch für einen Spind (Großumkleide) oder eine Kabine (für Sie allein) entscheiden. Wenn Sie umgezogen sind, rufen Sie jemanden vom Personal, der oder die dann eine Zeit auf ein Täfelchen an der Tür schreibt und Ihnen einen Schlüssel übergibt. Merken Sie sich die Nummer der Kabine oder des Spinds, denn aus Sicherheitsgründen stimmen die Nummern nicht mit denen auf den Schlüsseln überein.

Viele Bäder verleihen zwar Badesachen, allerdings ist es natürlich besser, die eigenen mitzubringen. Auch Flipflops sind durchaus sinnvoll, obwohl die Bäder sehr sauber sind. Ein bis zwei Stunden im warmen Wasser genügen normalerweise, Massagen und andere Behandlungen liegen zwischen 30 und 60 Minuten.

Geld zurück

Seien Sie ruhig großzügig, wenn Sie ihre Badezeit planen, sollten Sie eher wieder gehen, bekommen sie im Széchenyi, Lukács, Rudas und Gellért Geld zurück: 400–600 Ft. für weniger als zwei Stunden; 200 bis 300 Ft. für weniger als drei Stunden.

Bäder im Netz

Ausführliche Informationen auf Deutsch unter: www.heilbaderbudapest.com

WIRREN DER GESCHICHTE

Die Geschichte Ungarns, und die seiner Hauptstadt Budapest, ist von ständigen Invasionen, Fremdherrschaft und großem Leid geprägt. Trotz alledem ist es den Magyaren gelungen, sich ihre ungarische Identität und ihr kulturelles Erbe zu bewahren.

Am Anfang ...

Schon seit Tausenden von Jahren siedeln Menschen in Ungarn. Die Ersten, die sich in der Gegend um das spätere Budapest niederließen, waren die Kelten. Doch ihre Herrschaft war nicht von Dauer – im Jahre 35 v. Chr. zog es die Römer in die Region und am Ende des 1. Jahrhunderts n. Chr. hatten sie die Kelten vertrieben. Als Attila der Hunne (406–453 n. Chr.) im frühen 5. Jahrhundert auf seinen Europafeldzügen hierhin vordrang, verließen die Römer ihre Stadt Aquincum (➤ 72) und machten Platz für das nächste Wandervolk: die Magyaren.

Unten: Statue des Habsburg-Heerführers Prinz Eugen von Savoyen, der 1686 Buda von der ottomanischen Fremdherrschaft befreite

Oben: Reiterstandbild von Ferenc Rákóczi, mit dem Parlament im Hintergrund

Die frühen Magyaren

Die genaue Herkunft der Magyaren (Ungarn) ist unbekannt, man nimmt an, dass sie ursprünglich aus dem Gebiet zwischen der Wolga und dem Ural in Russland stammen. Gesicherten Quellen zufolge überschritten am Ende des 9. Jahrhunderts sieben Magyarenstämme, geführt von König Árpád (um 850–907 n. Chr.), die Grenze des heutigen Ungarn. Schon nach drei Generationen gelang es der Königsdynastie Árpáds durch dessen Urenkel István (Stephan; um 975–1038) sich mit dem Papst zu verbünden und das Königreich Ungarn zu gründen.

Im Jahr 1241 musste das neue Königreich die erste Niederlage gegen die Mongolen einstecken. Nachdem diese die aufblühenden Städte Pest und Óbuda geplündert hatten, wurden in Buda erste Befestigungen errichtet. In den nächsten 250 Jahren herrschte größtenteils Frieden und unter König Mátyás Corvinus (um 1443–90) erlebte Ungarn die Blütezeit seiner mittelalterlichen Macht. Nach seinem Tod geriet das Land durch Adelsstreitigkeiten ins Straucheln, während im Süden das ottomanische Reich zur Bedrohung heranwuchs.

Fremdherrschaft der Türken und Habsburger

Am 29. August 1526 traf auf der Ebene beim winzigen Dorf Mohács eine bunt zusammengewürfelte ungarische Armee auf die Türken. Nach nur zwei Stunden war der Spuk vorbei – Ungarns König war tot, seine Armee völlig aufgerieben und die Hauptstadt schutzlos ausgeliefert. Bald darauf besetzten die Türken Buda und blieben 150 Jahre lang, bis die Habsburger den Vormarsch der Türken mit dem Sieg bei Wien 1683 stoppten und 1686 auch Buda befreiten.

Dadurch war Ungarn lange nicht frei, sondern tauschte lediglich die türkische Fremdherrschaft gegen die der Habsburger. 1703 stellte der transsilvanische Fürst Ferenc II. Rákóczi (1676–1735) eine Armee gegen Österreich auf, doch der Aufstand wurde acht Jahre später niedergeschlagen. Es sollten weitere 140 Jahre vergehen, bis 1848 der Wider-

Unten: Die sieben Magyarenstämme siedelten im 9. Jahrhundert im Donaubecken. Ihr Anführer war Árpád (um 850–907)

stand gegen die Unterdrücker erneut aufflammte. Die Rebellion wurde brutal unterdrückt, doch das geschwächte Habsburgerreich musste die Doppelmonarchie Österreich–Ungarn akzeptieren. In den folgenden Jahrzehnten erlebte Budapest einen Aufschwung, doch der Beginn des Ersten Weltkriegs machte dem ein jähes Ende.

Die Weltkriege

Während des Ersten Weltkriegs stellte sich Ungarn auf die Seite Deutschlands – mit katastrophalen Folgen. Am Ende des Kriegs verlor das Land zwei Drittel seines Gebiets – und so ein Drittel seiner Bevölkerung – und das Magyaren-Stammland Transsilvanien ging an Rumänien. Abgesehen von einem kurzen Flirt mit dem Kommunismus kurz nach dem Ersten Weltkrieg bezog Ungarn zwischen den Kriegen unter der Regentschaft von Admiral Miklós Horthy (1868–1957) keine klare Position. Im Zweiten Weltkrieg nahm es dieselbe Rolle ein wie im Ersten – mit ähnlichem Ergebnis: Hunderttausende starben im Kampf oder in Konzentrationslagern. Als Horthy 1944 einen Waffenstillstand forderte, marschierte Hitler ein. 1945 eroberte die Rote Armee Budapest, doch wie viele Male zuvor waren die vermeintlichen Befreier nur die nächsten Besatzer.

Vom »Gulaschsozialismus« zur EU-Mitgliedschaft

Nach der Stationierung ihrer Truppen war es nur eine Frage der Zeit, bis die UDSSR die Hand nach der politischen Macht in Ungarn ausstreckte. Die nächsten 40 Jahre befand sich Ungarn im sowjetischen Würgegriff. 1956 brach der Aufstand aus – 50 000 Studenten gingen auf die Straße, zerstörten Sowjetdenkmäler und verlangten die Wiedereinsetzung von Imre Nagy (1896–1958) als Ministerpräsidenten, einem erst vor Kurzem abgesetzten liberalen Kommunisten. Fünf Tage blühte Ungarns Hoffnung auf politische Freiheit, dann besetzten die Sowjets die Stadt und es folgten harte Repressalien. In den nächsten Jahren wurden die sozialistischen Machthaber aber milder und 1989 bauten die Ungarn den elektrischen Stacheldraht an der Grenze zu Österreich ab. Bald darauf wurde das Land wieder zur Republik, die seitdem die Nähe zu Europa sucht. Seit 2004 ist Ungarn in der EU.

Oben: Imre Nagy, Führer des Aufstands von 1956, bei einer Parlamentssitzung

Links: Ungarische Bürger klettern beim Aufstand von 1956 auf einen russischen Panzer

Gegenüber: Statue von István Széchenyi an der Kettenbrücke

Der hohe Preis des Aufstands von 1956

Was als Studentendemo begann, endete mit russischen Panzern in Budapest. Nach dem Aufstand gegen die sowjetischen Besatzer – wohl das schwärzeste Kapitel in Ungarns leidgeprägter Geschichte – wurden 20 000 Menschen verhaftet, 350 hingerichtet und weitere 200 000 flohen ins Ausland. Darunter viele hochqualifizierte Fachkräfte – ein Riesenverlust fürs Land.

Helden der Nation

Die Ungarn sind ein sehr stolzes Volk. Da überrascht es nicht, dass sie ihre Nationalhelden geradezu vergöttern.

Große Führerpersönlichkeiten und Revolutionäre

Die frühe ungarische Geschichte ist von zwei Figuren beherrscht: König István (Stephan; um 975–1038) und Mátyás Corvinus (Matthias; um 1443–90). István, Ungarns Schutzpatron und erster König, baute befestigte Burgen und verbreitete das Christentum im Land. Matthias hingegen förderte die Kultur der Renaissance und baute durch eine kluge Politik und militärische Siege als Erster Ungarn zu einer europäischen Großmacht auf. Ebenfalls zu erwähnen ist der Revolutionär Ferenc II. Rákóczi (1676–1735), der den ersten Aufstand gegen die Habsburger anführte. Dem zweiten Aufstand dieser Art – 150 Jahre später – stand Lajos Kossuth (1802–94) vor. Unterstützung bekam Kossuth vom Freiheitsdichter Sándor Petőfi (1823 bis 49), der im Kampf starb, und von István Széchenyi (s. u.). Imre Nagy (1896–1958), der Führer der Revolution von 1956 (➤ 16), wird wegen seines Mutes gegen eine überwältigende Staatsmacht verehrt, der Schwede Raoul Wallenberg (1912–47), weil er im Zweiten Weltkrieg Tausende ungarische Juden vor den Nazis rettete.

Kein Held wie jeder andere

Manche Budapester Größe hat es zu weltweitem Ruhm gebracht:

József László Bíró (1899–1985) – erfand 1938 den Kugelschreiber.

Eva Gabor (1919–95) – bekannt durch die US TV-Serie *Green Acres* aus den 1960ern und wie ihre Schwester Zsa Zsa für ihre vielen Ehemänner.

Zsa Zsa Gabor (*1917) – berühmt-berüchtigt für ihre zahlreichen Ehen und schlechten Filme sowie ihre geistreichen Kommentare (»Conrad Hilton war sehr großzügig bei der Scheidung, er gab mir 5000 Gideonbibeln«).

Ernő Rubik (*1944) – hatte 1980 die Idee zu einem genialen Geduldsspiel – dem Zauberwürfel.

Musik im Blut

Ungarn ist mit vielen musikalischen Talenten gesegnet, doch einige stechen aus der Masse hervor. Ferenc Liszt (1811–86, ➤ 116), besser bekannt als Franz Liszt, wird generell als der größte Musiker des Landes angesehen. Er definierte das Klavierspiel neu und komponierte Stücke wie die *Ungarische Rhapsodien* und *Klaviersonate in b-Moll*. Hohes Ansehen genießen auch die Komponisten Béla Bartók (1881 bis 1945, ➤ 164) und Zoltán Kodály (1882 bis 1967, ➤ 119), die sich beide mit traditioneller ungarischer Folkloremusik beschäftigten und sie aufnahmen.

»Der größte Ungar«

Ungarn hat so einige Nationalhelden, der Größte unter ihnen ist jedoch Graf István Széchenyi (1791–1860). Der Adlige wurde zum Volksheld, der das Gros seines Besitzes an mittellose Bauern überschrieb und sich für die Abschaffung der Leibeigenschaft einsetzte. Unter anderem finanzierte er die ersten Eisenbahnen, führte die Nutztierzucht und die Toilettenspülung ein und gründete die Ungarische Akademie der Wissenschaften. Seine bekannteste Errungenschaft ist die Kettenbrücke (➤ 56), die erste feste Brücke zwischen Buda und Pest.

»My Coffee House is my Castle«

Mit dieser Adaption des berühmten englischen Sprichworts brachte der ungarische Autor Dezső Kosztolányi (1885–1936) die Liebe der Budapester zu ihren *kávéház* (Cafés) in der Zeit vor dem Ersten Weltkrieg auf den Punkt. Mehr als ein Ort, um ein Getränk zu schlürfen »schwarz wie die Hölle, stark wie der Tod, süß wie die Liebe« wie ein türkisches Sprichwort sagt, wurden hier Freundschaften geschlossen, Ideen ausgetauscht, Revolutionen geplant und literarische Werke geboren.

Die Überlebenden

- **Centrál Kávéház** (➤ 100) – erstrahlt nach einer Renovierung im alten (Vorkriegs-) Glanz und zieht erneut Intellektuelle in seinen Bann.
- **Gerbeaud Café** (➤ 100) – berühmter geht's nicht: seit der Eröffnung 1870 eine Budapester Institution. Versuchen Sie *konyakos meggy* (Ungarisches Bonbon).
- **Gresham Café** (➤ 100) – ein ebenfalls grandios renoviertes Café, dass seine Blütezeit in den 1920er-Jahren erlebte.
- **Lukács** (➤ 122) – ein Juwel des Fin de Siècle, dessen Kundschaft beinahe ebenso alt wie das Café ist.
- **Művész** (➤ 123) – seit 1898 in Betrieb. An der Decke Kronleuchter, in der Auslage göttliche Süßigkeiten.
- **New York Kávéház** (➤ 117) – das einst vornehmste Kaffeehaus der Stadt von 1894 hat leider durch eine Renovierung (2005) etwas von seiner Anmut eingebüßt.
- **Ruszwurm** (➤ 61) – das älteste Kaffeehaus von Budapest eröffnete 1827. Das kleine, malerische Café ist bei Touristen wie Einheimischen beliebt.

Links: Das Kaffeehaus New York

Rechts: Kaffeehauskultur auf der Váci utca

Damals gab es in der Stadt nicht weniger als 500 bis 600 Kaffeehäuser, in denen Schriftsteller, Dichter und Künstler ein und aus gingen. Es war die Hochzeit der Budapester Kaffeehauskultur – seit die Türken die braune Bohne im 16. Jahrhundert in Ungarn eingeführt hatten, war Kaffee nie beliebter gewesen.

Die Nägel im Sarg der Kaffeehäuser

Am Ende des Ersten Weltkriegs hatte sich die Lage jedoch dramatisch verändert – in den Kaffeehäusern saßen nicht länger die Intellektuellen, sondern Arme. Sie waren zu billigen Esslokalen für die verarmte Bevölkerung geworden. In den 1920er-Jahren lebte die Kaffeehauskultur wieder auf, als die Literatur- und Kunstszene der Stadt in die Cafés zurückkehrte und dort auch Livemusik gespielt wurde. Doch der Krieg kam der in den 1930er-Jahren aufblühenden Cafészene erneut in die Quere. Viele Kaffeehäuser überstanden den Bombenhagel des Zweiten Weltkriegs nicht und danach hatte sowieso niemand Geld, um es für Luxusgüter wie Kaffee auszugeben. Die Kommunisten machten mit ihrer Einstellung, Cafés seien dekadent oder gar ein Nährboden der Rebellion, die Lage nicht besser. So wurde das traditionelle *kávéház* von einer neuen Art Café verdrängt, wo billiger Kaffee an eine schnell wechselnde Kundschaft gebracht wurde.

Das Kaffeehaus heute

Seit Ungarn wieder eine Republik ist, sind auch die Kaffeehäuser wieder auf dem Vormarsch. Einige der alten Größen haben wundersamerweise überlebt und wurden nun restauriert. Auch wenn sie nicht denselben Charme versprühen wie ihre Vorfahren, so lohnt sich der Besuch allemal. Mittlerweile hat sich in der Stadt auch eine moderne Café-Kultur etabliert, die sich v. a. auf Espresso stützt. Das Umfeld und das Tempo mögen sich verändert haben, doch kann man froh sein, dass das Kaffeehaus im sozialen Leben Budapests noch vorhanden ist.

Gulyás und Egri Bikavér?

Der ungarischen Küche sagt man eine Vorliebe für herzhafte, fleischlastige Gerichte nach, ergänzt durch eingelegtes Gemüse und ein Glas blutroten Weins. Eine durchaus gerechtfertigte Annahme – jedoch bei Weitem keine vollständige.

Eine typisch ungarische Speisekarte ist mit allerlei Gerichten der Nachbarländer gespickt. Wiener Schnitzel, *palacsinta* (Palatschinken) und das einfache *galuska* (ein Kloß nach Art italienischer Gnocchi) haben sich in der ungarischen Küche etabliert. Die traditionellen Nationalgerichte, die auf der Bauernküche basieren, sind jedoch immer noch gefragt, und eine neue Generation von Köchen hat sich daran gemacht, die oft schweren Gerichte der Moderne anzupassen.

Gerichte

Gulyás (Gulasch) ist ein ureigenes ungarisches Gericht: eine dicke Suppe mit Rindfleisch, Kartoffeln, Zwiebeln und ordentlich Paprika. Daneben gibt es die sämige *halászlé* mit Fisch und ebenfalls viel Paprika sowie *jókai bableves*, eine Bohnensuppe mit Fleisch. Die meisten Hauptgerichte bestehen aus Fleisch, oft Schwein oder Rind, doch auch Geflügel und Wild sind vertreten. Klassiker sind u. a. *csirkepaprikás* (Paprikahuhn), *cigánypecsenye* (Schweinebraten nach Zigeunerart) und *pörkölt* (der Oberbegriff für »Schmorgericht«). Eine Spezialität ist Gänseleber, während Süßwasser-*fogas* (Zander), *ponty* (Karpfen), *harcsa* (Wels) und *pisztráng* (Kabeljau) zum gängigen Fischangebot gehören. Die Ungarn scheinen eine Abneigung gegen frisches Gemüse zu haben, denn in der Regel wird es gekocht, gebraten oder eingelegt serviert. Beim Dessert geht es zum Glück fleischlos zu: *Rétes* (Strudel) ist äußerst beliebt, aber auch *dobos torta*, eine mächtige Schokoladen-Creme-Torte mit Karamellüberzug ist nicht nur ein

Oben: Getrocknete Knoblauchknollen und rote Chili in einem Verkaufsstand im kleinen Örtchen Széntendre

Unten: Nagy Vásárcsarnok (Große Markthalle)

Des Ungarn liebstes Gewürz

Die Ungarn lieben Paprika – kein anderes Gewürz in der Landesküche hat da eine Chance. Obwohl es schon von den Türken nach Ungarn eingeführt wurde, hatte es im ungarischen Gewürzschrank bis zum Anfang des 19. Jahrhunderts keinen Stammplatz. Heutzutage baut man in Ungarn pro Jahr ganze 50 000 Tonnen des roten Goldes an. Das meiste davon verschwindet in den Fleischgerichten der ungarischen Küche und in Streuern auf den Tischen. Keine Sorge, falls Sie kein scharfes Essen mögen – nicht überall ist Paprika drin und außerdem ist es lange nicht so scharf wie mexikanische *jalapeños*.

Vegetarisches Essen

Vegetarier müssen in Budapest zwar nicht gerade am Hungertuch nagen, sich in traditionellen ungarischen Restaurants aber oft mit gebratenem Käse und Pilzen mit eingelegtem Gemüse als Beilage begnügen. Die meisten anderen Lokale bieten jedoch eine kleine Auswahl vegetarischer Hauptgerichte.

Oben rechts: Traditioneller ungarischer Schmortopf mit gefüllten Krautwickeln

Rechts: Salamiwürste an einem Metzgerstand in der Großen Markthalle

Renner bei Naschkatzen, sondern auch landestypisch.

Getränke

Ungarische Weine gehören zur Spitzenklasse. Aus der reichhaltigen Produktion sticht besonders der süße Tokaji Aszú aus dem Tokajer Weingebiet hervor, doch auch die vollmundigen, samtenen Roten sind top. Im Eger ist der Egri Bikavér beheimatet, besser bekannt als »Stierblut«, ein exzellenter Rotwein, doch auch Weine aus Villány und Szekszárd im Süden haben einen hervorragenden Ruf. Vom Plattensee (Balaton) kommen leichte Rot- und gute Weißweine.

Auch Bier wird geschätzt, die wichtigsten Brauereien sind Dreher, Arany Ászok und Kőbányai. *Pálinka*, ein Obstbranntwein, sorgt für gute Verdauung – und einen kleinen Rausch. Ebenso der Magenbitter *Unicum*, der seinem Namen alle Ehre macht.

SHOPPING MIT TRADITION

Auf Budapests *piacok* (Märkten) trifft man sie alle: Alte Frauen in Schwarz, die Maiglöckchen verkaufen; Roma, die transsilvanische Spitze anbieten; Eigentümer von Imbissbuden, die mit den Stammkunden plaudern; Marktschreier oder Flohmarktfanatiker, die sich auf ihrer »Schatzsuche« durch Berge von Plunder graben.

Die Lebensmittel- und Flohmärkte Budapests (*bolhapiac*) sind ein wesentlicher Bestandteil des Stadtlebens und blicken auf eine hundertjährige Geschichte zurück. Schon in den 1860er-Jahren dachte man daran, solche Märkte zu eröffnen: Damals wurden Fleisch, Obst und Gemüse noch weitgehend unorganisiert vertrieben – eine Verkaufsstrategie wurde dringend benötigt. Es dauerte weitere 30 Jahre, ehe die Baupläne fertiggestellt und mit dem Bau begonnen wurde. Schließlich eröffneten am 15. Februar 1897 fünf riesige überdachte Hallen ihre Tore. Heute, 100 Jahre später, sind alle fünf noch genauso lebendig wie eh und je.

Lebensmittelmärkte – eine Einkaufsliste

Frisches Obst und Gemüse, Fleisch, Brot und Käse; Girlanden aus Paprika und Knoblauch; ungarische Weine; würzige ungarische Würste; *lángos* (Fladenbrot mit Sahne und Knoblauch); hier und da etwas Touristisches wie z. B. die ineinander gesetzten *matryoshka*-Puppen

Oben links: Traditionelle Truhen auf dem Ecseri Antikmarkt

Unten: Straßenmarkt in Pest

Lebensmittelmärkte

Die Großmutter unter den Budapester Märkten ist die Nagy Vásárcsarnok (Große Markthalle, ➤ 156), die auch Zentrale Markthalle genannt wird. Auf drei Etagen verteilen sich circa 180 Stände. Ihre vier Altersgenossen – am Rákóczi tér (➤ 159), Klauzál tér (➤ 123), Hunyadi tér (➤ 123) und in der Hold utca (➤ 101) – sind zwar kleiner, aber mit ihrer Fin-de-Siècle-Atmosphäre ähnlich beeindruckend. Überall in der Stadt gibt es außerdem kleinere Märkte, die landwirtschaftliche Erzeugnisse verkaufen; am Rande des Zentrums lohnen z. B. der Lehel tér, nördlich des Nyugati pályaudvar (➤ 119), und die Fény utca, hinter dem Mammut-Einkaufszentrum (➤ 61).

Flohmärkte

Wer nach Budapest kommt, sollte einen der Flohmärkte besuchen. Ecseri piac (XIX. Nagykőrösi út 156; Mo–Fr 8–16, Sa 6–15, So 8–13 Uhr; Bus 54) ist wohl der bunteste *bolhapiac* der Stadt und die richtige Adresse für kommunistische Erinnerungsstücke, Keramik und Porzellan, Antikmöbel, Trachten, Taschenuhren und allen möglichen Tand. Es wartet die eine oder andere Entdeckung, doch dafür müssen Sie lange suchen – und handeln! Lohnenswert sind auch der Petőfi Csarnok (➤ 140) im Stadtwäldchen, wo es etwas ruhiger zugeht; der Novák piac (➤ 159), ein Paradies für Fans von altem Krimskrams in der Józsefváros etwas außerhalb; und der Józsefvárosi piac (➤ 160) mit seinem Wirrwarr an Gängen zwischen Ständen, wo Chinesen alles verkaufen, was Ungarn mit der Transsibirischen Eisenbahn erreicht.

Oben: Die überdachte Nagy Vásárcsarnok
Mitte: Spitze auf einem Flohmarkt
Unten: Ausschnitt eines Zigeunerrocks

Flohmärkte – eine Einkaufsliste

Alles, was Ihnen ins Auge sticht. Klassiker sind Sachen aus der ehemaligen Sowjetunion, der DDR oder ungarische Volkskunst. Nehmen Sie sich vor Wucherern in Acht.

Budapester Brücken

Die Brücken von Budapest sind nicht einfach schnöde Transportwege – sie sind ebenso historisch bedeutsam wie der ganze Stolz der Stadt. Auch als Fotomotive und Aussichtspunkte sind sie perfekt.

Die ersten Brücken

Schon vor Jahrtausenden gab es erste Brücken zwischen Buda und Pest – so wurden während des Baus der Árpád híd (Árpád-Brücke) Überreste einer römischen Brücke, die Aquincum (➤ 72) mit der Großen Ungarischen Tiefebene verband, gefunden. Seit dem Mittelalter benutzte man Schiffsbrücken, als erste feste Brücke wurde 1849 die Kettenbrücke eingeweiht.

Ehe im Jahre 1849 die Kettenbrücke (➤ 56) fertiggestellt wurde, waren Buda und Pest zwei getrennte Städte, die im Sommer Schiffsbrücken und im Winter Fähren miteinander verbanden – wenn nicht gerade tückische Eisschollen die Überfahrt verhinderten. Zwischen den 1850er-Jahren und dem Ersten Weltkrieg kamen fünf weitere Brücken hinzu, die die zwei Hälften des heutigen Budapest vereinen sollten. Am Ende des Zweiten Weltkriegs zerstörten die Deutschen alle Brücken und erst 1964 waren der Wiederaufbau abgeschlossen. Heute gibt es im Stadtgebiet neun Brücken über die Donau, u. a. eine kleinere Eisenbahnbrücke und die Újpest vasúti híd (Újpest-Eisenbahnbrücke) für Züge, Fußgänger und Radfahrer.

Oben rechts: Erzsébet híd; großes Bild und Seite 26: Kettenbrücke

Die glorreichen Sieben

Die sieben Hauptbrücken von Budapest, von Norden nach Süden:

- **Árpád híd** (Árpád-Brücke) – von Óbuda zum Bezirk Újpest über die Margareteninsel (➤ 68). Sie ist Budapests längste Brücke und wurde in elf Jahren erbaut (1939–50).
- **Margit híd** (Margaretenbrücke) – vom Rózsadomb (Rosenhügel, ➤ 70) zum Jászai Mari tér. Die zweitälteste Brücke der Stadt knickt an der Margareteninsel (➤ 68) um 30 ° ab. Sie wurde 1876 von französischen Ingenieuren gebaut.
- **Széchenyi lánchíd** (Kettenbrücke, ➤ 56) – von der Víziváros (Wasserstadt, ➤ 50) zum Roosevelt tér. Die attraktivste Brücke von Budapest wird an jedem Ende von zwei Löwen, die angeblich keine Zungen haben, bewacht. Sie wurde vom Schotten Adam Clark errichtet.
- **Erzsébet híd** (Elisabethbrücke) – von Tabán (➤ 52) zum Március 15 tér (➤ 96). Die Brücke stammt eigentlich aus dem Jahr 1903, wurde im Zweiten Weltkrieg aber so stark beschädigt, dass man ihren Neubau beschloss. Die heutige stromlinienförmige Einfeldbrücke mit den weißen Pfeilern wurde in den 1960er-Jahren erbaut.
- **Szabadság híd** (Freiheitsbrücke) – vom Gellértberg (➤ 52) zum Fővám tér. Die frühere Ferenc József híd (Franz-Joseph-Brücke) wurde 1946 als Szabadság híd eng am Vorbild ihrer Fin-de-Siècle-Vorgängerin nachgebaut – bis hin zum mythischen Vogel *turul* auf jedem Pfeiler.
- **Petőfi híd** (Petőfi-Brücke) – vom Goldman György tér zum Boráros tér. Sie ist rein äußerlich die schnödeste der Brücken in der Stadtmitte: ein schlanker Bau mit viel Verkehr.
- **Lágymányosi híd** (Lágymányosi -Brücke) – von der Szerémi út zu Művészetek Palotája (➤ 152). Die modernste Brücke stammt von 1995 und verfügt über Hightech-Lichtreflektoren.

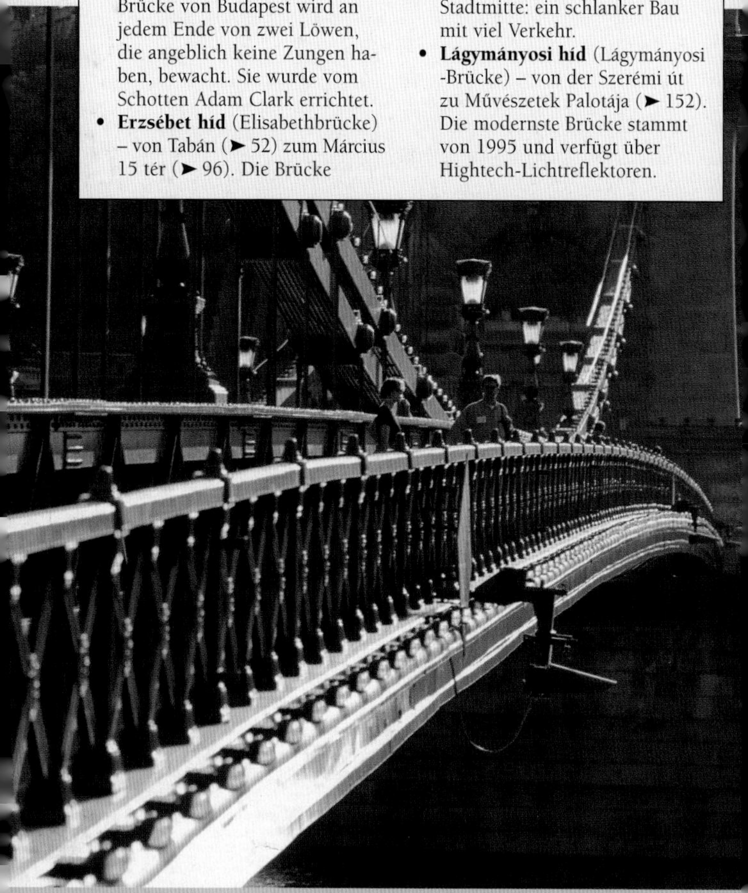

Erster Überblick

Ankunft

Ankunft mit dem Flugzeug

- Der **Ferihegy International Airport** (Tel. 296-7000; www.bud.hu) liegt rund 16 km südöstlich von Budapest und besteht aus zwei modernen Terminals sowie einem älteren, etliche Kilometer weiter östlich. Am Flughafen finden Sie Autovermietungen, Wechselstuben und Geldautomaten.

So kommen Sie in die Stadt

- Der täglich verkehrende **Airport Minibus Service** (Tel. 296-8555) eignet sich am besten für den Weg vom Flughafen in die Stadt. Die Busse fahren ab, sobald sie voll besetzt sind und bringen die Passagiere zu jeder beliebigen Adresse in Budapest (Hinfahrt/Hin- und Rückfahrt 2300/ 3900 Ft.). Tickets gibt es am Minibus-Schalter in der Ankunftshalle; eine Rückfahrkarte können Sie 24 Stunden im Voraus telefonisch buchen.
- **Zóna Taxi** (Tel. 365-5555; www.zonataxi.eu) berechnet für die Fahrt in die Stadt am wenigsten: 3500 Ft. in die Belváros (Innenstadt); 3600 Ft. zum Burgberg (Vár-hegy).
- **Öffentlicher Nahverkehr** Die Buslinie 200 verkehrt täglich von 4.30 Uhr bis 23.46 Uhr zur Haltestelle Köbánya-Kispest der Metrolinie M3. Dieselbe Strecke fährt der Bus 93 vom Terminal 1 des Flughafens aus, aber nur Mo–Sa und in begrenztem Umfang. Beide berechnen für die Fahrt 185 Ft.

Ankunft mit dem Zug

- In Budapest gibt es drei große Bahnhöfe: **Keleti** (Ostbahnhof; VIII. Kerepesi út 2–6, Tel. 313-6835); **Nyugati** (Westbahnhof; VI. Teréz körút 55–57, Tel. 349-0115) und **Déli** (Südbahnhof; I. Krisztina körút 37, Tel. 375-6897). Am Keleti kommen die meisten Züge aus dem Ausland an, während im Nyugati Züge aus Richtung Osten und im Déli einige aus südlicher Richtung abgefertigt werden. Alle Bahnhöfe sind ans Metronetz angeschlossen und verfügen über Geldautomaten, Imbissstände und Gepäckaufbewahrung.

Ankunft mit dem Bus

- Am **Népliget-Busbahnhof** (IX. Üllői út 131, Tel. 219-8000) verkehren die meisten Busse ins und aus dem Ausland. Sie haben hier Anschluss an die Metro M3 und können außerdem Ihr Gepäck einschließen.

Ankunft mit dem Schiff

- Fähren aus Wien legen in Pest am **Nemzetközi hajóállomás** (Internationale Fährenanlegestelle, V. Belgrád rakpart) zwischen der Erzsébet híd (Elisabethbrücke) und der Szabadság híd (Freiheitsbrücke) an.

Touristeninformation

- **Tourinform** bietet umfassende Infos zu Sehenswürdigkeiten und Ausgehmöglichkeiten in mehreren Sprachen. Das **Hauptbüro** (V. Sütő utca 2, Tel. 438-8080; www.tourinform.hu) ist täglich von 8–20 Uhr, die drei **Schalter am Flughafen** 8–23 Uhr geöffnet. Weitere Filialen in der Stadt:

- **Liszt Ferenc tér**, VI. Liszt Ferenc tér 11, Tel. 322-4098; Mitte Juni–Okt. tägl. 9–19 Uhr; Nov.–Mitte Juni Mo–Fr 9–18, Sa 10–18 Uhr
- **Nyugati (Westbahnhof)**, VI. Teréz körút 55, Tel. 302-8580; Mai–Okt. tägl. 9–19 Uhr; Nov.–April Mo–Fr 9–18, Sa–So 10–15 Uhr
- **Burgberg (Vár-hegy)** I. Szentháromság tér, Tel. 488-0475; Mai–Okt. tägl. 9–20 Uhr; Nov.–April Mo–Fr 10–19, Sa–So 10–16 Uhr

Unterwegs in Budapest

Zur Orientierung

Die Donau teilt die Stadt in zwei unterschiedlich große Hälften: im Westen die hügeligen Stadtteile Buda und Óbuda, im Osten das größere, lang gestreckte Pest. Buda ist vom Burgberg bestimmt, Pest umfasst die Belváros (Innenstadt), das größte Einkaufsgebiet der Stadt. Insgesamt besteht Budapest aus 23 Stadtbezirken (*kerület*).

Die wichtigsten Bezirke

Die römischen Ziffern der Budapester Adressen zeigen den Bezirk an, z. B. steht VI. für Terézváros und III. für Óbuda. Die großen Bezirke sind:

- **I** – Vár (Burgviertel, ➤ 39) umfasst den Burgberg (Vár-hegy), den Gellértberg (Gellért-hegy) und die Víziváros (Wasserstadt).
- **II** – ein weiterer historischer Bezirk in Buda. Besonders charakteristisch ist der Rózsadomb (Rosenhügel, ➤ 70), ein Viertel mit alten Villen und Überbleibseln aus der Zeit der türkischen Besatzung.
- **III** – Óbuda (➤ 63) versammelt einige römische Überreste.
- **V** – Belváros (Innenstadt) und Lipótváros (Leopoldstadt) bilden das Herzstück von Pest (➤ 81). Hier finden sich viele der schönsten Sehenswürdigkeiten und die besten Geschäfte der Stadt.
- **VI** – Terézváros (Theresienstadt, ➤ 103) breitet sich nordöstlich der Lipótváros bis zum Heldenplatz (Hősök tere, ➤ 130) und dem Stadtwäldchen (Városliget, ➤ 134) aus. Die Andrássy út, die zum UNESCO-Weltkulturerbe gehört, verläuft mitten durch das Viertel, das viele beliebte Kneipen und gehobene Unterhaltungsmöglichkeiten bietet.
- **VII** – Erzsébetváros (Elisabethstadt, ➤ 103), südlich von Terézváros. Hier liegt das jüdische Viertel sowie eine Menge guter Bars und Restaurants.
- **VIII** – Józsefváros (Josephstadt, ➤ 141), östlich der Belváros gelegen, ist recht heruntergekommen, außer dem Gebiet ganz nah an der Donau.
- **IX** – Ferencváros (Franzenstadt, ➤ 141) liegt von der Belváros aus gesehen im Süden. Das Viertel ist Józsefváros sehr ähnlich, hier liegen jedoch der Művészetek Palotája (Palast der Künste, ➤ 152) und das Nemzeti Színház (Nationaltheater, ➤ 154).

Öffentlicher Nahverkehr

Der öffentliche Personennahverkehr der Verkehrsbetriebe BKV (www.bkv.hu) in Budapest ist schnell, preiswert, verlässlich und gut ausgebaut. Zur Verfügung stehen die Metro, die Vorortbahnen HÉV, Straßenbahnen, Busse und Trolleybusse. Mit der Metro gelangen Sie am schnellsten von A nach B, von den Straßenbahnen und Bussen aus hat man jedoch den schöneren Blick. Betriebszeiten sind täglich von 4.30 Uhr bis kurz nach 23 Uhr.

Metro und HÉV

- Die **Metro** von Budapest wurde 1896 eröffnet und ist somit die älteste des Kontinents – nur Londons U-Bahn ist noch älter. Tagsüber wartet man selten länger als fünf Minuten auf eine Bahn, später am Abend können die Intervalle jedoch bis zu 15 Minuten betragen.
- Die gelbe Linie **M1** verbindet Vörösmarty tér in der Belváros mit der Mexikói út, und verläuft dabei unter der Andrássy út und dem Stadtwäldchen.
- Die rote Linie **M2** verläuft vom Déli (Südbahnhof) in Buda über die Belváros und den Keleti (Ostbahnhof) zum Örs vezér tere im Osten von Pest.
- Die blaue Linie **M3** durchquert vom Újpest-Központ zum Kőbánya-Kispest in Pest das Herz der östlichen Hälfte der Stadt.

- Es gibt vier der überirdischen **HÉV**-Vorortbahnen. Die Hauptlinie verläuft vom Batthyány tér in Buda zum Städtchen Szentendre. Die anderen drei verkehren jeweils zwischen Boráros tér und Csepel Végállomás, Közvágóhid und Ráckeve sowie Örs vezér tere und Gödöllő.

Straßenbahnen, Busse und Trolleybusse

- Mit den **Straßenbahnen** kommt man angenehm und bequem durch die Stadt und erhält obendrein eine kleine Sightseeingtour. Die wichtigsten Linien sind die 4 und 6, die jeweils im Bogen um das Pester Zentrum herum vom Moszkva tér in Nord-Buda zur Fehérvári út sowie zur Móricz Zsigmond körtér in Süd-Buda führen. Auch die Linie 2, die auf der Pester Seite parallel zur Donau läuft, ist nützlich (► 96).
- Die Gegenden der Stadt, wo keine Straßenbahnen und Metros fahren, werden von circa 200 **Bussen** und **Trolleybussen** versorgt.
- **Nachtbusse** sind mit einem »É« markiert und fahren auch nach 23 Uhr.

Fähren

Von Ende April bis Anfang September verkehren auf der Donau zwischen dem Boráros tér an der Petőfi-Brücke und dem Csillaghegy in Óbuda die Fähren des BKV. Sie steuern auf ihrer Fahrt zehn Haltestellen an. Der **Betrieb** läuft Mo–Fr 8.30–15.50, Sa–So 8.30–16.50 Uhr; die Fahrt kostet 200–600 Ft. für Erwachsene und 150–300 Ft. für Kinder.

Fahrscheine

- In allen öffentlichen Verkehrsmitteln müssen Sie Ihren Fahrschein kaufen, **bevor** Sie einsteigen. An Metrostationen, einigen Straßenbahn-Haltestellen und Kiosken können sie Tickets **kaufen**.
- Der Fahrschein muss am Eingang der Metrostation und in den Straßenbahnen, Zügen und Bussen **entwertet werden**.
- **Fahrscheinkontrollen** kommen regelmäßig vor – wer gleich bezahlt, muss 2500 Ft. berappen, später in einem BKV-Büro kostet es 7000 Ft.
- **Kinder** unter 6 Jahren fahren in Begleitung eines Erwachsenen gratis.
- Eine **Einzelfahrt** kostet 230 Ft. und gilt pro Metro, Straßenbahn, Bus oder Trolleybus, solange Sie nicht die Linie wechseln oder wieder zurückfahren. Eine 10er-/20er-Fahrtenkarte gibt es für 2050/3900 Ft.
- Mit einer **Umsteigekarte** für 380 Ft. können sie innerhalb von 90 Minuten ein Mal umsteigen.
- Auch Abschnittstickets nur für die **Metro** lohnen: Mit einem Ticket für 180 Ft. dürfen Sie in 30 Minuten drei Stationen fahren; für 200 Ft. in einer Stunde fünf Stationen mit einmaligem Umsteigen am Deák Ferenc tér; für 380 Ft. in einer Stunde soweit Sie mögen (inkl. einem Umstieg).
- Am bequemsten kommen Sie mit einem **Tagesticket** (*napijegy*; 1350 Ft.), einem **Dreitagesticket** (*touristajegy*; 3100 Ft.) oder einer **Wochen-Travelcard** (*hetijegy*; 3600 Ft.) hin. Mit diesen Karten können Sie alle BKV-Verkehrsmittel (außer Fähren) unbegrenzt nutzen.
- Für eine **Monatskarte** (6900 Ft.) und eine **Zweiwochenkarte** (4900 Ft.) brauchen Sie ein Passbild.

Taxis

Der Taxiservice in Budapest wird zwar langsam besser, aber es gibt immer noch jede Menge Fahrer, die gerne Touristen übers Ohr hauen.

- Budapester **Taxis** haben gelbe Nummernschilder und Taxizeichen; Autos ohne diese Kennzeichnungen sind keine Taxis!
- Zu den **zuverlässigen** Taxiunternehmen gehören: Budataxi (Tel. 233-3333), City Taxi (Tel. 211-1111), Főtaxi (Tel. 222-2222), Rádio Taxi (Tel. 377-7777) und Tele5 (Tel. 355-5555).

- Bestellen Sie Ihr Taxi telefonisch, die Ungarn winken selten ein Taxi heran.
- Als ungefähre **Preise** gelten als Startpreis 300 Ft., pro Kilometer werden 240 Ft. und je Warteminute 60 Ft. berechnet.

Autofahren

Autofahren in Budapest kann zu einer haarigen Angelegenheit werden, da die Ungarn im Großen und Ganzen recht schlechte Autofahrer und Baustellen an der Tagesordnung sind. Außerdem besteht die Stadt zum Großteil aus einem Labyrinth von Einbahnstraßen und Parkplätze sind Mangelware. Die Stadt beschäftigt wahre Heerschaaren von Parkplatzwächtern – wer ohne Ticket parkt, kann sich ziemlich sicher auf ein Knöllchen freuen. Wenn Sie dies alles nicht abschreckt, hier noch einige Tipps:

- Außerhalb der Stadt muss mit **Licht** gefahren werden.
- Alle Fahrgäste müssen **Sicherheitsgurte** anlegen.
- Die Toleranzgrenze bei **Alkohol** am Steuer tendiert in Ungarn gegen Null.
- **Straßenbahnen** haben Vorfahrt! Achten Sie auf aussteigende Fahrgäste.
- Die **Geschwindigkeitsbegrenzungen** liegen bei 50 km/h im Stadtgebiet, 90 km/h auf Landstraßen, 110 km/h auf Schnellstraßen und 130 km/h auf Autobahnen.

Organisierte Touren

Mit dem Fahrrad

Yellow Zebra Bikes (Tel. 266-8777; www.yellowzebrabikes.com) bietet von April bis Oktober für 5000 Ft. Fahrradtouren vom Heldenplatz durchs Pester Zentrum hinauf zum Burgberg. Für 1500 Ft. können Sie auch ein Fahrrad für bis zu fünf Stunden mieten und alleine eine Fahrt planen.

Mit dem Schiff

Vom Schiff aus macht Budapest eine besonders gute Figur. **Legenda** (Tel. 317-2203; www.legenda.hu; 3800/1900 Ft. pro Erwachsenen/Kind) und **Mahart PassNave** (Tel. 484-4013; www.mahartpassnave.hu; 2500/1250 Ft. pro Erwachsenen/Kind) bieten jeweils Fahrten am Tag und in der Nacht.

Mit dem Bus

Budatours (Tel. 374-7070; www.budatours.hu; 4300/3000 Ft. pro Erwachsenen/Kind), **EUrama** (Tel. 327-6690; www.eurama.eu; 4500/2250 Ft. pro Erwachsenen/Kind) und **Hungary Program Centrum** (Tel. 317-7767; www.programcentrum.hu; 5000/3250 Ft. pro Erwachsenen/Kind) veranstalten zweistündige Touren durch Pest und Buda. Die beiden Letzteren bieten auch Spezialtouren (z. B. »Das jüdische Budapest« oder »Budapest für Gourmets«) an.

Zu Fuß

Mit **Absolute Walking Tours** (Tel. 211-8861; www.absolutetours.com) können Sie in dreieinhalb Stunden die Top-Sehenswürdigkeiten der Stadt erkunden (4000/3500 Ft. pro Erwachsenen/Kind).

Eintrittspreise

Die Eintrittspreise für Museen und andere Touristenattraktionen werden in diesem Reiseführer mit den folgenden Kategorien angegeben:

preiswert unter 600 Ft.
mittel 600–1200 Ft.
teuer über 1200 Ft.

Übernachten

In puncto Übernachtungsmöglichkeiten bietet Budapest von allem etwas: Vom lässigen Hostel für Rucksacktouristen bis zum 5-Sterne-Luxushotel mit allem Drum und Dran. Die Ausstattung und der Service sind in der Regel sehr gut, hin und wieder gerät man aber immer noch an einen grummeligen Portier. Die meisten Hotels liegen in Pest, doch auch Buda ist gut versorgt.

Unterkünfte

- **Hotels** und **Pensionen** machen den Großteil der Budapester Übernachtungsmöglichkeiten aus. Die Ausstattung ist sehr unterschiedlich; in den Häusern am unteren Ende der Preisskala werden Bad und WC meist gemeinschaftlich genutzt, während einem in den Tophotels alles geboten wird – außer einem Butler vielleicht. Pensionen sind gemütlicher als Hotels, liegen aber oft am Stadtrand. Bei beiden ist fast immer das Frühstück im Preis enthalten.
- Eine preisgünstige Alternative sind **Privatzimmer**. Die unten aufgeführten Agenturen vermitteln alle Zimmer in der Stadt und sind generell sicherer, als die Angebote von Fremden, die Sie am Bahnhof ansprechen.
- Auch **Ferienwohnungen** sind eine gute Wahl. Viele liegen in oder um Pest-Mitte. Sie sind normalerweise mit einer Küche bzw. einer Kochmöglichkeit und Kühlschrank, Fernseher, Radio, Bettzeug und Handtüchern ausgestattet. Die unten aufgelisteten Zimmervermittlungen haben auch Apartments im Angebot.

Reservierungen

Es lohnt sich, schon im Voraus eine Unterkunft zu buchen, die Ihren Vorstellungen entspricht. Die Hauptsaison läuft von April bis Oktober und auch zwischen Weihnachten und Neujahr ist wie in den meisten europäischen Hauptstädten viel los.

Agenturen

Auf diese drei können Sie sich verlassen:

- **Express** (V. Semmelweiss utca 4, Tel. 266-3277; www.expresstravel.hu) – berechnet keine Vermittlungsgebühr für Reservierungen.
- **Ibusz** (V. Ferenciek tere 10, Tel. 485-2700; www.ibusz.hu) – ein nationales Reisebüro.
- **Non-stop Hotel Service** (V. Apáczai Csere János utca 3, Tel. 266-8042; www.non-stophotelservice.hu) – die Adresse, wenn Sie außerhalb der regulären Öffnungszeiten noch ein Hotel suchen.

Preise für Übernachtungen

Die Preise gelten für ein Doppelzimmer mit eigenem Badezimmer während der Hauptsaison:

€ unter 25 000 Ft.
€€ 25 000–45 000 Ft.
€€€ über 45 000 Ft.

Andrássy Hotel €€–€€€

Durch eine umfassende Renovierung wurde das Andrássy zu einem 5-Sterne-Hotel, das sich dennoch einen Touch seines Bauhaus-Innendesigns von 1937 erhalten hat. Das Foyer gibt sich entsprechend kühl und weitläufig und ist mit zahlreichen gemütlichen Sofas und Buntglas gestaltet. Die vornehmen, pastellfarbenen Zimmer sind zum Teil etwas klein, verlangen Sie am besten eins mit Balkon. Das hauseigene Restaurant Baraka (► 120) ist eines der besten der Stadt und das Stadtwäldchen (► 134) ist nur einen Katzensprung entfernt.

196 B4 VI. Andrássy út 111
462-2100; www.andrassyhotel.com
M1 Bajza utca

Art'otel Budapest €€

Das Art'otel gehört als zeitgemäßes Hotel von Rang zu den besten Adressen in Buda. Das Interieur ist stilsicher, feinsinnig und unaufdringlich gestaltet. Dezente Farben bestimmen den öffentlichen Hotelbereich, während die großen, modernen Zimmer in warmen Rot- und Cremetönen gehalten sind. Die minimalistische Kunst des zeitgenössischen amerikanischen Malers Donald Sultan schmückt nicht nur Wände und Böden, sondern auch Möbel. Sie haben die Wahl zwischen dem modernen Teil des Hauses mit Donaublick oder dem Barockflügel aus dem 18. Jahrhundert zur Rückseite mit Sicht auf die Víziváros und den Burgberg.

194 C4 I. Bem rakpart 16–19
487-9487; www.artotel.de
M2 Batthyány tér

City Hotel Mátyás €

Die Vorzüge dieses Hotels sind eindeutig die zentrale Lage in Pest und die günstigen Zimmer. Diese sind mit ihrer Ausstattung im Achtzigerjahredesign zwar nichts Besonderes, aber sie sind sauber und für den Preis in Ordnung. Das größte Plus ist der Ausblick auf die Donau, da aber nur wenige Zimmer darüber verfügen, sollten Sie bei der Reservierung danach fragen. Zimmer mit Klimaanlage kosten einen Aufpreis.

195 D2 V. Március 15 tér
338-4711; www.cityhotelmatyas.hu
M3 Ferenciek tere

Danubius Hotel Astoria €€

Das Astoria ist dermaßen geschichtsträchtig, dass man es als Sehenswürdigkeit anpreisen könnte. Es stammt aus dem Fin de Siècle und beherbergte schon die erste ungarische Regierung im Jahr 1918, die Nazis im Zweiten Weltkrieg und die Sowjets während des Aufstands von 1956. Das elegante Foyer erstrahlt nach einer Renovierung im alten Glanz seiner Kristallüster, Marmorsäulen und antiken Möbel, während in den kleinen Zimmern Blumenmotive regieren. Viele überblicken die geschäftige Astoria-Metrostation, doch die neuen Fenster fangen viel Lärm ab.

195 E2 V. Kossuth Lajos utca 19–21
889-6000; www.danubiusgroup.com
M2 Astoria

Danubius Hotel Gellért €€

Das Gellért ist die Grande Dame der Budapester Hotels. Die Gestaltung im Jugendstil, das Thermalbad vor Ort (► 54; für Gäste umsonst) und der allgegenwärtige altertümliche Charme machen die bieder wirkenden Zimmer, die eine Veredlung gut vertragen könnten, wieder wett. Fragen Sie nach einem Zimmer mit Blick auf Pest oder die Donau.

193 B3 II. Szent Gellért tér 1
889-5500; www.danubiushotels.com
M3 Kálvin tér

Danubius Grand Hotel Margitsziget €€

Nahe der Nordspitze der ruhigen Margareteninsel (► 68f) gelegen, präsentiert sich das Grand als hübsches Hotel aus dem 19. Jahrhundert mit Stil, Atmosphäre und viel Komfort. An schönen Tagen sind die mit Möbeln im Antikstil aus-

gestatteten Zimmer sonnendurchflutet. Das Beste ist aber, dass die Gäste im dazugehörigen Thermalbad umsonst entspannen können.
193 D4 XIII. Margit-sziget
889-4700; www.danubiushotels.com
M3 Árpád híd

Gresham Palace €€€
(➤ 88)

Hilton Budapest Hotel €€–€€€
Die beiden Budapester Hilton-Hotels sind ganz in der Nähe der Matthiaskirche (➤ 48). Die Zimmer gehören erwartungsgemäß zur Oberliga, auch wenn sie etwas farblos sind und mehr Flair vertragen könnten. Die Hotelfassade aus dem 17. Jahrhundert und der grandiose Blick vom Burgberg über ganz Pest gleichen das aber aus. Das Hotel verfügt über drei rollstuhlgerechte und zahlreiche Nichtraucherzimmer – wenn Sie drei Wochen im Voraus buchen, ist es erheblich billiger.
194 B3 I. Hess András tér 1–3
889-6600; www.budapest.hilton.com
M2 Moszkva tér

Hotel Pest €€
Ein Stadthaus aus dem 18. Jahrhundert in der Vorstadt von Pest beherbergt dieses angenehme Hotel der mittleren Preisklasse. Die Zimmer sind modern und geräumig, die Badezimmer glänzen. Die Lage ist ein weiterer Pluspunkt – in ein paar Schritten erreichen Sie die Ungarische Staatsoper (➤ 108), die Bars am Liszt Ferenc tér und die Highlights der Belváros (➤ 81).
195 E3 VI. Paulay Ede utca 31
343-1198; www.hotelpest.hu
M1 Opera

Hotel Sissi €€
Abgesehen vom mit Antikmöbeln eingerichteten »Sissi-Zimmer« handelt es sich hier um ein modernes Hotel, auch wenn es nach der beliebten Habsburger Kaiserin aus dem 19. Jahrhundert benannt ist. Saubere, spartanische Zimmer und freundlicher, wenn auch etwas brüsker Service geben hier den Ton an. Die Zimmer nach hinten raus haben meist Balkon und um Lärm muss man sich in dieser ruhigen Wohngegend keine Sorgen machen.
199 D3 IX. Angyal utca 33
215-0082; www.hotelsissi.hu
M3 Ferenc körút

Hotel Victoria €€
Das Victoria in Buda lockt mit der Lage hoch über der Donau, gemütlichem Ambiente und zuvorkommendem Service. Die Zimmer sind behaglich, aber eher klein. Der Blick aufs Parlament (➤ 92) und die Donau lenkt davon schnell ab.
194 C4 I. Bem rakpart 11
457-8080; www.victoria.hu
M2 Batthyány tér

Kulturinnov €
Versteckt im oberen Teil des großen neugotischen Baus des ehemaligen Finanzministeriums, gegenüber der Matthiaskirche (➤ 48), befindet sich dieses Überbleibsel sozialistischen Hoteldesigns. Die Zimmer sind eher fad und bieten außer eigenem Bad wenig Komfort, das Foyer ist hingegen elegant ausgestattet. Der Service könnte nicht freundlicher sein und auf dem Burgberg ist dieses Hotel das Super-Schnäppchen.
194 B3 I. Szentháromság tér 6
224-8102; www.kulturinnov.hu
M2 Moszkva tér

Leo Panzió €
Die Váci utca, die Haupteinkaufsmeile der Stadt, ist nur einen Block entfernt – zentraler kann man kaum wohnen. Die Zimmer wirken etwas altmodisch, sind aber recht komfortabel und verfügen über Klimaanlagen. Obwohl das Hotel an der geschäftigen Kossuth Lajos liegt, bekommt man durch die modernen Fenster wenig davon mit.
195 E2 V. Kossuth Lajos utca 2/A
266-9041; www.leopanzio.hu
M3 Ferenciek tere

Mamaison Residence Izabella €€–€€€
Zarte Cremetöne, Holzböden, moderne Ausstattung und geräumige

Zimmer sind nur einige der Vorzüge dieser schönen Apartments. Viele gehen zum ruhigen Innenhof des Gebäudes aus dem 19. Jahrhundert hinaus und haben einen Balkon. Die Andrássy út, von wo aus Sie mit der Metro schnell ins Herz von Pest gelangen, ist nur ein paar Schritte entfernt.

196 A3 VI. Izabella utca 61
475-5900; www.residenceizabella.com
M1 Vörösmarty utca

New York Palace €€€

(➤ 117)

Spinoza Apartments €

Das Spinoza ist eigentlich für seine Küche und die Livemusik (➤ 122) bekannt, hat sich aber vor Kurzem um einige einfache, saubere und gemütliche Apartments zu erschwinglichen Preisen erweitert. Sie befinden sich alle über dem Restaurant und verfügen über eine Küche oder eine Kochstelle und Kühlschrank, einfache, aber stilvolle Möbel und ein bis drei Zimmer.

196 A3 VII. Dob utca 15
413-7488; www.spinozahaz.hu
M2 Astoria

Starlight Suiten €€€

»Modern« heißt hier das Schlüsselwort: Die Suiten sind durch und durch auf der Höhe der Zeit mit Ledersofas, Teppichböden und hochmodernen Bädern eingerichtet. Der Service ist zügig und professionell und die Lage mitten in der Belváros ungemein praktisch.

195 D3 V. Mérleg utca 6
484-3700; www.starlighthotels.com
M1 Vörösmarty tér

Essen und Trinken

Das kulinarische Angebot in Budapest hat in den letzten Jahren große Sprünge gemacht – zum Glück in die richtige Richtung. »Moderne ungarische Küche« heißt nun das Zauberwort: Viele Restaurants versuchen sich in neuen Spielarten bekannter Gerichte und tischen leichtere Kreationen auf, die es besser mit der Figur meinen als die traditionell deftige Landesküche. Auch internationale Gerichte, Sushi-Restaurants und chinesische Imbisse sind immer gefragter. Es wird aber noch dauern, bis Budapest mit dem kulinarischem Spektrum anderer westlicher Hauptstädte mithalten kann.

Die ungarische Küche

- Egal ob Schwein, Huhn, Rind oder Kalb – **Fleisch** spielt in der ungarischen Küche eine wichtige Rolle und in den traditionellen Restaurants sieht es für Vegetarier oft düster aus (➤ 20). **Süßwasserfisch** findet man in der Regel auf jeder Karte, ebenso **Wild** (in der Saison). **Gemüse** kommt eher eingelegt als frisch auf den Tisch.
- Das **Mittagessen** ist üblicherweise die Hauptmahlzeit des Tages und so bieten viele Restaurants ein Mittagsmenü an. Dieses besteht meist aus einer Suppe und einem Hauptgericht zu sehr annehmbaren Preisen.
- Des Ungarn liebstes Gewürz ist **Paprika** (➤ 21). Das allgegenwärtige rote Pülverchen versteckt sich nicht nur in vielen traditionellen Speisen, sondern oft auch in einem Streuer auf dem Restauranttisch.

Getränke

- Ohne ihren heißgeliebten **Kaffee** und die Kaffeehäuser (➤ 18) wäre Budapest einfach nicht Budapest.
- Ungarische **Weine** (➤ 21) nehmen im Leben der Stadt einen hohen Stellenwert ein. Sie sind in Bars, Restaurants, Supermärkten, 24-Stunden-Minimärkten und sogar Imbissbuden erhältlich.

- **Bier** kann in puncto Beliebtheit mit Wein zwar nicht ganz mithalten, hat aber doch eine treue Fangemeinde. Zu den ungarischen Sorten gehören Dreher und Arany Ászok; Bier aus Österreich, der Slowakei, der Tschechischen Republik und den Niederlanden ist aber auch verbreitet.

Restaurants, Bars und Kneipen

- Ein Restaurant nennt man in der Regel ***étterem***. Viele größere Lokale nennen sich so, während kleinere Restaurants auch als ***vendégő*** bekannt sind. ***Étkezde*** bezeichnet ein noch kleineres Etablissement und ist in etwa mit einem deutschen Bistro vergleichbar, wo auch preiswerte Snacks serviert werden.
- Ein ***kávéház*** ist ein Kaffeehaus oder Café, während ein ***cukrászda*** auf Kuchen, Gebäck und allerlei Süßwaren spezialisert ist. Billigen Wein und trinkfreudige Kumpane findet man in einem ***borozó***, eine ungarische Kneipe heißt ***söröző***.

Praktische Tipps

- Fürs Abendessen empfiehlt sich eigentlich immer eine **Reservierung**.
- In einigen Restaurants taucht auf der Rechnung automatisch ein **Trinkgeld** auf; sehen Sie nach, ehe Sie doppelt Trinkgeld geben.
- In den meisten Restaurants **schließt die Küche** um 21 oder 22 Uhr.
- Es kommt immer seltener vor, dass Touristen entweder **zu viel berechnet** oder **falsch herausgegeben** wird – seien Sie dennoch aufmerksam.

Die beste Adresse für ...

... **traditionell ungarische Küche**: Kéhli (► 78)
... **moderne ungarische Küche**: Café Kör (► 98)
... **Café-Atmosphäre**: Centrál Kávéház (► 100)
... **Kuchen**: Daubner (► 79)
... **Meeresfrüchte**: Óceán Bár and Grill (► 99)
... **Blick auf die Festung**: Spoon (► 99)
... **Fleischliebhaber**: Carne di Hall (► 59)
... **Ente**: Kacsa (► 59f)
... **Gans**: Fülemüle (► 158)
... **Vegetarier**: Govinda (► 98)
... **französische Küche**: Chez Daniel (► 120f)
... **italienische Küche**: Fausto's (► 121)
... **Mittagessen zum Mitnehmen**: Mennyei Ízek (► 79)
... **stilvolle Umgebung**: Menza (► 121)
... **Kommunismus der alten Schule**: Bambi (► 60)
... **Cocktails**: Negro (► 100)

Preise

Die Preise in diesem Reiseführer gelten pro Person für ein Essen ohne Getränke:

€ unter 2500 Ft.
€€ 2500–5500 Ft.
€€€ über 5500 Ft.

Einkaufen

Die Einkaufswelt in Budapest hat zwei völlig verschiedene Gesichter. Überall in der Stadt wurden und werden Einkaufszentren gebaut, die den Einheimischen alles an westlichem Konsum bieten, was sie sich wünschen können – wenn sie es denn sich leisten könnten. In kleinen Straßen und Gassen gibt es indessen noch winzige, traditionsreiche Läden, wo man von Knöpfen bis hin zu Bauchtanzkostümen alles erstehen kann.

Ungarische Spezialitäten

- Zu den **traditionellen ungarischen** Erzeugnissen gehören Porzellan, Keramik, Volkskunst und aufwendige Stickereien.
- Wer ein Auge für erlesene **Antiquitäten** und **Kunst** hat, kann in den Läden und Märkten tolle Schnäppchen ergattern.
- **Bücher** sind in Ungarn generell preiswert zu haben.

Wohin zum Einkaufen ...

- In der **Váci utca** (➤ 86) und dem sie umgebenden Straßengewirr befinden sich die meisten Läden von Budapest.
- Eine ganze Reihe von Antiquitätengeschäften gibt es auf der **Falk Miksa utca** in der Belváros (➤ 81) in Pest-Mitte.
- Die beiden Einkaufszentren Westend (VI. Váci út 1) in Pest und **Mammut** (➤ 61, II. Lövőház utca) in Buda sind die größten der Stadt.
- In der Belváros (➤ 81) und der etwas nördlicher gelegenen Újlipótváros liegen viele kleine Fachgeschäfte, die ihren eigenen Zauber haben.
- Die Ungarn lieben **Märkte** (➤ 22), und für jeden Besucher von Budapest gehört eine Besuch auf mindestens einen davon zum Pflichtprogramm.

Öffnungszeiten

Die meisten Geschäfte haben Mo–Fr von 9 oder 10 bis 18 Uhr und samstags bis 13 Uhr; die Einkaufszentren sind täglich von 10–21 Uhr geöffnet.

Ausgehen

Das Budapester Nachtleben brummt. Die Veranstaltungsorte, die sich der Klassik verschrieben haben, haben einen sehr hohen Standard und die modernen Bühnen bieten für jeden Musikgeschmack etwas. Nachtschwärmer bevölkern auch an Werktagen zahlreich die vielen Bars und Clubs.

Informationen

Die Budapester besorgen sich die wöchentlich erscheinenden Magazine ***PestiEst*** und ***Exit*** mit Veranstaltungstipps, die beide umsonst in Bars und Kinos ausliegen. Das etwas umfangreichere Wochenblatt ***Pesti Műsor*** bekommt man an Zeitungskiosken. ***Koncert kalendárium*** ist ebenso gratis (erhältlich in Konzertsälen und Theatern) und erscheint monatlich mit Tipps in Sachen gehobener Unterhaltung.

Reservierungen

- **Ticket Express** (VI. Andrássy út 18, Tel. 312-0000; www.tex.hu; Mo–Fr 9.30–18.30 Uhr) betreibt mehrere Büros in Budapest, wo man für die meisten Veranstaltungen Karten bekommt.
- Das **Nagymező Ticketbüro** (VI. Nagymező utca 19, Tel. 302-3841; Mo bis Fr 10–19 Uhr) ist auf Karten für klassische Konzerte spezialisiert.

- Eintrittskarten für die Oper und fürs Theater gibts beim **Magyar Állami Operaház Ticketbüro** (VI. Andrássy út 20, Tel. 332-7914; Mo–Fr 10–18 Uhr).

Oper und klassische Musik

- Erleben Sie eine Opernaufführung in der **Ungarischen Staatsoper** (➤ 108).
- Die **Nemzeti Filharmonikusok** (Nationale Philharmoniker) treten im Művészetek Palotája (Palast der Künste, ➤ 152) auf.
- Weitere Bühnen sind das **Budapesti Kongresszusi Központ** (Budapester Kongresszentrum, ➤ 62), die **Liszt Zeneakadémia** (Liszt Musikakademie, ➤ 116) und der **Pesti Vigadó** (➤ 102). Orgelkonzerte finden in der **Matthiaskirche** (➤ 48) und der **St.-Stephans-Basilika** (➤ 90) statt.

Theater und Tanz

- Das wichtigste Theater in Budapest ist das **Nemzeti Színház** (Nationaltheater, ➤ 154), das gefeiertste ist jedoch das **Katona József** (➤ 102).
- Im **Merlin International Theatre** (➤ 102) kommen die meisten englischsprachigen Produktionen der Stadt zur Aufführung, viele werden auch in der **International Buda Stage** (➤ 80) gezeigt. Stücke auf Deutsch können Sie im **Deutschen Theater Budapest** sehen (VII. Ráóczi út 62, Tl. 342-0864; www.deutschestheater.hu).
- Das **Nemzeti Várszínház** (Nationales Tanztheater, ➤ 62) zeigt Tanz allererster Güte. Im **Trafó Kortárs Művészetek Háza** (➤ 160) sind ausschließlich zeitgenössische Stücke zu sehen.

Livemusik, Bars und Clubs

- Die **Livemusikszene** ist in Budapest sehr lebendig. **Jazz Garden** (➤ 102), **A38 Hajó** (A38 Schiff, ➤ 62) und **Kultiplex** (➤ 160) gehören zu den zahlreichen kleineren Konzertbühnen, internationale Stars treten in der **Budapest Sportaréna** (➤ 140) und dem **Petőfi Csarnok** (➤ 140) auf.
- **Folkloremusik** ist in Budapest sehr beliebt. Konzerten dieser Art kann man im **Aranytíz Művelődési Központ** (Aranytíz Kulturzentrum, ➤ 102) oder im **Fonó Budai Zeneház** (Fonó Buda Musikhaus, ➤ 62) lauschen.
- Ein wahres Nest an Bars gibt es um den **Liszt Ferenc tér** (➤ 120) herum und in der **Ráday utca** (➤ 158). Sie sollten sich aber nicht nur darauf beschränken, denn die Budapester Kneipenszene verteilt sich im Grunde über die ganze Stadt. In anderen Worten: Eine wunderbare kleine Pinte könnte sich auch direkt neben ihrem Hotel befinden.
- Im Sommer schießen **Bars im Freien** wie Pilze aus dem Boden. Nach einem Blick ins *PestiEst* (➤ 37) wissen sie, was gerade in ist.
- Wie in jeder anderen großen Stadt ist die **Clubszene** mitunter kurzlebig. Nach wie vor angesagt sind jedoch das **West Balkan** (➤ 160), die **Trafó Bár Tangó** (➤ 160) und der etwas raue **Fészek Club** (➤ 124).

Festivals

Zu den erwähnenswerten Festivals gehören:

- **Budapester Frühlingsfestival** – zwei Wochen Ende März/Anfang April gehören Klassikkonzerten internationaler und ungarischer Gruppen.
- **Formel 1 Grand Prix von Ungarn** – das größte Sportereignis des Jahres findet immer in der zweiten oder dritten Augustwoche statt.
- **Sziget Festival** – ein gigantisches Musikfestival, das für eine Woche im August die gesamte Margareteninsel buchstäblich für sich »einnimmt«.
- **Budapester Weinfestival** – die Hersteller von Ungarns besten Tropfen bevölkern in einer Woche im September das Burgviertel.
- **Budapester Herbstfestival** – widmet sich an zehn Tagen im Oktober der zeitgenössischen Kunst.

Burgberg & Gellértberg

Erste Orientierung

Der Burgberg (Vár-hegy) sollte für jeden Budapesturlauber das erste Ziel sein. Das Kalksteinplateau, hoch oben über der Donau gelegen, beherbergt die meisten der mittelalterlichen Schätze der Stadt und gehört zum UNESCO Weltkulturerbe. Etwas weiter südlich erhebt sich der Gellértberg (Gellérthegy), der zweite markante Fels der Stadt. Hier gibt es zwar weniger Sehenswürdigkeiten, aber eine sehenswerte Aussicht.

Die dicken Mauern des Burgberges bieten so viele Highlights, dass man kaum weiß, was man zuerst besuchen soll: den Burgpalast (Budai Királyi Palota), die einzigartige Matthiaskirche (Mátyás templom) oder eines der vielen interessanten und ungewöhnlichen Museen. Ein Spaziergang durch die ruhigen kopfsteingepflasterten Gassen ist aber ebenso ein Erlebnis wie der Besuch einer dieser Attraktionen. Zwischen dem Burgberg und der Donau liegt die Víziváros (Wasserstadt), ein Viertel, das durch seine friedliche Atmosphäre und fesselnde Geschichte besticht.

Der Gellértberg besteht zum größten Teil aus Parkgelände und bietet nicht die mittelalterlichen Trümpfe wie der Burgberg, obwohl hier die Citadella, eine frühere Habsburgfestung, steht. Dafür liegt am südlichen Rand das Gellért Gyógyfürdő (Gellértbad) – ein Augenweide des Jugendstils.

★ Nicht verpassen!

1. **Burgpalast (Budai Királyi Palota) ➤ 44**
2. **Matthiaskirche (Mátyás templom) ➤ 48**
3. **Víziváros (Wasserstadt) ➤ 50**
4. **Gellértberg (Gellért-hegy) ➤ 52**

Nach Lust und Laune!

5. Rudas Gyógyfürdő (Rudas Heilbad) ➤ 55
6. Semmelweis Orvostörténeti Múzeum (Semmelweis-Museum für Medizingeschichte) ➤ 55
7. Kettenbrücke (Széchenyi lánchíd) ➤ 56
8. Budavári Labirintus (Budaer Burglabyrinth) ➤ 56
9. Arany Sas Patikamúzeum (Apothekenmuseum Zum Goldenen Adler) ➤ 57
10. Fischerbastei (Halászbástya) ➤ 57
11. Telefónia Múzeum (Telefonmuseum) ➤ 57
12. Hadtörténeti Múzeum (Kriegshistorisches Museum) ➤ 58

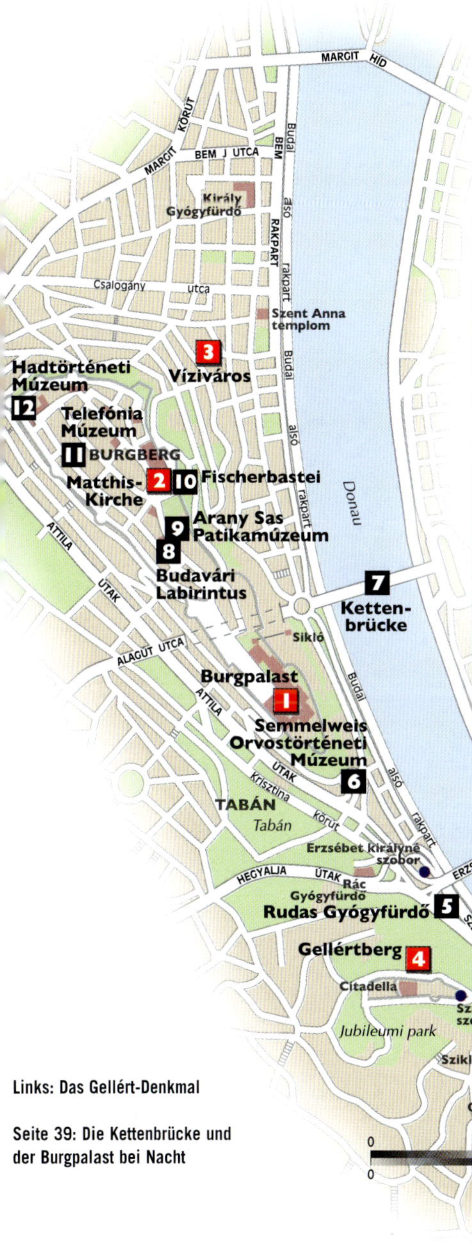

Unten: Die Türme der Fischerbastei

Links: Das Gellért-Denkmal

Seite 39: Die Kettenbrücke und der Burgpalast bei Nacht

Entdecken Sie alles rund um den Burgberg und den Gellértberg in Buda – eine phantastische Aussicht, malerische alte Gassen und ein oder zwei Festungen als Dreingabe.

Burgberg & Gellértberg an einem Tag

9 Uhr

Beginnen Sie den Tag früh mit einer Fahrt in der Sikló (Standseilbahn, ➤ 44), die nahe der **7 Kettenbrücke** (Széchenyi lánchíd, ➤ 56) hinauf zum Burgberg startet. Beim Spaziergang über die Festungswälle bieten sich schöne Fotomotive von Pest. Von der **10 Fischerbastei** (Halászbástya, rechts, ➤ 57) haben Sie den besten Blick.

10 Uhr

Gehen Sie zum Gelände des **1 Burgpalastes** (Budai Királyi Palota, ➤ 44). Da nur Zeit für einen Museumsbesuch bleibt, müssen Sie sich zwischen ungarischer Kunst in der Magyar Nemzeti Galéria (Ungarische Nationalgalerie, ➤ 46) und Budapester Stadtgeschichte im Budapesti Történeti Múzeum (Historisches Museum, ➤ 47) entscheiden.

12 Uhr

Genehmigen Sie sich nahe des Zentrums von Vár-hegy einen Kaffee bei Ruszwurm (➤ 61), ehe Sie sich der ungewöhnlichen Innengestaltung der **2 Matthiaskirche** (Mátyás templom, links, ➤ 48) widmen.

13 Uhr

Nach dem bisherigen Fußmarsch meldet sich nun sicher bald ihr Magen. Auf dem Burgberg sind Restaurants zwar rar gesät, doch das Rivalda (➤ 60) ist eine gute Wahl und kommt vielen Geschmäckern entgegen.

14 Uhr

Fahren Sie nach dem Mittagessen mit der Sikló runter in die 5 **Víziváros** (Wasserstadt, ➤ 50), wo es kuriose Läden, das aus der Türkenzeit stammende Király-Bad (➤ 51) und das barocke Schmuckstück Szent Anna templom (St.-Anna-Kirche, oben rechts, ➤ 50) zu entdecken gibt. Wenn Zeit bleibt, können Sie im 6 **Semmelweis Orvostörténeti Múzeum** (Semmelweis-Museum für Medizingeschichte, ➤ 55) ihr medizinisches Wissen aufbessern.

16 Uhr

Wappnen Sie sich mit einer Erfrischung im Lánchíd Söröző (➤ 60) für den Weg hoch auf den 4 **Gellértberg** (Gellért-hegy, ➤ 52). Oben wartet eine phantastische Sicht auf Pest (unten). Wenn Sie auf der Südseite des Bergs heruntergehen, legen Sie einen Halt in der Sziklatemplom (Felsenkapelle, ➤ 53f) ein, die vom Paulinerorden, dem einzigen geistlichen Orden Ungarns, gebaut wurde.

18 Uhr

Nach den Anstrengungen des Tages bietet sich ein Besuch im Gellért Gyógyfürdő (Gellért-Heilbad, ➤ 54) an, wo Sie sich in der prächtigen Jugenstilumgebung im Thermalbad richtig entspannen können.

20 Uhr

Lassen Sie den Tag mit einem Konzert im A38 Hajó (A38 Schiff, ➤ 62) oder bei traditioneller Folkloremusik im Fonó Budai Zeneház (Fonó Buda Musikhaus, ➤ 62) ausklingen.

Burgpalast

An der Südspitze des Vár-hegy thront hoch über der Stadt der Burgpalast (Budai Királyi Palota). Im Zweiten Weltkrieg fast vollständig zerstört, wurde der Palast in der Folgezeit in mühevoller Kleinarbeit in all seiner neobarocken Pracht wiederaufgebaut – seine Wurzeln reichen jedoch einige Jahrhunderte weiter zurück.

Nachdem der Mongolensturm über das Land hinweggefegt war, ließ König Béla IV. (1206–70) schon im 13. Jahrhundert den Burgberg befestigen. Die Grundmauern des Burgpalastes gehen auf ihn zurück. In den nächsten Jahrhunderten wurde der Palast immer wieder zerstört, von verschiedenen Herrschern völlig umgestaltet oder erweitert: So baute König Matthias (um 1443–90) im 15. Jahrhundert einen mittelalterlichen Palast im italienischen Renaissancestil (Teile davon sind heute im Budapesti Történeti Múzeum, ➤ 47, zu sehen), während Kaiserin Maria Theresa (1717–80) für das heutige neobarocke Erscheinungsbild des Palasts verantwortlich ist.

Neben den Hauptattraktionen – die Magyar Nemzeti Galéria (Ungarische Nationalgalerie), das Budapesti Történeti Múzeum (Historisches Museum) und die Országos Széchenyi Könyvtár (Széchenyi-Nationalbibliothek, ➤ 47) – gibt es im Palast noch weitere Sehenswürdigkeiten. In der Nähe des Eingangs zur Galéria befindet sich das **Reiterstandbild von Prinz Eugen von Savoyen**, dem habsburgischen Heerführer (1663–1736), der Budapest 1686 von den Türken befreite. Auf der nach Buda gelegenen Seite der Galéria steht der **Matthiasbrunnen**, der die Geschichte des Renaissance-Königs und des Bauernmädchens Szép Ilonka erzählt. Ilonka, rechts von Matthias, traf den König bei einer Jagd und verliebte sich in ihn. Als sie erfuhr, dass er der König und somit für sie unerreichbar war, starb sie an gebrochenem Herzen.

Rechts: Der Burgpalast

Unten: Der Matthiasbrunnen

Die Sikló

Direkt vor den Toren des Palasts befindet sich die Sikló, die zweitälteste Standseilbahn der Welt (1870). Sie wurde im Zweiten Weltkrieg stark beschädigt, jedoch liebevoll restauriert und läuft nun mit Strom anstatt Dampf. Eine Fahrt in den nachgebauten Holzkabinen eröffnet ein tolles Panorama auf Pest und die Donau.

BURGPALAST: INSIDER-INFO

Top-Tipps: Die **Habsburg Nádori Kripta** (Krypta der habsburgischen Palatine) in der Magyar Nemzeti Galéria beherbergt die Gräber der vom Hause Habsburg in Ungarn eingesetzten Palatine. Sie kann nur mit Führer besichtigt werden (500 Ft.; Tel. (0620) 439-7325).

• Im Budapesti Történeti Múzeum vermittelt der **Audioguide** ein lebendigeres Bild der Stadtgeschichte als die Infoschilder.

Oben: Die Turmkapelle

Magyar Nemzeti Galéria

Die Ungarische Nationalgalerie, die sich auf vier Stockwerke im B-, C- und D-Flügel des Palastes verteilt, besichtigt man am besten in zwei Etappen. Sie stellt die größte Sammlung ungarischer Kunst im ganzen Land dar und umfasst Werke vom Mittelalter bis zum 20. Jahrhundert.

Im Erdgeschoss befinden sich gotische Flügelaltäre, Holzskulpturen und Steinmetzarbeiten aus der Renaissance (15. und 16. Jahrhundert). Besonders die Altargemälde beeindrucken – den Nikolausaltar (um 1480), den der ungarische Maler Jánosrét schuf und der das Schicksal des Heiligen in gewohnt schauerlicher Weise darstellt, sollten Sie sich unbedingt ansehen. Äußerst lohnenswert ist außerdem die bemalte Holzdecke aus dem 16. Jahrhundert im Raum nebenan.

Die meisten der riesigen Gemälde im ersten Geschoss thematisieren historische Szenen und stammen aus dem 19. Jahrhundert. Die Darstellung des unglückseligen Angriffs der Armee von Miklós Zrínyi gegen die übermächtigen Türken bei Szigetvár im Jahr 1566 im Gemälde *Angriff Zrínyis* (1825) vom Österreicher Peter Krafft (1780–1856) nimmt viele Besucher gefangen. Weitere große Künstler sind hier vertreten: Mihály Munkácsy (1844 bis 1900) und László Mednyánszky (1852–1919), die für ihre Bilder der ungarischen Puszta (Grassteppe) berühmt sind.

In der zweiten und dritten Etage befinden sich zeitgenössische Werke des 20. Jahrhunderts. Zu den großen Namen hier zählen József Rippl-Rónai (1861–1927) und Tivadar Csontváry (1853–1919); Ersterer zweifellos *der* Meister des ungarischen

Unten: Im Burgpalast sind die Nationalgalerie, das Historische Museum und die Széchenyi-Nationalbibliothek untergebracht

Jugendstils; während die Experimente des Letzteren mit Expressionismus und Symbolismus Kunstwerke wie das eindrucksvolle *Ruinen des Theaters in Taormina* (1905) hervorbrachten.

Budapesti Történeti Múzeum

Das Historische Museum im E-Flügel des Palasts widmet sich auf vier Etagen der bewegten Budapester Geschichte. Die Ausstellung beginnt im Erdgeschoss mit dem Mittelalter, einer der Höhepunkte ist hier eine Sammlung gotischer Skulpturen, die bei der Ausgrabung des mittelalterlichen Burgpalasts im Jahr 1974 gefunden wurde. Im Untergeschoss kann man die rekonstruierten Räume der mittelalterlichen Anlage sehen, darunter den Gotischen Saal und den Renaissance-Saal, eine Burgkapelle aus dem 14. Jahrhundert und den Königskeller.

Im ersten Stock geht es zunächst kurz ins Mittelalter, bevor sich die Ausstellung dann Budapest nach 1686 und dem Sieg über die Türken zuwendet und Ungarns Weg bis hin zum EU-Beitritt 2004 skizziert. Erst im Obergeschoss geht es dann um die Frühgeschichte Budapests: von der Urgeschichte bis hin zur Landnahme der Magyarenstämme.

Országos Széchenyi Könyvtár

Die Széchenyi-Nationalbibliothek befindet sich im F-Flügel mit Blick auf den Innenhof. Sie wurde 1802 von Graf Ferenc Széchenyi (1754–1820) gegründet und umfasst momentan mehr als sieben Millionen Bücher, Magazine, Periodika, Karten, Drucke, Bilder und Gravuren. Den Großteil der Sammlung stellen ungarische Werke dar (die Bibliothek besitzt alle Veröffentlichungen auf Magyar oder von ungarischen Autoren). Einige davon können im großen Leseraum eingesehen werden.

Unten: Detail eines gotischen Altargemäldes in der Nationalgalerie

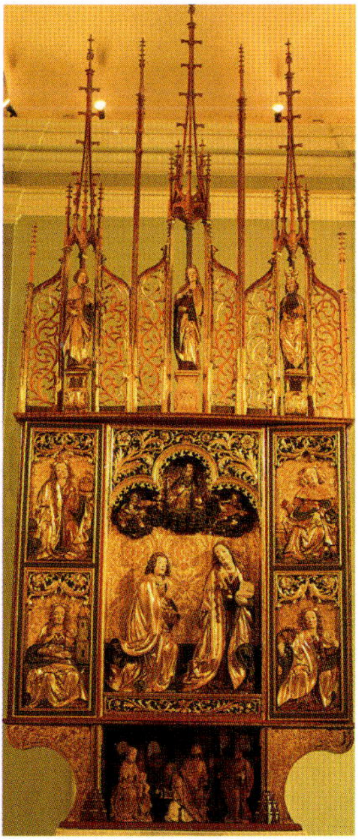

KLEINE PAUSE

Das **Rivalda** (➤ 60) ist nur wenige Schritte vom Haupteingang des Palasts entfernt.

---

194 C2

Sikló
I. Szent György tér ☎ 201-9128 tägl. 7.30 bis 22 Uhr; 1. und 3. Mo jedes Monats geschl. preiswert–mittel Bus 16; Straßenbahn 19

Magyar Nemzeti Galéria
I. Szent György tér 2 ☎ 201-9082; www.mng.hu Di–So 10–18 Uhr frei; wechselnde Ausstellungen: mittel Bus 16

Budapesti Történeti Múzeum
I. Szent György tér 2 ☎ 225-7815; www.btm.hu Mitte Mai–Mitte Sept. tägl. 10–18 Uhr; März–Mitte Mai und Mitte Sept.–Okt. Mi–Mo 10–18 Uhr; Nov.–Feb. Mi–Mo 10–16 Uhr mittel Bus 16

Országos Széchenyi Könyvtár
I. Szent György tér 6 ☎ 224-3700; www.oszk.hu Di–Fr 9–21, Sa 10–18 Uhr; Aug. geschl. mittel Bus 16

2 Matthiaskirche

Die Matthiaskirche (Mátyas templom) besitzt eine fast exzentrische Schönheit – ihr Inneres ist bis in den kleinsten Winkel bunt bemalt – und ist ein Muss für jeden Besucher Budapests.

Die Geschichte der heutigen Kirche geht bis ins 13. Jahrhundert auf König Béla IV. (1206 bis 70) zurück. Überlieferungen zufolge soll schon 1015 König István an dieser Stelle eine kleinere Kirche gebaut haben, die aber 1241 im Mongolensturm zerstört wurde. Während der türkischen Besatzung wurde die Matthiaskirche zur Moschee, nach deren Vertreibung gestalteten die Jesuiten sie jedoch wieder nach katholischem Vorbild. Am Ende des 19. Jahrhunderts war die Kirche so verfallen, dass sie 1896 vom ungarischen Architekten Frigyes Schulek (er entwarf auch die Fischerbastei, ➤ 57) im neugotischen Stil komplett umgebaut wurde. Teile der ursprünglichen Kirche sind aber erhalten geblieben: Der älteste Bereich liegt unter dem Béla-Turm in der nordwestlichen Ecke des Hauptschiffs. An dieser Stelle zeigt ein Steinrelief aus dem Jahr 1260 zwei Figuren, die ein Buch lesen. Zurzeit wird die Kirche renoviert und soll 2010 fertig sein.

Innen wie außen eine Augenweide

Der größte Platz des Burgbergs wird völlig vom auffälligen Äußeren der Kirche bestimmt.

Zunächst fallen dem Besucher die farbigen Zickzack-Muster auf dem mit glasierten Zsolnay-Fliesen geschmückten Dach ins Auge. Dann wandert der Blick zum grazilen Kirchturm mit seinen Wasserspeiern und steinernem Filigranmuster. Man betritt die Kirche durch das Marienportal, dessen Türlünette ein gotisches Steinrelief von Maria inmitten einer Engelsschar zeigt.

Im Innern gibt es kaum einen Fleck, der vom Farbpinsel des ungarischen Künstlers Bertalan Székely (1835–1910) unberührt blieb. Er gestaltete die Kirche im Stil des europäischem Eklektizismus und die Wände sowie die tragenden Säulen sind über und über mit floralen und geometrischen Mustern bedeckt. Große Buntglasfenster säumen die Südwand und bilden den Hintergrund für den Hochaltar.

In der Loretokapelle befindet sich eine wunderschöne Barockstatue von der Madonna mit Kind. Im Eintrittspreis zur Kirche ist auch der Besuch eines kleinen Museums mit kirchlicher Kunst enthalten (gleiche Öffnungszeiten wie die Kirche). Die Krypta der Matthiaskirche befindet sich rechter Hand des Hauptaltars.

Wunschkonzert

Die meisten Leute werden Ihnen auf die Frage nach dem Namen der Kirche in Vár-hegy antworten: Mátyás templom. Ihr offizieller Name ist jedoch Nagyboldogasszony-templom bzw. Liebfrauenkirche. Der Name Koronázó Főtemplom (Krönungskirche) ist ebenso geläufig. Der allgemein geläufige Name der Kirche geht auf König Matthias Corvinus (um 1443–90), zurück, der den Glockenturm bauen ließ und zweimal hier heiratete.

Links: Ein Triptychon in der Kirche

Unten links: Blick auf die Matthiaskirche und die Fischerbastei

KLEINE PAUSE

Überqueren Sie den Szentháromság tér für eine belebende Tasse Kaffee und ein Stück Kuchen entweder im Traditionscafé **Ruszwurm** (► 61) oder dem modernen **Café Miró** (► 61).

194 B3 · I. Szentháromság tér 2 · 355-5657; www.matyas-templom.hu · Mo–Fr 9–17, Sa 9–13, So 13–17 Uhr · mittel · Bus 16

Links: Die schönen Zsolnay-Fliesen auf dem Dach

MATTHIASKIRCHE: INSIDER-INFO

Top-Tipps: In unregelmäßigen Abständen können Sie an **kostenfreien Führungen** teilnehmen, die rund 30 Minuten dauern. Allerdings weiß man im Voraus nicht, welche Sprache man erwischt. Alternativ dazu können Sie sich für 400 Ft. einen **Audioguide** leihen.

- Zur Krönung von Franz Joseph und Elisabeth (Sissi) zum König und Königin von Ungarn im Jahr 1867 wurde auf der **Orgel** (sie umfasst 7000 Orgelpfeifen) zum ersten Mal Franz Liszts *Ungarische Krönungsmesse* gespielt. Gelegentlich finden abends **Orgelkonzerte** statt, auf der Website finden Sie die Termine.
- Die Matthiaskirche kann **sonntagmorgens** zwar besichtigt werden, aber nur im Rahmen eines Gottesdienstbesuchs.

3 Víziváros

Zwischen dem Burgberg und der Donau liegt die Wasserstadt. Seit dem Mittelalter trägt sie diesen Namen, doch ihre Geschichte lässt sich bis in die Römerzeit zurückverfolgen.

Mit der Fő utca legten die römischen Eroberer den Grundstein für die Entwicklung der **Víziváros**. Die kleine Straße, die vom Clark Ádám tér, nahe der Kettenbrücke, zur Margit híd verläuft, ist auch heute noch die Hauptschlagader des alten Viertels. Der ganze Verkehr von und nach Óbuda und Tabán schlängelt sich hier durch. Während der türkischen Besatzung wurden viele der Kirchen in Moscheen umgewandelt und etliche Bäder gebaut. Von ihnen ist leider nur das **Király** erhalten geblieben, welches heute noch in Betrieb ist. Die meisten Kirchen – wie die **Szent Anna** (St.-Anna-Kirche) am Batthyány tér und die gotisch-barocke **Kapucinus** (Kapuzinerkirche) in der Fő utca 32 – stehen hingegen noch.

Szent Anna templom

Der Weg der St.-Anna-Kirche zur schönsten Barockkirche von Budapest war beschwerlich. Von den Jesuiten im Jahr 1740 in Auftrag gegeben, musste sie weitere 65 Jahre auf ihre Weihe warten – so wurde sie 1763 bei einem Erdbeben beschädigt und verfiel nach der Auflösung des Jesuitenordens zusehends. Im Zweiten Weltkrieg kamen noch mehr Schäden hinzu und die Kommunisten planten sogar schon ihren Abriss. Dazu kam es aber zum Glück nicht mehr.

Gasthaus »Zum Weißen Kreuz«

Das einstige Gasthaus in der Fő utca 4 ist nicht nur wegen seiner Barock-/Rokokofassade (man fügte hier zwei Häuser zusammen) berühmt, sondern auch für seine prominenten Gäste wie den italienischen Abenteurer Casanova (1725–98) und Kaiser Joseph II. (1741–90).

Unten: Die Zwillingstürme der St.-Anna-Kirche

An der reich verzierten Barockfassade ist besonders das Budaer Stadtwappen bemerkenswert. Darüber sind zwei kniende Engel und in deren Mitte das Symbol der Dreieinigkeit zu sehen; die Gruppe wird von den Zwillingstürmen eingerahmt. Über dem Hochaltar im Innern der Kirche wölbt sich die mit Fresken bemalte Hauptkuppel. Der üppig geschmückte Altar ist mit Skulpturen der Heiligen Anna, wie sie Maria in den Tempel nach Jerusalem bringt, gestaltet. Ebenso sehenswert ist der Seitenaltar von 1768 und die mit Putten bedachte Orgel.

Király Gyógyfürdő

Das Király Heilbad (im 19. Jahrhundert nach den neuen Besitzern umbenannt) ist eines der wenigen Relikte der ottomanischen Herrschaft, die noch in Gebrauch sind. Der Bau wurde 1566 begonnen und 1570 unter Pascha Sokoli Mustafa fertiggestellt. Charakteristisch ist die Haupthalle mit Kuppeldecke und das oktogonale Becken. Die neoklassizistische Fassade und der an die Fő utca grenzende Flügel wurden im 18. Jahrhundert angebaut.

KLEINE PAUSE

Für eine Erfrischung in Form von Kaffee oder Stärkerem ist das **Lánchíd Söröző** (➤ 60), am Südrand der Víziváros, oder **Angelika** (➤ 60), neben der Szent Anna templom, eine gute Idee.

Szent Anna templom
194 C4 · II. Batthyány tér 8
318-5536 · Gottesdienste: Mo–Fr 7.30, 9.30, 17, Sa 8.30, 9.30, 18, So 8.30, 9, 11, 18 Uhr
frei · M2 Batthyány tér

Király Gyógyfürdő
194 B5 · II. Fő utca 82–86
202-3688; www.spasbudapest.com
Männer: Di, Do, Sa 9–20 Uhr; Frauen: Mo, Mi, Fr 7–18 Uhr
mittel · Bus 60

Unten: Das Király-Heilbad

VÍZIVÁROS: INSIDER-INFO

Geheimtipp: Halten Sie nach dem sogenannten **Eisenblock** (auf Ungarisch *vastuskó*) an der Ecke der Vám und Iskola utca Ausschau. Es heißt, dass früher die Gesellen auf Wanderschaft als Zeichen ihres Besuchs in der Stadt einen Nagel in den Holzblock schlugen; das Original steht im Kiscelli Múzeum (➤ 74).

4 Gellértberg

Mit seinen 230 Metern ist der über der Donau emporragende Gellértberg (Gellért-hegy) schwer zu verfehlen. Außer dem phantastischen Blick auf die Stadt locken den Besucher vielseitige Sehenswürdigkeiten wie eine Festung aus dem 19. Jahrhundert, eine Höhlenkirche und ein Heilbad im Jugendstil.

Oben: Das Gellért-Heilbad

Der Gellértberg ist vielmehr ein Felsen als ein Berg, da bellende Hunde bekanntlich aber nicht beißen, bewältigen die meisten den Aufstieg vom Flussufer aus ohne größere Probleme in nur rund 25 Minuten. Bevor Sie sich jedoch am Ausblick vom Gipfel ergötzen, sollten Sie sich etwas Zeit für **Tabán** nehmen, den Stadtteil zwischen dem Gellért- und dem Burgberg. Die einst arme und dicht bevölkerte serbische Siedlung (auf der Flucht vor den Türken ließen sich im 18. Jahrhundert viele Serben hier nieder) ist heute eine ruhige Gegend mit viel Grün, die einige Überraschungen bereithält.

Ein Großteil des alten Tabán fiel Bränden, Fluten oder der Abrisswut der 1930-Jahre zum Opfer. Ein Gebäude hielt all diesen Angriffen jedoch Stand: das **Rác Gyógyfürdő** (Rác Thermalbad) in der Hadnagy utca 8–10. Die Fassade wurde im 19. Jahrhundert vom ungarischen Architekten Miklós Ybl (1814–91) entworfen, das wunderschöne türkische Bad im Innern gibt jedoch den wahren Ursprung preis. Wegen einer Renovierung ist das Rác-Heilbad zurzeit geschlossen.

Inmitten von brausendem Verkehr steht etwas nördlich der Erzsébet híd (Elisabethbrücke) eine **Statue von Elisabeth** (1837–98), der Gattin des Habsburger Kaisers Franz Joseph.

Die vom Volk liebevoll Sissi genannte Kaiserin war das »It«-Girl des 19. Jahrhunderts und den Ungarn so stark verbunden, dass sie sogar ihre Sprache erlernte. In regelmäßigen Abständen findet man frische Blumen an der Statue – die Liebe scheint also immer noch auf Gegenseitigkeit zu beruhen.

Citadella

Es ist kein Zufall, dass der Blick von der Zitadelle auf Budapest überwältigend ist. Die Habsburger errichteten sie nach der Revolution von 1848–49 als Abschreckung gegen weitere Aufstände und zu Überwachungszwecken. Als sie 1851 fertiggestellt wurde, hatte sich das politische Klima jedoch gewandelt und die Doppelmonarchie von Österreich und Ungarn war entstanden. Übrig blieb eine düstere Festung ohne rechten Sinn. Als sie 1894 in städtisches Eigentum überging, wurden Teile der Mauer in einem symbolischen Festakt gesprengt. Heute ist sie eine Touristenattraktion mit Hotel, Restaurant, Café und einem kitschigen Wachsfigurenkabinett. Der Blick von den Wällen bleibt allerdings umwerfend wie eh und je.

Unten: Das Denkmal für Bischof Gellért (Hl. Gerhard) auf dem Gellértberg

Szabadság szobor

Das 14 Meter hohe Freiheitsdenkmal auf der Spitze des Gellértbergs ist zu einem inoffiziellen Wahrzeichen Budapests geworden. Es stellt eine Frau dar, die einen Palmenzweig in die Höhe hält, und wurde 1947 von den Sowjets als Zeichen der Befreiung von den Deutschen erbaut. Ursprünglich umringten die Figur noch russische Soldaten – diese Statuen wurden 1992 jedoch in den Szoborpark (► 166) »umgesiedelt«. Gerüchten nach sollte die Statue eigentlich zum Gedenken an Miklós Horthys Sohn, der 1942 bei einem Flugzeugabsturz starb, errichtet werden. Nach dem Zweiten Weltkrieg waren sozialistische Standbilder aber so rar, dass der Bildhauer Kisfaludi Strobl das Denkmal kurzerhand als sowjetisches Mahnmal ausgab.

Sziklatemplom

Auf der Südseite des Bergs befindet sich gegenüber dem Danubius Hotel Gellért (► 33) diese ungewöhnliche Felsenkapelle mit Blick auf die Donau. Sie wurde 1931

GELLÉRTBERG: INSIDER-INFO

Top-Tipps: Am 20. August wird über der Zitadelle ein **spektakuläres Feuerwerk** zur Feier des St.-Stephanstags entzündet.

• Wenn ein Sprung ins Thermalwasser nichts für Sie ist, Sie aber dennoch gerne vom Wasser des Rudas-Heilbads (➤ 55) profitieren möchten, sollten Sie der **Ivócsarnok** (Trinkhalle) in der Nähe des bronzenen Gellért-Denkmals hinter dem Bad einen Besuch abstatten (Mo, Mi und Fr 11–18, Di und Do 7 bis 14 Uhr). Für ein paar Forint bekommen Sie hier Trinkwasser in Liter- oder Halbliterflaschen.

vom Orden der Pauliner gebaut, von den Kommunisten jedoch in den frühen 1950er-Jahren geschlossen. Sie mauerten den Eingang zu und warfen die Mönche ins Gefängnis. 1990 wurde die Kirche wieder eröffnet und seit 1992 wieder genutzt. Durch den Fliesenboden, Pflanzen, Buntglasfenster und die natürlichen Felswände wirkt das Innere warm und gemütlich; religiöse Verzierungen findet man überraschend wenige. Am Eingang kann man noch ein Überbleibsel der Betonplatte bestaunen, die einst die Kirche verschloss.

Gellért Gyógyfürdő

Das Gellért-Heilbad wurde von den Türken erbaut, jedoch zwischen 1912 und 1918 nach Art des Jugendstils umgebaut und nach seiner beinahe völligen Zerstörung im Zweiten Weltkrieg modernisiert. Die beiden Innenbecken – eins für Männer und eins für Frauen – sind wahre Aushängeschilder des Sezessionismus und das Außenbecken verfügt über eine 1927 gebaute Wellenmaschine. Auch wenn Sie nicht baden wollen, sollten Sie sich diesen Star des Budapester Jugendstil-Ensembles nicht entgehen lassen und das wunderschöne Foyer mit dem Buntglas im Atrium, den Blumenmotiven, Wandverzierungen und Mosaikfliesenboden bewundern. Die Tipps auf ➤ 11ff helfen Ihnen, sich im Bad zurechtzufinden.

KLEINE PAUSE

Gönnen Sie sich im Restaurant der Zitadelle eine Mahlzeit oder einen Snack im Café.

Citadella
194 C1 XI. Citadella sétány 365-6076 frei
Bus 27

Szabadság szobor
195 D1 XI. Gellért-hegy frei Bus 27

Sziklatemplom
198 B4 XI. Gellért-hegy 385-1529 tägl. 9–21 Uhr
frei Straßenbahnen 19, 47, 49

Gellért Gyógyfürdő
198 B3 XI. Kelenhegyi út 4 466-6166; www.danubius-group.com Mo–Fr 6–19, Sa–So 6–17 Uhr teuer; frei für Gäste des Danubius Hotel Gellért (➤ 33)
Straßenbahnen 18, 19, 49, 49

Links: Das Freiheitsdenkmal

Nach Lust und Laune!

5 Rudas Gyógyfürdő

Schon im 14. Jahrhundert gab es ein Rudas-Heilbad, in seiner jetzigen Form wurde das (kürzlich gründlich renovierte) Bad 1566 von den Türken erbaut. Es ist wohl das »türkischste« aller Budapester Bäder und ein Bad im Becken des oktogonalen Raums ist, besonders wenn die Sonne durch die kleinen Fenster im Dach scheint,

Oben: Das Rudas-Heilbad

nicht nur pure Entspannung, sondern auch eine Reise in die Vergangenheit. In den türkischen Bädern werden montags und Mittwoch bis Freitag nur Männer und dienstags nur Frauen eingelassen. Am Wochenende ist gemischtes Baden erlaubt, jedoch nur in Badesachen. Der Flügel mit dem Schwimmbad stammt aus dem 19. Jahrhundert und ist im neoklassizistischen Stil gehalten. Hier können die ganze Woche über Männer und Frauen gemeinsam schwimmen gehen.

195 D1 ✉ I. Döbrentei tér 9 ☎ 356-1322; www.heilbaderbudapest.com Schwimmbad: Mo–Fr 6–18, Sa–So 8–17 Uhr; Thermalbad: Mo–Do 6–20, Fr 6–20 und 22–4, Sa 8–17 und 22–4, So 8–17 Uhr Schwimmbad: mittel; Thermalbad: teuer Bus 7; Straßenbahnen 18, 19

6 Semmelweis Orvostörténeti Múzeum

Das Semmelweis-Museum für Medizingeschichte liegt zwischen dem Burg- und dem Gellértberg in Tabán. Obwohl es eines der faszinierendsten Museen der Stadt ist, wird es oft übergangen. Von frühen Stammespraktiken bis hin zum 20. Jahrhundert erfahren Sie hier alles über Medizingeschichte – dabei begegnen Ihnen ungewöhnliche Ausstellungsobjekte wie ein mumifizierter menschlicher Kopf und ein Falke aus Ägypten. Die Wachsmodelle der menschlichen Organe sind sehr detailgetreu, während man bei den scheußlichen Operationsbestecken aus dem 16.–19. Jahrhundert lieber nicht so genau hinsieht. Weiterhin gibt es die rekonstruierte Heiligen-Geist-Apotheke von 1786 sowie einen Zahnarztstuhl aus dem 19. Jahrhundert zu bestaunen, der sich für einen Horrorstreifen eignen würde. Das Museum wurde nach Ignác Sem-

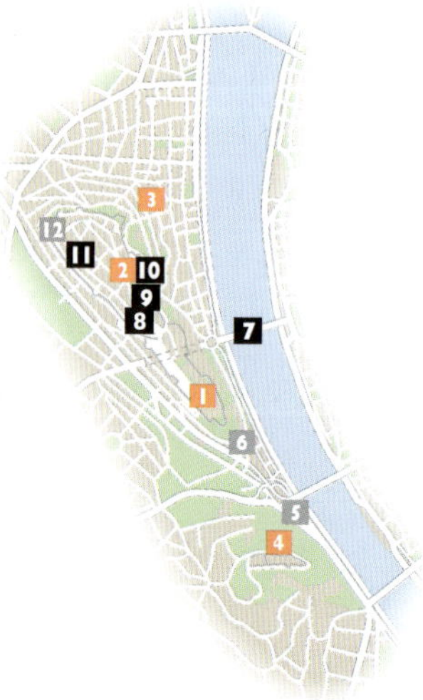

melweis (1818–65) benannt, einem ungarischen Arzt, der die Ursache des Kindbettfiebers entdeckte. Der »Retter der Mütter« erkannte, dass die Ärzte zwischen Autopsien und Geburtshilfe ihre Hände und Werkzeuge sterilisieren mussten. Er wurde in diesem Haus geboren und liegt im friedlichen Garten begraben.

198 A5 I. Apród utca 1–3 375-3533; www.semmelweis.museum.hu März–Okt. Di–So 10.30–17.30 Uhr; Nov.–Feb. Di–So 10.30–16 Uhr preiswert Straßenbahn 19

7 Kettenbrücke

Die Kettenbrücke (Széchenyi lánchíd), die berühmteste Brücke von Budapest, überspannt die Donau vom Fuß des Burgbergs bis zum Roosevelt tér. Graf István Széchenyi (► 17) regte den Bau der Brücke an, die 1849 fertiggestellt wurde. Es war die erste Brücke zwischen Pest und Buda, und jeder – auch der zuvor ausgenommene Adel – musste für die Überquerung Brückengeld zahlen. Besonders nachts, wenn sich die beleuchteten geschwungenen Ketten und die beiden Bögen im Wasser der Donau spiegeln, ist die Brücke wunderschön.

194 C3 frei Bus 4; Straßenbahn 19

8 Budavári Labirintus

Rund 16 Meter unter dem Burgberg befindet sich ein 1200 Meter langes Höhlensystem – das Budaer Burglabyrinth. Im Mittelalter diente es militärischen Zwecken und im Zweiten Weltkrieg als Luftschutzkeller. Heute wird dem Besucher in mehreren Räumen die Historie der Höhlen nähergebracht. Nach 18 Uhr wird es etwas schaurig – dann müssen die Besucher Öllampen benutzen.

194 B3 I. Úri utca 9 489-3281; www.labirintus.com tägl. 9.30–19.30 Uhr teuer Bus 16

Rechts: Die Fischerbastei

Unten: Die Kettenbrücke bei Nacht

10 Fischerbastei

Die Fischerbastei (Halászbástya)– das Paradestück auf dem Vár-hegy – wirkt eher wie aus einem Disneyfilm entstiegen als eine Verteidigungsanlage. Der ungarische Architekt Frigyes Schulek erbaute die neoromanische Kombination aus Wällen, Türmen (sieben Stück, die die magyarischen Stämme unter König Árpád symbolisieren, ➤ 15) und weißen Treppen 1905 als Aussichtsplattform. Und der Blick ist tatsächlich atemberaubend! Von den Mauern sieht man weit über Pest, die Donau und die Brücken der Stadt. Die St.-Stephans-Basilika (➤ 90) drängt sich jedem Betrachter direkt ins Blickfeld, doch das Parlament (➤ 92) stiehlt allen anderen architektonischen Attraktionen die Show. Der Name der Fischerbastei geht auf die Fischerzunft zurück, die die Gegend im Mittelalter verteidigte.

194 B3 · I. Szentháromsag tér · frei · Bus 16

9 Arany Sas Patikamúzeum

Die neoklassizistische Fassade der Apotheke »Zum Goldenen Adler« im Herzen des Burgviertels stammt zwar von 1820, das Haus selbst jedoch aus dem 15. Jahrhundert. Nach der Vertreibung der Türken war dies die erste Apotheke in Budapest und man kann hier eine Sammlung altertümlicher Arzneien wie Mumienpulver (ein angebliches Heilmittel gegen Epilepsie), getrocknete Fledermäuse und die Attrappe eines Alchimistenlabors besichtigen. Achten Sie auf das Gemälde mit der Nonne – im Mittelalter waren sie die Apothekerinnen.

194 B3 · I. Tárnok utca 18 · 375-9772 · April–Okt. Di–So 10.30–18 Uhr; Nov.–März Di–So 10.30 bis 16 Uhr · frei · Bus 16

11 Telefónia Múzeum

Das interessante kleine Museum stellt die Geschichte des Telefons in Budapest dar und führt dabei vor Augen, wie schnell sich die Technik in nur einem Jahrhundert weiterentwickelte. Die Stadt war die dritte in ganz Europa, die 1882 ein Fernsprechamt einrichtete (nach London und Paris), und das Gebäude des Museums wurde zudem von 1928 bis 1985 als Nebenstelle genutzt. Die riesige Telefonvermittlungsanlage ist

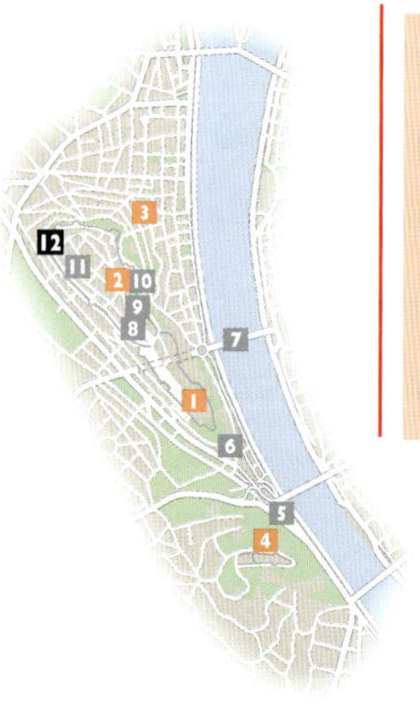

Spuren des Mittelalters

Beim **Bécsi Kapu** (Wiener Tor), am nördlichen Ende des Burgbergs, fand im Mittelalter der samstägliche Markt statt.

Die drei Häuser in der **Országház utca 18, 20 und 22** stammen aus dem 14. und 15. Jahrhundert und sind in überraschend gutem Zustand.

Hinter den modernen Fassaden der **Úri utca 31** verstecken sich mittelalterliche Innenhöfe, Tore und Keller.

noch funktionstüchtig, und wenn nicht zu viel los ist, legt der Museumsaufseher sicher gerne einen Hebel um, um das Ganze in Gang zu setzen. In einem zweiten Raum sind einige öffentliche Telefone (das erste wurde 1928 in der Belváros installiert) und die ersten Mobiltelefone, von Motorola and Ericsson, ausgestellt. Letztere haben mehr mit einem kleinen Koffer als den praktischen kleinen Geräten von heute gemein. Etwas seltsam mutet der Gábor Dénes (1900–79), Erfinder des Hologramms und Nobelpreisträger von 1971, gewidmete Schrein an. Der ruhige Innenhof des Museums ist perfekt, um dem sommerlichen Touristenstrom der Burg zu entgehen.

194 A3 I. Úri utca 9
201-8188 Di–So 10–16 Uhr
preiswert Bus 16

12 Hadtörténeti Múzeum

Gleich vor dem Budaer Bergland liegt das Kriegshistorische Museum. Obwohl es ein Museum alter Schule ist, dessen Schaukästen als Staubfänger agieren, gelingt es ihm, dem Besucher die Heldentaten des Landes gegen Besatzermächte und während der beiden Weltkriege mit ausgestellten Uniformen, Waffen und Erinnerungsstücken näherzubringen. Die speziellen Bereiche über die Revolution von 1848–49 und den Aufstand von 1956 schließen so manche Wissenslücke, während die Exponate über die Zeit gleich nach dem Ersten Weltkrieg – als Todesschwadrone der Roten Armee durchs Land zogen – ziemlich schockierend sind. Fast alle Informationen im Museum sind auf Ungarisch, aber für 2500 Ft. kann man sich einer deutschsprachigen Führung anschließen.

194 A4 I. Tóth Árpád sétány 40
325-1600; www.militaria.hu
April–Sept. Di–So 10–18 Uhr; Okt. bis März Di–So 10–16 Uhr frei Bus 16

Rechts: Das Kriegshistorische Museum

Überragende Aussichten

Citadella (Zitadelle, ➤ 53)
Fischerbastei (➤ 57)
Sikló (Standseilbahn, ➤ 44)

Wohin zum … Essen und Trinken?

Preise
Die Preise gelten pro Person für ein Essen ohne Getränke:
€ unter 2500 Ft. €€ 2500–5500 Ft. €€€ über 5500 Ft.

Was die Restaurantvielfalt angeht, können der Burgberg und der Gellértberg mit Pest nicht ganz mithalten – die Atmosphäre und tolle Ausblicke machen das aber wieder wett.

RESTAURANTS

Arany Kaviár €€–€€€

Der »Goldene Kaviar« ist ein Stück Russland der Jahrhundertwende mitten in Buda. Neben der üppigen Kaviarauswahl (sieben verschiedene Sorten) bietet die Karte die edelsten Fleisch- und Fischspezialitäten der russischen Küche wie z. B. Kalbsmedaillons mit Gänseleber, »Huhn Kiew« und sautierter Lachs in Butter mit Risotto und rotem Kaviar. Eine beeindruckende, wenn auch teure Weinkarte und Wodka bester Qualität machen das Essen perfekt.

194 A4 · I. Ostrom utca 19 · 201-6737 · tägl. 12 Uhr bis Mitternacht · M2 Moszkva tér

Aranyszarvas €€

Das Aranyszarvas liegt an der Südspitze des Burgbergs in einem etwas verfallenen, aber vornehmen Haus aus dem 18. Jahrhundert. Die Karte bietet deftige ungarische Küche und orientiert sich an den Jahreszeiten. Ein Markenzeichen des Restaurants sind die vielen Wildgerichte – das ganze Jahr über bekommen Sie hier Wildschwein-, Reh-, Fasan- und Hasenbraten. Von der großen Terrasse aus sehen Sie zwar nur einen Teil des Burgbergs, aber an Sommerabenden sitzt man trotzdem schön.

198 A5 · I. Szarvas tér 1 · 375-6451 · tägl. 12–23 Uhr · Straßenbahn 19

Carne di Hall €€–€€€

Fleischliebhaber werden dieses Kellerrestaurant nahe des Donauufers lieben. Die Karte besteht fast nur aus Fleischgerichten und bietet neben Wild, Geflügel und Fisch eine besonders gute Steakauswahl. Die Weinkarte versammelt eine kreative Mischung der besten Tropfen Ungarns sowie französische und italienische Klassiker. Für den großen Hunger: »Oh La La Carne di Hall«, ein 1 kg schweres Rindersteak. Nichts für Vegetarier!

194 C3 · I. Bem rakpart 20 · 201-8137; www.carnedihall.com · tägl. 12 Uhr–Mitternacht · M2 Batthyány tér

Le Jardin de Paris €€

Mit dem Institut Français direkt gegenüber ist man im Le Jardin bemüht, die französische Küche in Topform zu halten – was glänzend gelingt. Die Karte bietet zwar auch ungarische Gerichte, aber französische Leckerbissen wie Kalbsbries mit Pilzen, Forelle in Mandelsauce, Truthahnragout oder geschmorter Kaninchenschenkel sind verlockender. Das schlichte, aber elegant gestaltete Interieur mit weiß getünchten Wänden, Gewölbedecke und Buntglasfenstern ist ein passender Rahmen. Abends reservieren!

194 B4 · I. Fő utca 20 · 201-0047 · tägl. 12 Uhr bis Mitternacht · Bus 86

Kacsa €€€

Die elegante, tiefrote Inneneinrichtung des Kacsa (ungarisch: »Ente«) passt gut zur Speisekarte: Hummer, gebratene Gänseleber und Lendensteak sind nur einige Beispiele. Die meisten Gäste kommen aber wegen der Ente: Acht Spezialgerichte stehen zur Wahl – am beliebtesten sind die mit Pflaumen gefüllte Wildente und die gebratene Ente. Ein Manko: Die Weine sind teuer und auch mit dem Service kann man Pech haben – trotzdem ist dies immer noch eine der besten Adressen, um *kacsa* zu genießen.

195 B4 · II. Fő utca 75 · 201-9992; www.kacsavendeglo.hu · tägl. 12 Uhr–Mitternacht · M2 Batthyány tér

Rivalda €€–€€€

In direkter Nachbarschaft zum Nemzeti Várszínház (Nationales Tanztheater, ➤ 62) liegt das Rivalda. Obwohl hier ganze Busladungen von Touristen einkehren, ist der Standard so hoch wie eh und je. Zu den verlockenden Gerichten der internationalen Karte gehören gegrillter Lachs, scharf angebratener Thunfisch oder geschmorter Kaninchenschenkel. Die Einrichtung erinnert daran, dass hier früher ein Theater untergebracht war und im Sommer wird der Hof zu einem Garten mit Schatten spendenden Bäumen.

195 B3 · I. Színház utca 5–9 · 489-0236 · tägl. 11.30 bis 23.30 Uhr · Bus 16

Tabáni Terasz €€

Die Lage des Tabáni Terasz in einem stilvoll renovierten 250 Jahre alten Haus inklusive kleinem Innenhof würde den Besuch auch lohnen, wenn das Essen reiner Durchschnitt wäre. Zum Glück ist aber auch die internationale Karte empfehlenswert, die Köstlichkeiten wie Lammbraten mit Schimmelkäsepolenta und Hühnchenbrust in Paprika-Honig-Sauce bereithält. Es gibt auch südostasiatische sowie Fischspezialitäten. Runden Sie das kulinarische Erlebnis mit einem Stück Apfelkuchen an Walnüssen und Vanilleeis ab.

198 A5 · I. Apród utca 10 · 201-1086; www.tabaniterasz.hu · tägl. 11.30 Uhr–Mitternacht · Straßenbahn 19

KNEIPEN UND BARS

Bambi €

Bei einem Bier im Bambi können Sie authentisch kommunistisches Design begutachten. Seit der Eröffnung in den Sechzigerjahren hat sich an der Einrichtung nichts verändert. Abgewetzte Stühle mit rotem Lederbezug, Mosaikfußboden und verstaubte Plastikpflanzen verleihen dem Ganzen etwas Surreales – die mürrische Bedienung komplettiert das Bild. Bleibt zu hoffen, dass dieses Juwel nicht der Modernisierungswut der Stadt zum Opfer fällt.

192 B2 · I. Frankel Leó út 2–4 · 212-3171 · Mo–Fr 7–22, Sa–So 9–21 Uhr · Bus 86

Lánchíd Söröző €

Diese kleine Kneipe in der Nähe der Donau ist in der Víziváros (Wasserstadt) total angesagt. Poster von Filmklassikern und Rocklegenden, Schwarz-Weiß-Fotografien von Budapest und die Zeitschriften aus den Sechzigern und Siebzigern geben der Bar einen Retro-Look. Der Bedienung fehlt die übliche Überheblichkeit, was zur lockeren Atmosphäre beiträgt. Im Sommer lohnt der Weg über den Fluss allein für ein leckeres Dreher an einem Tische im Freien.

194 B4 · I. Fő utca 4 · 214-3144 · tägl. 10 Uhr–Mitternacht · Straßenbahn 19

CAFÉS

Angelika €

Dieses gediegene Café liegt im Gewölbe des Pfarrhauses der Szent Anna templom (St.-Anna-Kirche, ➤ 50) und zieht vor allem ältere Gäste an. Die Liste an Kaffees ist die umfangreichste der ganzen Stadt und im Sommer ist die riesige Terrasse ein wunderbarer Ort für eine Koffeinspritze und ein Stück Torte mit Blick aufs Parlament (➤ 92) quer über die Donau.

194 B4 · I. Batthyány tér 7 · 201-0668 · tägl. 9–23 Uhr · M2 Batthyány tér

Auguszt €
Hinter dem Einkaufszentrum Mammut (➤ rechts) »versteckt« sich ein offenes Geheimnis in Budapest – ein Café/eine Bäckerei mit den besten Kuchen und Backwaren der Stadt. Alles wird direkt vor Ort hergestellt und ist dementsprechend garantiert frisch. Die Sitzplätze sind rar, daher werden die Leckereien meistens zum Mitnehmen verkauft.

194 A4 · II. Fény utca 8 · 316-3817 · Di–Fr 10–18, Sa 9 bis 18 Uhr · M2 Moszkva tér

Café Miró €
Das farbenfreudige und moderne Innere des Miró könnte fürs Burgviertel nicht untypischer sein. Die schmiedeeisernen Möbel passen hervorragend zu den hellorangen Wänden, die mit zeitgenössischer Kunst geschmückt sind – das Design hier ist eine Hommage an den katalanischen Künstler Joan Miró, den Namensvetter des Cafés. Die Atmosphäre ist locker, das Publikum jung. Die Vor- und Hauptspeisen – eine Kombination ungarischer und internationaler Klassiker – sind gut, eine Offenbarung sind aber die Desserts und Kuchen. Manchmal herrscht leider noch traditioneller ungarischer Service vor: langsam und desinteressiert am Gast.

194 A3 · I. Úri utca 30 · 201-5573 · tägl. 9 Uhr bis Mitternacht · Bus 16

Ruszwurm €
Dieses hübsche Café nahe der Matthiaskirche (➤ 48) stammt von 1827 und ist das älteste der Stadt. Durch antikes Mobiliar und einige Originaldetails hat es sich seinen ursprünglichen Charme bewahrt. Das köstliche Gebäckangebot können Sie im Winter bei gemütlichem Ambiente innen, und im Sommer an luftigen Straßentischen genießen. Leider ist es winzig, sodass man in der Hauptsaison nur schwer einen Tisch ergattert.

194 B3 · I. Szentháromság utca 7 · 375-5284 · tägl. 9–20 Uhr · Bus 16

Wohin zum ... Einkaufen?

Auch die Einkaufsmöglichkeiten in diesem Teil von Buda werden von den großen Vierteln jenseits des Flusses in den Schatten gestellt. Man kann hier dennoch gut shoppen, Sie müssen nur ein bisschen genauer nach den Highlights suchen.

Das **Magyar Borok Háza** (Haus der Ungarischen Weine, I. Szentháromság tér 6, Tel. 212-1030) im Burgviertel ist sowohl Touristenattraktion als auch ein phantastischer Weinladen. In der Nähe bietet die berühmte Porzellanmanufaktur **Herend** (I. Szentháromság utca 5, Tel. 225-1050) ihre schönen und kunstvoll gearbeiteten Waren an. Manche ziehen jedoch die etwas griffigere Tonkunst der **Herend Village Pottery** (II. Bem rakpart 37, Tel. 356-7899) in der Víziváros (Wasserstadt) vor. **Relikvia** (Tel. 356-9973), eins der wenigen Antiquitätengeschäfte innerhalb der Burgmauern, befindet sich im Hilton Budapest Hotel (➤ 34).

Im Großteil der Víziváros wird die Einkaufstour zur Zeitreise in die Tage, als die Stadt noch voll kleiner Fachgeschäfte war. Ein Spaziergang durch die Hinterhöfe führt zu Kuriosem wie Ein-Mann-Betrieben für TV-Reparaturen, Uhrmachern, deren Läden aus einem Loch in der Wand bestehen sowie Shops für kommunistische Freizeitkleidung. Von Letzeren lohnt **Trapper Farmer** (II. Fő utca 92, Tel. 201-7961) wegen der Retro-Jeans und Shirts. Für Weinliebhaber ist die **Budapest Wine Society** (I. Batthyány utca 59, Tel. 212-2569) im Herzen der Wasserstadt Pflicht. Die Verkäufer hier kennen sich mit Abstand am besten aus und samstags gibt es kostenlose Weinproben. Am Moszkva tér steht eins der größten Einkaufszentren, das **Mammut** (II. Lövőház utca, Tel. 345-8020).

Wohin zum ... Ausgehen?

Egal, ob Ihnen der Sinn nach Klassik, Folk, Rock oder Dance steht, im Burg- und im Gellértviertel gibt es alles. Die Auswahl ist zwar nicht riesig, dafür liegt die Betonung eher auf Qualität. Neben den hier aufgeführten Veranstaltungen gibt es in den Kirchen der Gegend gelegentlich Konzerte, wobei die in der Matthiaskirche die schönsten sind.

KLASSIK

Budapesti Kongresszusi Központ

Wenn namhafte Künstler die Stadt beehren, gastieren sie meist im Budapester Kongresszentrum. Das liegt aber vor allem an der großen Zahl der Sitzplätze und weniger an der Akustik, die doch einiges zu wünschen übrig lässt.

194 A1 (außerhalb der Karte)
XII. Jagelló út 1–3
372-5400; www.bcc.hu
M2 Déli pu

THEATER UND TANZ

Nemzeti Várszínház

Das Nationale Tanztheater befindet sich nicht nur in bester Lage auf dem Burgberg, sondern ist auch die erste Adresse in Ungarn, um Tanzdarbietungen zu sehen. Das Repertoire reicht vom klassischen Ballett hin zu experimentellen Interpretationen von Romatänzen.

194 B3 I. Színház utca 1–3
201-4407; www.dancetheatre.hu
M2 Moszkva tér

LIVEMUSIK

A38 Hajó

Geschickte Unternehmer haben aus diesem ehemaligen Frachtschiff eine der besten und beliebtesten Konzertbühnen Budapests gemacht: das A38 Schiff. Bekannte einheimische Acts und internationale Bands kurz vor dem Durchbruch füllen das Schiff bis auf den letzten Platz, im Sommer verwandelt sich das obere Deck in einen gefragten Club. Das Mitteldeck beherbergt ein Restaurant.

198 B3 XI. Mügyetem rakpart
464-3940; www.a38.hu
16–4 Uhr bei Veranstaltungen
Straßenbahnen 4, 6

Fonó Budai Zeneház

Das Fonó Buda Musikhaus ist in Budapest die Bühne für ungarische Folklore- und Weltmusik. Das prall gefüllte Programm bietet jeden Mittwoch- und Freitagabend um 20 Uhr Konzerte von Volksmusikgruppen, samstags spielen größere, internationale Bands. Unter den wachsamen Augen des Tanzweltmeisters László Budai wagen sich montagabends Tangofans aufs Prakett.

198 A1 (außerhalb der Karte)
XI. Sztregova utca 3
206-5300; www.fono.hu
Konzertbeginn 20 Uhr
Straßenbahnen 41, 47

Wigwam Rock

Seit seinem Umzug 1998 gibt es auf der Bühne des Wigwam Rock, Blues und Heavy Metal – bei ungebrochener Popularität. Freitags und samstags strömt das meiste Publikum herbei, um nahmhafte Bands zu sehen, während donnerstags in der Regel eine bunte Zusammenstellung alter Rockgrößen (live) zu hören ist. Wie allerdings das Rockerimage des Clubs und seine Ausstattung in Wildwestoptik zusammenpassen, muss sich wohl jeder Gast selbst beantworten.

198 A2 XI. Fehérvári út 202
208-5569; www.wigwamrockclub.hu Straßenbahn 47

Margareteninsel & Óbuda

Erste Orientierung

Seite 63: Gartenanlage auf der Margareteninsel

Die Budapester bezeichnen die Margareteninsel (Margitsziget) oft als ein Liebesnest und Óbuda (Alt-Buda) als Wiege der Stadt. Dies ist auch kaum überraschend, wenn man bedenkt, dass die Römer ihre erste Siedlung in Óbuda errichteten und die Türken während ihrer Besatzung der Stadt die komplette Margareteninsel in einen Harem verwandelten.

Die Margareteninsel ist in diesem Gebiet der Donau die bei Weitem beliebteste Insel Budapests. Mit einer Länge von 2,5 km und bis zu 500 m Breite ist sie zwar nicht besonders groß (man kann sie bequem in zwei Stunden besichtigen), aber in ihren schön angelegten Parklandschaften kann man wunderbar spazieren oder sich unter einer der Platanen und Eichen eine Pause gönnen. Das nördlich vom Burgberg (➤ 39ff) gelegene Óbuda ist der älteste Teil der Stadt. Die Römer gründeten hier eine Stadt namens Aquincum (➤ 72), die später zum Mittelpunkt der Magyarensiedlungen wurde. Heute befinden sich in Aquincum die in Ungarn am besten erhaltenen Ruinen und Artefakte aus der Römerzeit. Im ganzen Viertel gibt es römische Überreste – fast unversehrte Amphitheater und Mosaikböden liegen versteckt in Wohnvierteln oder auch direkt neben geschäftigen Hauptstraßen.

Oben: Statue in Aquincum

★ Nicht verpassen!

Unten: Der Musikbrunnen auf der Margareteninsel

Nach Lust und Laune!

Auf der Margareteninsel erwartet Sie beschauliche Ruhe und eine religiöse Vergangenheit, in Óbuda (Alt-Buda) ein Stück römische und türkische Geschichte Budapests.

Margareteninsel & Óbuda an einem Tag

9 Uhr

Beginnen Sie den Tag mit einem erfrischenden Bad im 4 **Lukács Gyógyfürdő** (Lukács-Heilbad, ➤ 74) und machen Sie anschließend einen kurzen Spaziergang über den 2 **Rózsadomb** (Rosenhügel, ➤ 70).

10.30 Uhr

Besuchen Sie die türkische Pilgerstätte 2 **Gül Baba Türbéje** (Grabmal des Gül Baba, ➤ 70) direkt morgens um 10 Uhr, wenn sie öffnet. Danach gelangen Sie über die Margit híd (Margaretenbrücke, ➤ 26) zur 1 **Margareteninsel** (Margit-sziget, links, ➤ 68), wo Sie beim Umherwandern die Ruinen einiger Klöster erkunden können. Verlassen Sie dann die Insel am nördlichen Ende über die Árpád híd (Árpád-Brücke, ➤ 26) in Richtung Óbuda.

12.30 Uhr

Fürs Mittagessen bietet sich das Kéhli an, (➤ 78) eins der besten Restaurants der Stadt. Nach einer herzhaften ungarischen Mahlzeit gehen Sie durch die Unterführung beim Flórián tér und dann schnurstracks zum Fő tér mit seinen vielen Museen.

13.30 Uhr

Suchen Sie sich Ihren Favoriten aus: Skulpturen in der 6 **Varga Imre Kiállítóháza** (Imre-Varga-Sammlung, ➤ 76), Volkskunst im 8 **Kun Zsigmond Népművészeti Gyűjtemény** (Zsigmond Kun Volkskunstsammlung, ➤ 77) oder Werke der Op-Art im 9 **Vasarely Múzeum** (Vasarely-Museum, ➤ 77). Leider ist die Zeit zu kurz, um alle zu besuchen.

14.30 Uhr

Von der Árpád híd aus geht es nun mit einer HÉV-Vorortbahn Richtung Norden weiter nach 3 **Aquincum** (links, ➤ 72), der einstigen römischen Siedlung. Durchstreifen Sie die Ruinen dieser Stadt, die vor mehr als 1600 Jahren aufgegeben wurde, ehe Sie im Amphitheater schräg gegenüber einmal Probe sitzen.

16.30 Uhr

Die HÉV-Bahn in südliche Richtung bringt Sie zur Szépvölgyi út. Von hier aus können Sie laufen oder den Bus nehmen, um bei Daubner (➤ 79) bei einem Päuschen das köstliche Kuchenangebot in Augenschein zu nehmen. Nutzen Sie dann die bis Schließung verbleibende Zeit für einen Gang durchs 7 **Kiscelli Múzeum** (Kiscelli-Museum, ➤ 76f).

18.30 Uhr

Gehen Sie den Weg zurück zum Ausgangspunkt des Tages, dem Lukács Gyógyfürdő. Anstatt des Thermalwassers wartet nun aber ein Abendessen bei Malomtó (➤ 79), gegenüber der Kasse des Bads, auf Sie. Nach dem Essen steht ein Theaterstück in der International Buda Stage (➤ 80) oder ein Konzert der Óbudai Társaskör (Óbuda Gesellschaft, ➤ 80) zur Auswahl.

Margareteninsel

Die Margareteninsel (Margit-sziget) ist eine beliebte autofreie Zuflucht für die Einheimischen – die weiten Wiesen und baumbestandenen Alleen erfreuen sich bei Joggern, Spaziergängern, Radfahrern und Liebespaaren großer Beliebtheit.

Die Margareteninsel bestand ursprünglich aus drei Inseln, die als königliches Jagdrevier (unter den Árpáden war sie als Haseninsel bekannt), im 12., 13., 14. und frühen 18. Jahrhundert als religiöse Enklave und während der türkischen Besatzung sogar als Harem dienten. Von der bewegten Vergangenheit zeugt heute nur noch wenig, aber das tut ihrem Charme keinen Abbruch – eine Entdeckungstour auf der Margareteninsel ist mit Sicherheit ein Top-Tipp für Budapestreisende (► 176).

Sehenswürdigkeiten

Vom einst regen religiösen Leben der Insel erzählen heute nur noch die Ruinen eines Mönchs- und eines Nonnenklosters sowie die noch bestehende St. Michaeliskapelle. In der Mitte der Insel befinden sich die Überreste der **Ferences templom és kolostor** (Franziskanerkirche und -kloster) – zwei Mauern und ein Turm – aus dem 13. Jahrhundert. Etwas weiter nördlich stehen die romantisch anmutenden Ruinen des **Domonkos kolostor** (Dominikanerinnenkloster), wo die berühmteste Inselbewohnerin lebte: Szent Margit (Heilige Margarete, s. Kasten). Das Kloster bestand vom 13. bis zum 16. Jahrhundert, wurde aber geschlossen, als die Türken in Ungarn einfielen.

Nur ein paar hundert Meter nördlich vom Domonkos kolostor erhebt sich die **Premontre templom** (Kirche der Prä-

Unten: Die Ruinen des Dominikanerinnenkonvents

Ein Leben in religiöser Demut

Der Name der Insel wurde im 19. Jahrhundert zu Ehren von Margarete (1242 bis 71), der Tochter König Bélas IV., umbenannt, die seit ihrem neunten Lebensjahr hier im Kloster lebte. Der König hatte gelobt, dass seine Tochter ihr Leben Gott widmen solle, wenn seine Armee 1241 die Mongolen besiege. Die Ungarn waren erfolgreich und Margarete wurde Nonne. Ihre Gläubigkeit, die an Masochismus und Fanatismus grenzte, war legendär und über die Jahrhunderte wurde sie zu einer Kultfigur. Nach ihrem Tod 1271 wurde Margarete selig- und 1943 heiliggesprochen. Ihr letzte Ruhestätte – ein Grabmal aus rotem Marmor nahe den Ruinen des Konvents – wird oft besucht.

Oben: Die Ruinen der Franziskanerkirche

monstratenser) – die St. Michaeliskapelle. Die massive kleine Kirche wurde in den Türkenkriegen völlig zerstört und erst 1930–31 wieder aufgebaut. Ganz in der Nähe ragt der **Víztorony** (Wasserturm) 66 m gen Himmel, von dessen Aussichtsplattform man einen beeindruckenden Blick über die Insel und sogar Buda und Pest hat. Auf der benachbarten **Freilichtbühne** werden im Sommer Opern und andere Konzerte aufgeführt.

An der Nordspitze der Margareteninsel liegt der **Zenélőkút** (Musikbrunnen), der Nachbau eines Brunnens aus dem Jahr 1820, der früher in Transsilvanien stand und viermal pro Stunde mit musikalischer Untermalung seine Geschichte verkündet. Auch der kleine, gepflegte **Japánkert** (Japanischer Garten), das moderne **Thermalbad** (➤ 13) und das **Danubius Grand Hotel Margitsziget** (➤ 33) befinden sich ganz in der Nähe. Von den beiden großen Schwimmbädern der Insel ist nur das **Hajós Alfréd Nemzeti Sportuszoda** (Alfréd Hajós Nationale Sportschwimmhalle) ganzjährig geöffnet; das **Palatinus Strandbad** ist ein reines Sommerbad – und äußerst beliebt.

KLEINE PAUSE

Die große Terrasse des **Danubius Grand Hotel Margitsziget** (➤ 33) ist ein wunderbarer Ort, um den Geist mit einem Getränk oder etwas Gehaltvollerem zu beleben.

193 D3 Straßenbahnen 4, 6

Palatinus Strandbad
193 D3 340-4505 Juni–Aug. tägl. 9–19 Uhr; Sept.–Mai Mo–Fr 6 bis 19, Sa 6–17 Uhr teuer
Straßenbahnen 4, 6

Víztorony
193 D3 Mi–So 16–19 Uhr
preiswert Straßenbahnen 4, 6

Hajós Alfréd Nemzeti Sportuszoda
193 C2 450-4214 Außenbecken: Mai–Sept. tägl. 6–19 Uhr; Innenbecken: Okt.–April Mo–Fr 6–19, Sa–So 6–17 Uhr mittel
Straßenbahnen 4, 6

Premontre templom
193 D3 Mo, Mi und Fr 10–12, Di und Do 10–12, 16–18 Uhr preiswert
Straßenbahnen 4, 6

MARGARETENINSEL: INSIDER-INFO

Top-Tipp: Mieten Sie bei Kölcsönzö oder Séacikli an der Nordseite des Sportstadions in der Nähe der Margit híd ein **Fahrrad**, um eine gemütliche Runde über die Insel zu drehen. Die Mietgebühr beträgt 450 Ft. pro Stunde oder 1900 Ft. pro Tag (März–Okt., bei schönem Wetter auch länger).

Muss nicht sein! An warmen Wochenenden sollte man nicht unbedingt zum **Palatinus Strandbad** fahren, da es dann leider völlig überlaufen ist.

2 Gül Baba Türbéje & Rózsadomb

Frische Luft, wohlhabende Bewohner und elegante Villen sind die Markenzeichen des Rózsadomb (Rosenhügel) – eines der besten Viertel Budapests. Die Machthaber der Kommunistischen Partei zog es hierher, ebenso wie später die *nouveau riche*. Außerdem befindet sich hier ein muslimischer Wallfahrtsort: das Gül Baba Türbéje (Grabmal des Gül Baba).

Lange bevor es zur angesagten Wohngegend avancierte, bestand der Rózsadomb aus bewaldeten Hügeln und Grünland. Noch heute gibt es in der Gegend viel Grün, richtige Wälder findet man allerdings erst im Budaer Bergland (► 163). Noch ehe die Wälder verschwanden, war der Rosenhügel das Zuhause von Gül Baba, eines türkischen Bektaschi-Derwischs. Er kam 1531 nach Budapest, zehn Jahre bevor die Ottomanen Ungarn eroberten, und genoss bald hohes Ansehen. 1541 beteiligte er sich an der Einnahme Budapests, starb jedoch bald darauf während einer Feier zum Sieg der Türken über die Ungarn. Er wurde damals so hoch geschätzt, dass angeblich der türkische Sultan Süleiman der Prächtige einer seiner Sargträger war. Er wurde in einem Grab in den Hängen des Rózsadomb beigesetzt.

Unten: Der Sarg des Gül Baba ist mit türkischen Gebetsteppichen bedeckt

Gül Babas sagenhaftes Geschenk

Der Legende nach züchtete Gül Baba (türkisch: »Vater der Rosen«) in Budapest als Erster Rosen und so kam der Rószadomb zu seinem Namen. Die Verbindung Babas mit der Rose hat vermutlich eher damit zu tun, dass er stets eine Rose in seinem Turban trug. Der Spitzname »Vater der Rosen« gründet sich sehr wahrscheinlich auf ein Missverständnis der metaphorischen Bedeutung des Namens: wegens seines großen Wissens über Allah wurde Baba nämlich als »blühendster« Bruder seiner Glaubensgemeinschaft verehrt.

Gül Baba Türbéje

Ein kurzer, steiler Weg führt übers Kopfsteinpflaster der Mecset utca (Moscheenstraße) hinauf zum Grab. Das Dach der 1543–48 erbauten oktagonalen Türbe schmückt ein Halbmond, außen ist sie mit Rosenbüschen sowie einem Ziermosaik aus Bodenfliesen umgeben. Der Sarg ist mit türkischen Gebetsteppichen verhangen, die Wände mit bunten Kacheln und Koranversen verziert. Durch die erhöhte Lage hat man vom Grab aus eine wunderbare Sicht auf die Margareteninsel (► 68) und das Parlament (► 92).

Nach der Befreiung Budapests von den Türken ging das Grab in den Besitz der Jesuiten über, die es in eine Kapelle umwandelten. Durch die Auflösung des Jesuitenordens war auch das Schicksal des Grabmals ungewiss, es blieb jedoch ein Wallfahrtsort türkischer Moslems. Angesichts der großen Pilgerzahl nahm sich nach 200 Jahren die türkische Regierung der Renovierung an, die bis zu Beginn des Ersten Weltkriegs dauerte. Das Grab überstand beide Kriege, war aber in den 1960er-Jahren erneut in desolatem Zustand. Die jüngste Sanierung wurde vor Kurzem abgeschlossen.

KLEINE PAUSE

Gleich neben dem Grab ist ein kleines **Café** mit echtem türkischen Kaffee und Blick auf die Margit-sziget.

Gül Baba Türbéje
192 B1 · II. Mecset utca 14
326-0062 · April–Okt. tägl. 10 bis 18 Uhr; Nov.–März tägl. 10–16 Uhr
preiswert · Straßenbahn 17

Rózsadomb
192 A1

Rechts: Statue des Derwischs Gül Baba vor seinem Grab

GÜL BABA TÜRBÉJE & RÓZSADOMB: INSIDER-INFO

Geheimtipp: Die **Újlaki zsinagóga** von 1888 (Újlak Synagoge; II. Frankel Leó út 49; Straßenbahn 17) wird auf allen Seiten von Wohnhäusern eingerahmt. Sie überstand den Zweiten Weltkrieg und ist heute die einzige noch genutzte Synagoge auf dieser Flussseite. Ein alter jüdischer Grabstein ziert den Eingang.

3 Aquincum & Herkules-Villa

In den ersten Jahrhunderten nach Christi Geburt war Óbuda ein Mittelpunkt römischen Lebens. Der Untergang des Reichs und die darauf folgende Ankunft der Hunnen zwang die Siedler im 4. Jahrhundert ihren entlegenen Außenposten aufzugeben – doch einige Reste zeugen noch heute von ihrer Gegenwart.

Schon im Jahre 35 v. Chr. siedelten die Römer im Budapester Gebiet, doch erst im 2. Jahrhundert n. Chr. hatten sie es wirklich unter ihrer Kontrolle. Sie bauten die Stadt Aquincum, die zu ihrer Blütezeit eine Bevölkerungszahl von 40 000 erreichte und Bäder, Schulen, Märkte sowie zwei Amphitheater umfasste. Die römische Militärsiedlung, Keimzelle der Bürgerstadt, liegt etwas südlicher, an der Stelle des heutigen Flórián tér. Viele der Überreste sind nur noch Trümmer, aber mit etwas Phantasie – und einem guten Führer – kann man ihnen Leben einhauchen.

Aquincum

Das betriebsame Aquincum von einst ist heute eine Ansammlung von Wiesen und Ruinen. Die meisten der bei einer Ausgrabung im 19. Jahrhundert entdeckten Funde werden im Museum aufbewahrt. Tonwaren, Waffen, Schmuck, Münzen und Mosaiken bilden den Großteil der Sammlung, der Höhepunkt ist aber die außergewöhnliche Wasserorgel, die nach ei-

Unten: Die Ruinen von Aquincum mit dem Museum im Hintergrund

Amphitheater

Die Römer liebten ihre Spiele und bauten zwei Amphitheater (ungarisch: *amfiteátrumok*) in Budapest – eins für die Zivilbevölkerung und eins für die Legionäre. Ersteres, direkt gegenüber Aquincum gelegen, bot bis zu 8000 Menschen Platz, während das besser erhaltene Militär-Amphitheater, an der Kreuzung Nagyszombat und Pacsirtamező utca im südlichen Óbuda, ganze 15 000 fasste. Beide sind rund um die Uhr geöffnet und frei zugänglich.

ner Restaurierung wieder funktioniert. Von den Ruinen sind die Bäder und das Macellum, der überdachte Markt, am besten erhalten.

Herkules-Villa

Der Name bezieht sich nicht auf ein Gebäude, sondern auf etliche Bodenmosaiken aus dem 3. Jahrhundert, die in den 1950er-Jahren bei Bauarbeiten in einem Wohnhaus entdeckt wurden. Die für ihr Alter erstaunlich gut erhaltenen Mosaiken zeigen Herkules, der einen Speer nach dem Zentauren Nessus wirft, als dieser mit Herkules' Frau Deianeira fliehen will. Das komplexe Werk (es besteht aus rund 60 000 Steinchen) wurde wohl in einzelnen Stücken nach Buda gebracht, um hier zusammengesetzt zu werden.

KLEINE PAUSE

Machen Sie es sich mit dem Mittagsangebot von **Mennyei Ízek** (► 79) im Amphitheater bequem.

Oben: Die Ruinen des Militär-Amphitheaters

Aquincum

192 C5 (außerhalb der Karte) III. Szentendrei út 139 250-1650; www.aquincum.hu Mai–Sept. Di–So 9–18 Uhr; Mitte–Ende April und Okt. Di–So 9–17 Uhr; Nov.–Mitte April geschl. mittel HÉV Aquincum

Herkules-Villa

192 B5 (außerhalb der Karte) III. Meggyfa utca 19–21 250-1650 Mai–Sept. Di–So 9–18 Uhr; Mitte–Ende April und Okt. Di–So 9–17 Uhr; Nov.–Mitte April geschl. frei Bus 86

AQUINCUM & HERKULES-VILLA: INSIDER-INFO

Top-Tipp: Im Winter ist Aquincum geschlossen, doch Sie müssen nicht auf das römische Budapest verzichten. Besuchen Sie stattdessen das **Fürdő Múzeum** (Bädermuseum, Tel. 250-1650; Di–So 10–17 Uhr; frei), das in der Unterführung des Flórián tér liegt und die römischen Militärbäder zeigt.

Muss nicht sein! Das **Rómaifürdő** (Römisches Bad) hört sich zwar nach viel Atmosphäre an, aber der moderne Komplex hält das Versprechen nicht. Es besteht aus Außenbecken mit kaltem Wasser und ist im Sommer völlig überlaufen.

Nach Lust und Laune!

4 Lukács Gyógyfürdő

Das heutige Gebäude des Lukács-Heilbads stammt aus dem 19. Jahrhundert, seine Ursprünge gehen aber bis in die türkische Zeit zurück. Der neoklassizistische Komplex ist in Schönbrunn-Gelb gehalten, das bei den Habsburgern sehr beliebt war, und besteht aus zwei Außenbecken sowie dem Császár-Thermalbad. Letzteres wurde zwar von den Türken gebaut, allerdings ist davon heute nur noch wenig zu sehen. Das Wasser ist warm genug, um ganzjährig auch draußen baden zu können und die heilenden Kräfte helfen angeblich nicht nur bei alltäglichen Wehwehchen, sondern auch bei orthopädischen Problemen.

Das Lukács ist v. a. bei den älteren Semestern beliebt, die das schwefelhaltige Wasser zum einen als Bad, zum anderen literweise als Getränk in der Trinkhalle, gegenüber der Kasse, genießen.

192 B1 ✉ II. Frankel Leó út 25–29 ☎ 326-1695; www.heilbaderbudapest.com ⏲ Mo–Fr 6–19, Sa–So 6–17 Uhr teuer Bus 86

5 Pálvölgyi-barlang und Szemlőhegyi-barlang

Die Pálvölgy Tropfsteinhöhle und die Szemlőhegy Höhle liegen nur zehn Minuten auseinander und haben beide eine ungewöhnliche Entstehungsgeschichte: Sie wurden nicht von Regenfällen, sondern durch den Anstieg von Thermalwasser geformt. Pálvölgy, die größere der beiden (sie ist die zweitgrößte Höhle des Landes und das längste Höhlensystem der Stadt), ist für ihre Stalaktiten und Felsformationen berühmt. Guides zeigen Ihnen Steine, die Fledermäusen, Orgeln oder Bienenstöcken ähneln. Die Führungen dauern rund 30 Minuten und gehen 500 m über Hunderte Stufen sowie enge Gänge – ältere und behinderte Gäste oder Eltern mit kleinen Kindern sollten sich den Besuch daher gut überlegen.

Von der Szemlőhegy Höhle sind etwa 300 m zu besichtigen. Ihre Felsformationen sind seltener als die ihrer großen Schwester; anstatt Stalaktiten

Oben: Das Kaffeehaus des Lukács

Oben: Bergsteiger in einer Felswand bei der Pálvölgy-Tropfsteinhöhle

Unten: Spaziergänger in der Nähe der Pálvölgy-Tropfsteinhöhle

und Stalagmiten finden sich hier rare Gipskristalle (bläschenartige Gebilde, die wie riesige Trauben oder Blumenkohl aussehen). Die Höhlenluft ist die sauberste der Stadt, sodass die unterste Ebene für die Behandlung von Patienten mit Asthma und anderen Atemwegserkrankungen genutzt wird. Bringen Sie warme Kleidung mit, die Luft in den Höhlen ist kühl.

Pálvölgyi-barlang

192 A3 (außerhalb der Karte)
II. Szépvölgyi út 162 325-9505;

Oben: Eine optische Herausforderung – im Vasarely-Museum

www.palvolgyi.atw.hu (auf Ungarisch)
Führungen Di–So 10–16 Uhr
mittel Bus 65 vom Kolosy tér

Szemlőhegyi-barlang
192 A3 (außerhalb der Karte)
II. Pusztaszeri út 35 325-6001; www.szemlohegyi.atw.hu (auf Ungarisch)
Führungen Mi–Mo 10–16 Uhr
mittel Bus 29 vom Kolosy tér

6 Varga Imre Kiállítóháza

Die kleine Imre-Varga-Sammlung zeigt eine reiche Auswahl der Werke von Imre Varga (*1923), einem der erfolgreichsten und beliebtesten zeitgenössischen Bildhauer Ungarns. In seinen Skulpturen, vorzugsweise aus Blech, Bronze oder Eisen, hat Varga berühmte Ungarn und Politiker aller Lager verewigt – Béla Kun, Imre Nagy und Winston Churchill, um nur einige zu nennen. Der malerisch verwachsene Garten, wo lebensgroße Statuen von ungarischen Künstlern stehen, lädt zur Verschnaufpause ein.

Wussten Sie das?
Óbuda war seit den Römern bis zur Vereinigung von Budapest 1873 eine eigene und unabhängige Stadt.

Experimentelle Herbergen
Architekturfans sollten einen Trip in die II. Napraforgó utca im entlegeneren Teil des Rószadomb (➤ 70) machen. Hier wurden 1931 mehrere Häuser in verschiedenen Architekturstilen, von Bauhaus und Moderne hin zu traditionellen Formen, verwirklicht. Die Straßenbahn 56 fährt vom Moszkva tér aus in diese Gegend.

Ein Stück weiter südlich vom Museum, in der Nähe des größten Platzes von Óbuda, dem Fő ter, gibt es ein weiteres Werk Vargas zu bewundern: Hier stehen die Figuren vierer sich gegenseitig ignorierender Frauen mit Regenschirmen weit auseinander.

192 C5 III. Laktanya utca 7
250-0274 Di–So 10–18 Uhr
preiswert HÉV Árpád híd

7 Kiscelli Múzeum

Das Kiscelli-Museum liegt abgeschieden und von Wäldern umgeben in einem barocken, früheren Trinitarierkloster von 1745. Die Ausstellung wirkt auf den Besucher – der auf Schritt und Tritt von den älteren Aufsichtsladys mit Argusaugen bewacht wird – aber eher verblüffend als besinnlich. Im Erdgeschoss sehen Sie eine vielseitige Auswahl von Ladenschildern aus Pest, Gravuren von Budapest aus dem 18. und 19. Jahrhundert, barocke Skulpturen, Biedermeiermöbel und die Apotheke »Zum Goldenen Löwen«, die einst am Kálvin tér stand. In einem Hinterzimmer gibt es alte Druckerpressen; beachten Sie die Setzmaschine von 1910.

Im ersten Stock befindet sich eine beeindruckende Sammlung ungarischer Kunst ab dem späten 19. Jahrhundert. Gezeigt wird Malerei des Kubismus und Impressionismus, abstrakte Skulpturen, Jugendstilmöbel und Glasmalerei in einer wahren Farborgie. Einige der bekanntesten nationalen Künstler wie z. B. József Rippl-Rónai, Alajos Stróbl, István Csók und János Kmetty sind vertreten. Zum Museum gehört eine gotische Kirchenruine, wo Opern- und Theateraufführungen stattfinden.

192 A4 III. Kiscelli utca 108 388-8560; www.btm.hu April bis Okt. Di–So 10–18 Uhr; Nov.–März Di–So 10–16 Uhr mittel Straßenbahn 17

8 Kun Zsigmond Népművészeti Gyűjtemény

Die meiste Zeit seines langen Lebens widmete sich Zsigmond Kun (1893 bis 2001) eifrig dem Sammeln ungarischer Volkskunst des 19. und 20. Jahrhunderts. Die Früchte seiner Arbeit sind in diesem Haus aus dem 18. Jahrhundert an Óbudas größtem Platz zu bewundern. Die Zsigmond Kun Volkskunstsammlung besteht größtenteils aus Tonwaren und Keramik aus Kuns Heimatstadt Mezőtúr in der Großen Tiefebene. Einige Stücke kommen aber auch von weiter her, z B. aus Transsilvanien oder Mähren.

192 C5 III. Fő tér 4 368 1138 Di–So 10–17 Uhr preiswert HÉV Árpád híd

9 Vasarely Múzeum

Das kleine Vasarely-Museum zeigt die Werke von Victor Vasarely (1906 bis 97), dem Begründer der Op-Art (vom englischen *optical art*). Er wurde in Pécs als Viktor Vásárhelyi geboren und zog 1930 nach Paris, wo er seinen Namen änderte und einen einzigartigen Grafikstil entwickelte, der das Auge täuschen sollte (oder doch eher den »Geist erweitern«?). Seine faszinierende Kunst ist wahrlich eine optische Herausforderung. Im ersten Stock werden Werke von im Ausland lebenden Ungarn gezeigt.

193 D5 III. Szentlélek tér 6 388-7551; www.vasarely.tvn.hu Di–So 10–17.30 Uhr frei HÉV Árpád híd

Unten: Vor dem Vasarely-Museum

Wohin zum …
Essen und Trinken?

Preise
Die Preise gelten pro Person für ein Essen ohne Getränke:
€ unter 2500 Ft. **€€** 2500–5500 Ft. **€€€** über 5500 Ft.

Die Auswahl an Restaurants in Óbuda ist klein, aber exklusiv. Auf der Margareteninsel haben Sie die Wahl zwischen den Hotelrestaurants der Insel, ein paar Imbissständen oder einem selbst mitgebrachten Picknick.

RESTAURANTS

Firkász €€–€€€
Dieses charmante Restaurant wurde von ehemaligen Journalisten eröffnet, was deutlich an den mit Zeitungen tapezierten Wänden sowie der aus Schreibmaschinen, Fotoapparaten und vielen Fotos bestehenden Deko zu erkennen ist. Die Bedienung ist kurz angebunden, die ungarische Küche frisch und auf den Punkt, die Tagesangebote (auf einer Tafel am Eingang) saisonal bestimmt. Der Höhepunkt ist die Weinkarte mit erlesenen ungarischen Tropfen.

193 D1 XIII. Tátra utca 18 450-1118 tägl. 12 Uhr bis Mitternacht Bus 15

Kéhli €€
Auf den ersten Blick erfüllt das Kéhli alle Klischees eines kitschigen Touristenlokals – auf der in Englisch abgefassten Karte stehen nur ungarische Gerichte, in der Ecke musiziert eine Romaband, das Interieur ist rustikal und der Empfang überschäumend herzlich. Letzterer kommt jedoch von Herzen und die Band ist so echt wie das Haus Jahrhunderte alt und die Küche eine der besten der Stadt. Die Knochenmarksuppe schaffte es sogar in einen Roman des Autors Gyula Krúdy, der zur Zeit des Fin de Siècle hier Stammgast war. Der Keller ist etwas muffig, aber im Garten mit den Kastanienbäumen vergehen die Stunden wie im Flug.

192 C4 III. Mókus utca 22 250-4241; www.kehli.hu tägl. 12 Uhr–Mitternacht Bus 86

Kisbuda Gyöngye €€–€€€
Hinter der unauffälligen Fassade eines Wohnhauses versteckt sich dieses erstklassige Restaurant. Noch vor dem freundlichen Besitzer begrüßt Sie im Innern eine bis ins Detail gestaltete Fin-de-Siècle-Einrichtung. Die vorwiegend ungarisch geprägte Küche bietet eine hervorragende Auswahl, z. B. gegrillte Gänseleber, Wildschweinrücken mit Trüffeln, Trauben und Walnüssen oder Hirschsteak. Die Weinkarte offeriert einige Ausnahmedessertweine aus dem Tokajer Weinanbau.

192 B4 III. Kenyeres utca 34 368-6402; www.remiz.hu Mo–Sa 12 Uhr–Mitternacht Bus 60

Kiskakukk €€–€€€
Die typischen Gäste des Kiskakukk sind ältere Damen in Pelzmänteln und ihre ebenso schicken Gatten. Sie genießen nicht nur die fleischlastigen Gerichte – Schweinsmedaillons, Lendensteak gefüllt mit Ziegenkäse und in Rotwein gekochtes Wild sind nur einige der Spezialitäten –, sondern auch den aufmerksamen, gefälligen Service.

193 D2 XIII. Pozsonyi utca 12 450-0829 tägl. 12 Uhr bis Mitternacht Bus 15

Leroy Café €€–€€€
Die Büroangestellten von Óbuda strömen in Scharen ins Leroy, da hier schnell bedient wird und es neben der umfangreichen Karte auch Tagesspecials gibt. Von

indonesischem Curry-Huhn bis italienischer Pasta ist alles zu haben – so ist für jeden etwas dabei. In der Stadt gibt es weitere Filialen.

192 B3 ✉ III. Bécsi út 63 ☎ 439-1698; www.leroycafeobuda.hu 🕐 tägl. 12 Uhr–Mitternacht 🚌 Bus 86

Maharaja €–€€

Das Maharaja serviert die authentischste indische Küche der Gegend. Für die ungarischen Geschmacksnerven kommt sie zwar etwas milder daher, doch das *rogan josh* genügt den Würzansprüchen der meisten Gäste schon. Es besteht seit 1994 – ein weiteres gutes Zeichen.

192 B4 ✉ III. Bécsi út 89–91 ☎ 250-7544; www.maharaja.hu 🕐 tägl. 12–23 Uhr 🚌 Straßenbahn 17

Maligán €€–€€€

Schon das freundlich gestaltete Interieur des Kellerlokals und die moderne ungarische Küche (Trüffel-Gnocchi, Gänseleberpastete und gebratener Fasan) machen das Maligán zu einem Restauranterlebnis in Óbuda. Zu einem Ausnahmelokal wird es aber durch die Weinkarte: Der Sommelier versammelt die edelsten Weine des Landes und kombiniert sie gekonnt mit Ihrem Menü. Oft gibt es Weinverkostungen, die Termine stehen auf der Website.

192 B3 ✉ III. Lajos utca 38 ☎ 240-9010; www.maligan.hu 🕐 tägl. 12–23 Uhr 🚌 Bus 86

Malomtó €€–€€€

Malomtó beeindruckt gleichermaßen mit seiner Lage und der guten Küche, die eine große Auswahl an internationalen Gerichten bietet. Lassen Sie sich Teriyaki-Thunfischsteak, Riesengarnelen mit Chili oder Cajun-Steak mit grünen Bohnen und Schinken auf der Zunge zergehen, während Sie am angrenzenden See entspannen. Nach dem Essen lohnt ein Spaziergang um den See zu den Ruinen eines türkischen Bades.

192 B2 ✉ II. Frankel Leó ut 48 ☎ 336-1830 🕐 tägl. 12 Uhr–Mitternacht 🚌 Straßenbahn 17

Mennyei Ízek €

Dieses einfache, kleine Lokal schräg gegenüber dem Militär-Amphitheater bietet überraschend gute koreanische und chinesiche Küche. Es ist eher ein Imbiss, nehmen Sie am besten das Mittagsangebot (Suppe oder Frühlingsrolle plus Hauptgericht) mit und essen Sie inmitten des alten Theaters.

192 C4 ✉ III. Pacsirtamező utca 13 ☎ 388-6430 🕐 tägl. 11 bis 15 Uhr 🚌 Bus 86

Új Sipos €€

Das ebenerdige Restaurant mit Blick auf Óbudas größten Platz hat sich auf Fischgerichte spezialisiert. Die schier endlose Karte bietet Karpfen, Forelle, Zander und Stör in allen Variationen, doch auch Fleisch und Geflügel werden aufgetischt. Die Einrichtung grenzt an Kitsch, trotzdem ein guter Tipp fürs Mittagessen.

192 C5 ✉ III. Fő tér 6 ☎ 388-8745; www.ujsipos.hu 🕐 tägl. 12 Uhr–Mitternacht 🚆 HÉV Árpád híd

Vadrózsa €€€

Die Entscheidung, was am Vadrózsa besser ist, fällt schwer: die schöne Lage in einer Villa oben auf dem Rozsadomb (Rosenhügel) oder die gekonnt zusammengestellte Karte. Es ist zwar teuer, aber das Steak und die Wildgerichte sind Oberliga.

192 A2 (außerhalb der Karte) ✉ II. Pentelei Molnár utca 15 ☎ 326-5817 🕐 tägl. 12–15, 18 Uhr bis Mitternacht 🚌 Bus 11

CAFÉS

Daubner €

Daubner liegt an einer geschäftigen Straßenecke in einer eher farblosen Gegend von Budapest – dennoch zieht es wegen seiner unglaublich guten Kuchen scharenweise Kunden von überall an. Die Kalorienbomben sind wahre Kunstwerke, aber einfach zu gut, um verschont zu werden. Leider gibt es nur wenige Sitzplätze.

192 A3 ✉ II. Szépvölgyi út 50 ☎ 335-2253 🕐 tägl. 9–19 Uhr 🚌 Bus 86

Wohin zum … Einkaufen?

In Óbuda kann man nur um den Kolosy tér herum gut einkaufen – z. B. auf dem kleinen **piac** (Markt; Mo–Fr 6–18, Sa 6–13 Uhr) im Innenhof eines Hauses aus dem 19. Jahrhundert. Bei **Timpanon** (III. Nagyszombat utca 3), gegenüber dem Militär-Amphitheater (➤ 73), gibt es schönes Kunsthandwerk.

Die **Újlipótváros**, östlich der Margareteninsel auf der Pester Flussseite, eignet sich eher zum Shoppen. Die Wohngegend ist voll kleiner Läden, die sich ihren ursprünglichen Charakter bewahrt haben. Auf und um die **Pozsonyi út**, etwas nördlich der Hauptverkehrsader Szent István körút, haben kleine Hutmacher und Schneider, Kinderbekleidungsgeschäfte und Floristen überlebt.

Wohin zum … Ausgehen?

KLASSIK

Óbudai Társaskör

Die Óbuda Gesellschaft betreibt diese kleine Bühne, wo ganz verschiedene Veranstaltungen stattfinden, im Herzen von Óbuda. Hier wird von Orchesterkonzerten bis zu ungarischer Folkloremusik alles geboten. Auf der Website finden Sie das aktuelle Programm.

192 C4 III. Kis Korona utca 7
250-0288; www.obudaitarsaskor.hu
Bus 86

FOLKLORE

Csangó Dance House

Mischen Sie sich unter die Einheimischen und erleben Sie original ungarische Volkstänze und -musik. Keine Sorge, niemand wird hier auf die Tanzfläche gezwungen, aber wenn die Tänzer erst mal richtig in Fahrt sind, hält es Sie sicher auch nicht lange auf Ihrem Stuhl.

194 A5 (außerhalb der Karte)
II. Marczibányi tér 5A
212-5660 M2 Moszkva tér

THEATER UND TANZ

International Buda Stage

Das Kammerspieltheater in den etwas weiter entfernten Budaihegyek (Budaer Bergland, ➤ 163ff) führt Stücke auf Englisch, Deutsch und Ungarisch auf. Außerdem werden Filme gezeigt und es finden Jazzkonzerte sowie Tango- und Flamencovorstellungen statt. Vom Moszkva tér fahren Straßenbahnen ins Budaer Bergland. Informieren Sie sich auf der Website (nur auf Ungarisch) oder telefonisch über laufende Vorstellungen.

162 (Budi-hegyek)
II. Tárogató út 2–4 391-2525; www.ibs-b.hu/stage/stageframes
M2 Moszkvatér

Vígszínház

Das Komödienschauspielhaus stammt aus dem Jahr 1896 und ist ein wunderschönes Beispiel für die neobarocke Architektur. Wie der Name schon andeutet, werden hauptsächlich Komödien aufgeführt, aber auch Musicals sowie Tanz- und andere Theaterproduktionen stehen auf dem Spielplan. Viele Vorstellungen sind auf Ungarisch, doch die Tanz- und Komödienaufführungen sowie die Konzerte packen einen auch, wenn man die Sprache nicht beherrscht.

195 D5
XIII. Szent István körút 14
329 2340; www.vigszinhaz.hu
M3 Nyugati pu

Belváros & Lipótváros

Erste Orientierung

Jahrhundertelang bestand Pest nur aus der Belváros (Innenstadt) – bei ihren mittelalterlichen Mauern hörte die Stadt auf. Heute schlägt in diesem Viertel mit den exklusiven Läden und der schönen Jugendstilarchitektur das Herz Budapests östlich der Donau. Lipótváros (Leopoldstadt) hingegen ist neoklassizistisch geprägt, ruhiger und das Wirtschaftzentrum der Stadt.

Lipótváros und Belváros bilden jeweils die nördliche und südliche Hälfte des fünften Bezirks und grenzen beide im Westen an die Donau. Durch die József Attila utca voneinander getrennt, erstreckt sich die Belváros nach Süden bis zur Szabadság híd (Freiheitsbrücke) und die Lipótváros in nördliche Richtung bis zur Margit híd (Margaretenbrücke). Im Osten der Belváros liegt die Kiskörút, eine kleine Ringstraße, im Osten der Lipótváros die Bajcsy-Zsilinszky út, eine lange, gerade Allee, die vom Deák Ferenc tér zum Nyugati pályaudvar (Westbahnhof, ➤ 119) führt.

Die Hauptschlagsader der Belváros ist die Váci utca, eine belebte Fußgängerzone, wo sich teure Geschäfte und phantasievolle Häuserfassaden aneinanderreihen. Mitten in der Lipótváros liegt der riesige Szabadság tér (Freiheitsplatz), doch die Hauptattraktionen – Gresham Palast (➤ 88), St.-Stephans-Basilika (Szent István Bazilika, ➤ 90) und das Parlament (Országház, ➤ 92) – beanspruchen jeweils einen eigenen Platz.

★ Nicht verpassen!

1. **Vörösmarty tér und Váci utca (Vörösmarty Platz und Waitzener Gasse) ➤ 86**
2. **Gresham Palast ➤ 88**
3. **St.-Stephans-Basilika (Szent István Bazilika) ➤ 90**
4. **Parlament (Országház) ➤ 92**

Nach Lust und Laune!

5. Néprajzi Múzeum (Ethnografisches Museum) ➤ 94
6. Magyar Királyi Takarék Pénztár (Postsparkasse) ➤ 94
7. Magyar Tudományos Akadémia (Ungarische Akademie der Wissenschaften) ➤ 95
8. Vigadó tér (Vigadó Platz) ➤ 95
9. Belvárosi Plébánia templom (Innerstädtische Pfarrkirche) ➤ 96
10. Károlyi Palast ➤ 96
11. Straßenbahnlinie 2 ➤ 96

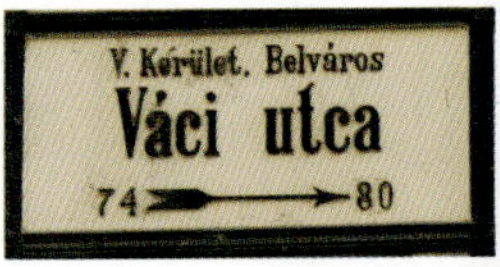

Oben: Jugendstil am Gresham Palast aus der Nähe gesehen

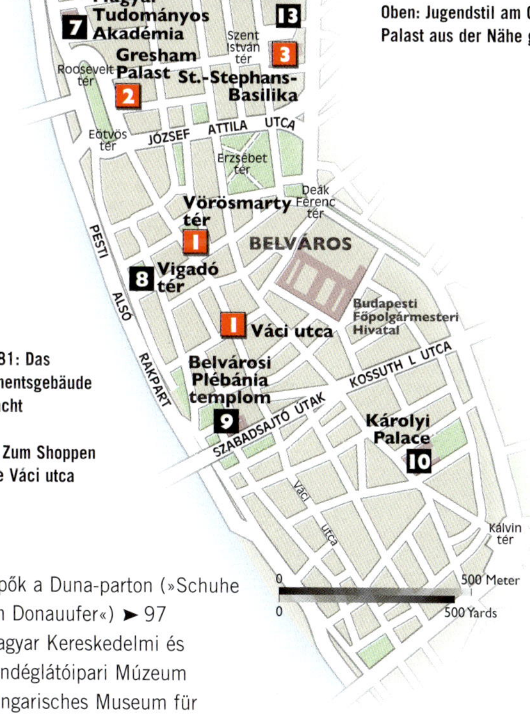

Seite 81: Das Parlamentsgebäude bei Nacht

Links: Zum Shoppen auf die Váci utca

12 Cipők a Duna-parton (»Schuhe am Donauufer«) ➤ 97

13 Magyar Kereskedelmi és Vendéglátóipari Múzeum (Ungarisches Museum für Handel und Gastgewerbe) ➤ 97

Verbringen Sie den Tag mit einer Entdeckungstour der architektonischen Highlights und Fachgeschäfte von Pest.

Belváros & Lipótváros an einem Tag

9 Uhr

Spazieren Sie vom südlichen Ende der Belváros auf der Fußgängern vorbehaltenen 1 **Váci utca** (➤ 86) nach Norden. Auch die Seitenstraßen lohnen einen Schaufensterbummel. Auf halber Strecke biegen Sie in Richtung Fluss in die Szabadsajtó út, um die 9 **Belvárosi Plébánia templom** (Innerstädtische Pfarrkirche, links, ➤ 96) zu besuchen, die viele Architekturstile vereint.

10.30 Uhr

Folgen Sie weiter der Váci utca, an der auf diesem Abschnitt viele Häuser mit schönen Fassaden des Fin de Siècle stehen. Am belebten 1 **Vörösmarty tér** (➤ 86) ist Zeit für einen Kaffee bei Gerbeaud (➤ 100).

12 Uhr

Machen Sie sich auf den Weg zur 3 **St.-Stephans-Basilika** (Szent István Bazilika, ➤ 90) und werfen Sie einen Blick auf die mumifizierte rechte Hand des Heiligen Stephan, ehe Sie den Turm für einen Blick über die ganze Stadt erklimmen. Der Unterschied zwischen der neoklassizistischen Architektur der Basilika und der verspielten Fassade der 6 **Magyar Királyi Takarék Pénztár** (Postsparkasse, ➤ 94) ist einen zweiten Blick wert.

13 Uhr

Der Weg zum Mittagessen bei Iguana (➤ 98) führt Sie über den Szabadság tér (Freiheitsplatz).

13.50 Uhr

Reservierte Führungen durchs riesige 4 **Parlament** (Országház, unten links, ➤ 92) starten an Tor X.

15 Uhr

Vom Parlament geht es quer über den Kossuth Lajos tér zum 5 **Néprajzi Múzeum** (Ethnografisches Museum, oben, ➤ 94). Die hier gezeigte Sammlung ungarischer volkstümlicher Künst wird Sie für mindestens eine Stunde gefangen nehmen.

16 Uhr

Spazieren Sie zum Jászai Mari tér am Nordzipfel der Lipótváros und nehmen Sie die 11 **Straßenbahnlinie 2** (➤ 96), mit der Sie am Pester Donauufer in Richtung Süden fahren. Steigen Sie am Roosevelt tér aus, um die schön gestaltete 7 **Magyar Tudományos Akadémia** (Ungarische Akademie der Wissenschaften, ➤ 95) in Augenschein zu nehmen. Danach geht es für einen Kaffee und einige Urlaubs-Schnappschüsse vom außergewöhnlichen Jugendstilinterieur in den 2 **Gresham Palast** (➤ 88).

17.30 Uhr

Die knapp zwei Stunden bis zum Beginn des abendlichen Unterhaltungsprogramms bietet noch viele Möglichkeiten – essen Sie in einem Toprestaurant der Gegend zu Abend, ruhen Sie sich im Hotel aus, fahren Sie mit der Straßenbahnlinie 2 nach Süden oder shoppen Sie bis zum Umfallen (➤ 101).

19 Uhr

Genießen Sie zunächst am 8 **Vigadó tér** (➤ 95) das Abendpanorama Budas und anschließend ein Klassikkonzert im Pesti Vigadó (rechts, ➤ 102).

Vörösmarty tér & Váci utca

Das ursprüngliche Herz von Pest schlägt am Vörösmarty tér (Vörösmarty Platz) und der Váci utca (Waitzener Gasse). Hierher kommen die Touristen in Scharen – und aus gutem Grund: Vörösmarty tér ist berühmt für sein Flair und die Cafés und die Váci utca lädt zum Shoppen inmitten architektonischer Pracht.

Vörösmarty tér

Der Vörösmarty-Platz ist nach dem ungarischen Dichter und glühenden Patrioten Mihály Vörösmarty (1800–55) benannt. Sein Standbild steht in der Mitte des Platzes und trägt die Inschrift »*Hazádnak rendületlenül légy híve, óh Magyar*« (»Deiner Heimat sei unerschütterlich treu, oh Ungar!«), die erste Zeile seines Gedichts *Szózat (Aufruf)*, das für viele eine zweite Nationalhymne ist. Jeden Tag umringen die Statue Porträtzeichner, Straßenmusikanten und Budenbesitzer, die um ein Paar Forint der Touristen wetteifern. Auf der Nordseite des Platzes befindet sich ein Meilenstein der Budapester Kaffeehausszene – das Gerbeaud (► 100). 1858 von Henrik Kugler eröffnet, zog es 1870 an den heutigen Standort um. Emil Gerbeaud, der das Café 1884 kaufte, zeichnet verantwortlich für dessen unerschütterlichen Ruhmeszug: Er baute das Innere im Stil des Fin de Siècle aus und verbesserte die Kuchenrezepturen.

Váci utca

Südlich vom Vörösmarty tér zeigt die Váci utca zwei Gesichter. Zwischen dem Vörösmarty tér und der Szabadsajtó út liegt seit dem 18. Jahrhundert das Handelszentrum, das heute von großen Ketten, teuren Souvenirläden und bummelnden Touristen wimmelt. Die Hauptrolle spielt hier jedoch die Architektur: Viele Fassaden sind noch aus dem 19. Jahrhundert erhalten geblieben.

Links: Das kunstvoll gestaltete Innere des Pariser Hofs

VÖRÖSMARTY TÉR & VÁCI UTCA: INSIDER-INFO

Top-Tipp: Im Dezember findet auf dem Vörösmarty tér der größte **Weihnachtsmarkt** von Budapest statt. An den Ständen finden Sie alles vom handgefertigten Schmuck bis hin zu Glühwein und *kürtös kalács* (süßes Gebäck).

Geheimtipp: An der Kreuzung von Váci utca und Türr István utca markiert ein Umriss aus Ziegelsteinen im Pflaster die Stelle, an der im Mittelalter das **Nordtor** der Stadt, Váci kapu, stand.

Oben: Volkstänze auf dem Vörösmarty tér

Wussten Sie das?
Im Mittelalter verlief die Váci utca vom Vörösmarty tér zur Vámház körüt von einem Ende von Pest zum anderen.

Der **Philantia** Blumenladen (Nr. 9) teilt die Straßenfront mit dem Pester Theater, doch richtig interessant wird es im Inneren – das Interieur glänzt in original Jugendstildekor. Gleich nebenan steht das 1890 von Ödön Lechner (Nr. 11, ➤ 7) erbaute **Thonet Ház** (Thonet Haus). Seine Fassade zeigt die typischen Elemente des ungarischen Sezessionsstils und ist großzügig mit Zsolnay-Fliesen bedacht; ein kurzer Vergleich mit dem Taverna Hotel (Nr. 20), einem der wenigen postmodernen Gebäude auf der Váci utca, verdeutlicht Lechners Genie. Der **Párizsi udvar** (Pariser Hof) auf der Kossuth Lajos utca liegt ein Stück von der Fußgängerzone entfernt. Die Galerie aus den 1920er-Jahren ist für ihr mit Bienen verziertes, kunstvolles Interieur und die Fassade sowie die gläserne Gewölbedecke von Miksa Róth (➤ 118) berühmt.

Von der Szabadsajtó út aus südlich zur Vámház körút, wird die Váci utca ruhiger – die Menge lichtet sich, die Straße wird breiter und an die Stelle der Geschäfte treten Wohnhäuser aus der Nachkriegszeit. Nach dem Abendessen in einem der hiesigen Restaurants lohnt ein Spaziergang.

KLEINE PAUSE

In Sachen Snacks oder einer Mahlzeit haben Sie hier reichlich Auswahl. Nummer eins bleibt das **Gerbeaud** (➤ 100) – wegen der Kuchen und der Historie.

Rechts: Eine Skulptur von Mihály Vörösmarty

195 D2 · V. Belváros · M1 Vörösmarty tér, M3 Ferenciek tere

2 Gresham Palast

Nach seiner Fertigstellung 1906 zog der Gresham Palast als ein Wunderwerk des Jugendstils die ganze Stadt in seinen Bann. Die folgenden Jahrzehnte war er Mittelpunkt des intellektuellen und künstlerischen Lebens, wurde aber im Zweiten Weltkrieg schwer beschädigt und verfiel in der sozialistischen Ära. Zum Glück wurde er liebevoll restauriert und öffnete 2004 einem begeisterten Publikum erneut seine Pforten.

Der Gresham Palast wurde ursprünglich als Wohn- und Geschäftshaus für die Londoner Gresham Life Insurance Company gebaut. Die Versicherungsgesellschaft brauchte eine prestigeträchtige Vertretung in Budapest und beauftragte den ungarischen Architekten Zsigmond Quittner (1857–1918), der die Bauunternehmer József und László Vágó anheuerte. Greshams großzügige Finanzierung und die künstlerische Freiheit, die er gewährte, ermöglichten es Quittner, ein aufwendiges Jugendstildesign sowie modernste technische Errungenschaften wie z. B. Zentralheizung und ein Entstaubungssystem zu verwirklichen. Am Ende des Zweiten Weltkriegs war der Palast jedoch fast ruiniert: außen von Bombenexplosionen beschädigt und innen von sowjetischen Truppen geplündert. Die sozialistische Regierung ersetzte viele der Jugendstilelemente lieber mit Beton, anstatt zu sanieren (herunterfallende Zsolnay-Fliesen sammelten z. B. Passanten auf), und richteten billige Wohnungen und Läden ein.

Unten: Der Gresham Palast im Vordergrund

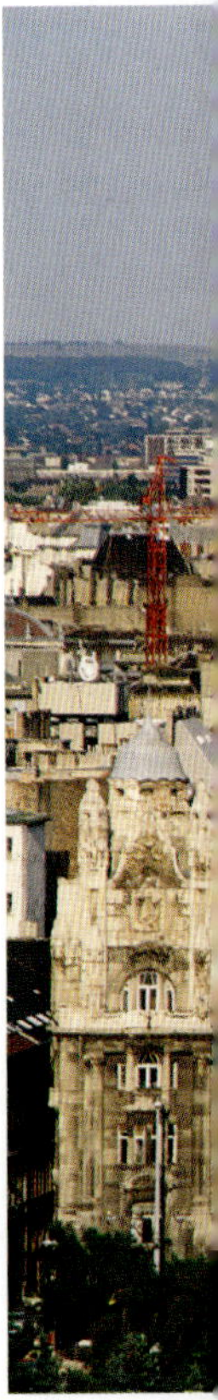

Von den Toten auferstanden

1998 kaufte die Gresco Investment Company das baufällige Gebäude mit der Absicht, das historische Wahrzeichen in ein Luxushotel zu verwandeln. Die Stadt willigte unter der Bedingung ein, dass die original Jugendstilgestaltung bewahrt bliebe. Gresco trieb 85 Mio. US $ für die Renovierung auf und übergab diese schwierige Aufgabe – sowie die Führung des späteren Hotels – an die Hotelkette Vier Jahreszeiten. Die ursprünglichen Baupläne und Ungarns beste Kunsthandwerker wurden für den Umbau zu Rate gezogen – der schließlich gigantische 110 Mio. US $ verschlang – und das Ergebnis kann sich sehen lassen.

Der T-förmige Arkadengang ist ein glanzvolles Kunstwerk mit Glasdach, Mosaikboden und Zsolnay-Keramikfliesen an den Wänden. Das original schmiedeeiserne Tor mit seinen extravaganten Pfauenmotiven bildet den Eingang und den Treppenaufgang zur zweiten Etage schmückt ein Buntglasfenster von Miksa Róth (➤ 118), das den Freiheits-

GRESHAM PALAST: INSIDER-INFO

Top-Tipp: Das schönste **Foto** des Gresham Palastes kann man von der Budaer Seite der Kettenbrücke (➤ 56) aus schießen, wenn die Abendsonne die goldenen Zsolnay-Fliesen anstrahlt.

Oben: Jugendstilelement am Palast

kämpfer Lajos Kossuth (► 17) zeigt. Insgesamt wurden 179 Zimmer, alle mit einem Hauch von Jugendstil, liebevoll auf den Standard eines 5-Sterne-Hauses gehoben. Im fünften Stock gibt es ein Fitnessstudio, einen Pool, Sauna und die romantischsten Zimmer des Hotels. Die Angestellten führen Besucher gerne herum, eine Stippvisite lohnt sich also auch, wenn Sie nicht hier übernachten.

Der Namensvetter

Der Gresham Palast wurde nach Sir Thomas Gresham (1519–79) benannt, der die Londoner Börse gründete. Sir Thomas, der das Gresham-Gesetz formulierte, wurde an der Spitze der Fassade des Gebäudes mit einer Büste des ungarischen Bildhauers Ede Telcs (1872–1948) ein Denkmal gesetzt.

KLEINE PAUSE

Genießen Sie das Ambiente des Palast bei einem Kaffee im **Gresham Café** (► 100) oder im hoteleigenen Restaurant Páva.

195 D3 Roosevelt tér 5–6 268-6000; www.fourseasons.com
Straßenbahn 2

3 St.-Stephans-Basilika

Die St.-Stephans-Basilika (Szent István Bazilika) ist Budapests Antwort auf den Petersdom – die riesige Kirche beansprucht aus der Ferne wie aus der Nähe die volle Aufmerksamkeit des Betrachters.

Die gewaltige Basilika nimmt mit ihren 4000 Quadratmetern und 8500 Sitzplätzen den Szent István tér völlig ein. Doch nicht nur ihre schiere Größe beeindruckt, sondern auch ihre Entstehungsgeschichte – der Bau dauerte so lange, dass die Einheimischen einst scherzten »Ich gebe dir das Geld zurück, wenn die Basilika fertig ist.«

Ein Gemeinschaftswerk

Der Bau der St.-Stephans-Basilika dauerte 50 Jahre und ist das Werk dreier Architekten. Sie wurde 1851 unter der Leitung von József Hild begonnen, nach dessen Tod 1867 sprang Milkós Ybl ein. Ein Jahr später stürzte die ursprüngliche Kuppel ein, was Ybl dazu veranlasste, alle Pläne neu zu zeichnen und der Kirche somit ihr heutiges neoklassizistisches

Die Heilige Rechte

Die Kirche ist dem ersten König von Ungarn, István (Stephan) gewidmet – zu Recht, wird hier doch ein Teil von ihm bewahrt. In der Kapelle zur Heiligen Rechten, nahe des Hochaltars, befindet sich die **mumifizierte rechte Hand von István**, ein schauriges Relikt von höchster Wichtigkeit für die Ungarn. Mit einer 100 Ft.-Münze kann man den Kasten mit der Hand darin beleuchten – außer am St.-Stephans-Tag, (20. August), wenn die Reliquie in einer festlichen Zeremonie über der Szent István tér getragen wird.

ST.-STEPHANS-BASILIKA: INSIDER-INFO

Top-Tipp: In der Basilika finden regelmäßig **Orgelkonzerte** statt – erfragen Sie Einzelheiten bei der Touristeninformation Tourinform (➤ 28).

Geheimtipp: Nehmen Sie sich Zeit für den zweiten Altar an der Südwand (rechts vom Eingang) mit dem **berühmten Gemälde** des ungarischen Künstlers Gyula Benczúr (1844–1920). Links im Bild sehen Sie den heiligen Stephan, der, da ohne einen Erben, die ungarische Krone – und damit das Land der Jungfrau Maria übergibt. Seit diesem symbolischen Akt gilt Maria als Ungarns Landespatronin.

Links: Der Glockenturm von St. Stephan

Erscheinungsbild gab. Bei Ybls Tod 1891 stand die Kirche zwar, doch war das Innere noch nicht ausgebaut. Gerade rechtzeitig zum Hochamt 1905 stellte József Kauser dann diese Aufgabe fertig. Der Erste Weltkrieg zerstörte die Kirche und es dauerte bis in die 1980er-Jahre, bis die Renovierung vollendet war.

Das Innere der Basilika

Der Innenraum – der von einer 96 m hohen Kuppel (ebenso hoch wie das Parlament, ➤ 92) gekrönt wird – ist spärlich beleuchtet, sodass die Aufmerksamkeit auf den Hochaltar und seine strahlend weiße Statue vom Heiligen Stephan gelenkt wird. Rechts vom Eingang liegt die **Schatzkammer**, wo religiöse Artefakte aus dem 19. Jahrhundert ausgestellt sind. Links vom Eingang führen Treppen (zwei Drittel des Aufstiegs ein Lift) zur Aussichtsplattform der **Kuppel** mit tollem Panoramablick. Altäre reihen sich an der Nord- und Südwand auf und Statuen zieren die terrakottafarbene Marmorsäulen, die das Mittelschiff säumen.

KLEINE PAUSE

Das **Café Kör** (➤ 98) ist ganz in der Nähe und bietet für Hüfte und Geldbeutel verträgliche leichte ungarische Küche.

195 E3 · V. Szent István tér · 403-5370 · Mo–Fr 9–17, Sa 9–13, So 13–17 Uhr; Schatzkammer: April–Sept. tägl. 9–17 Uhr; Okt.–März tägl. 10 bis 16 Uhr; Kuppel: April–Mai tägl. 10–16.30 Uhr; Juni–Aug. tägl. 9.30–18 Uhr; Sept.–Okt. tägl. 10–17.30 Uhr; Nov.–März geschl. · Basilika und Schatzkammer: frei; Kuppel: preiswert · M3 Arany János utca

Unten: Die großartige, lichtdurchflutete Kuppel

4 Parlament

Als das Parlament (Országház) 1902 vollendet wurde, stellte es jedes andere Regierungsgebäude auf dieser Welt mühelos in den Schatten. Heute, mehr als 100 Jahre später, können immer noch nur wenige Parlamentsbehausungen seiner imposanten Pracht das Wasser reichen.

Die verbogene Krone

Ohne Zweifel ist das Kreuz auf der Krone des Heiligen Stephan leicht verbogen – aber wie kam es zu diesem unverwechselbaren Kennzeichen? Man vermutet, dass sie bei den Transporten während der Invasionen zwischen dem 13. und 16. Jahrhundert herunterfiel oder auch von habsburgischen Soldaten im Unabhängigkeitskrieg 1848/49 beschädigt wurde. Die Wahrheit ist jedoch, dass niemand weiß, was geschah.

Das ungarische Parlament am Kossuth Lajos tér ist ein fesselnder Anblick. Es vereint Stilelemente der Neorenaissance, der Neogotik sowie des Neobarock und erstreckt sich auf fast 270 m entlang des Donauufers. Der höchste Punkt erreicht 96 m – ein Verweis auf die Landnahme der Magyaren in Ungarn im Jahre 896. Insgesamt 88 Statuen, die die Größen der ungarischen Geschichte von der Zeit König Árpáds (um 850–907) bis zu Ferdinand V. (er dankte 1848 ab) und den transsilvanischen Prinzen darstellen, schmücken die Fassade des Parlaments.

Das Parlament von innen

Hinter seinen oft bröckelnden Mauern (für die Fassade wurde leider schlechtes Material verwendet, das häufig gesäubert und renoviert werden muss) verfügt das Parlament über beeindruckende 691 Zimmer. Sie alle sind im neugotischen Stil gehalten, einer Architekturrichtung, die zur Bauzeit am Anfang des 20. Jahrhunderts als unmodern galt; der Architekt Imre Steindl (1839 bis 1902) gestaltete das gesamte Innere des Gebäudes bewusst in Anlehnung ans Mittelalter, als die Macht des ungarischen Königreichs auf dem Zenit stand und der gotische Stil tonangebend war. Die Führungen zeigen nur einen Bruchteil des Gebäudes, wenn das Parlament tagt, sogar noch weniger. In jedem Fall wird aber der hufeisenförmige Kongresssaal, das Treppenhaus und die Kuppelhalle besichtigt. In Letzterer ist das höchste Gut Ungarns zu bestaunen: die Stephanskrone (► gegenüber).

Ungarns wichtigste Ikone

Die Stephanskrone ist *das* Symbol für die ungarische Nation. Die obere Hälfte wurde dem ersten König Ungarns von Papst Sylvester II. im Jahr 1000 geschenkt, die untere Hälfte war das Geschenk eines byzantinischen Monarchen an König Géza I. (um 1040–77) im Jahr 1074. Zusammengefügt wurde sie im 12. Jahrhundert. Die Krone schmücken außer dem verbogenen Kreuz (s. Seite gegenüber) zwei goldene Querbänder, kostbare Edelsteine, emaillierte Bilder von Heiligen und Aposteln sowie Schmuckanhänger. Neben der Krone liegt ein Zeremonienschwert aus dem 16. Jahrhundert, der Reichsapfel aus dem 14. Jahrhundert und das mit Kristallen verzierte Zepter aus dem 10. Jahrhundert.

KLEINE PAUSE

Ein gutes Texmex-Restaurant in der Nähe ist das **Iguana** (► 98), wer es leichter mag, geht zum **Farger Kávé** (► 100).

Links: Das Parlamentsgebäude

194 C4 · Kossuth Lajos tér 1–3 · 441-4904 · Führungen auf Deutsch Mo–Fr 11 und 15 Uhr; So 11 Uhr · EU-Bürger: frei; andere Staatsbürger: teuer · M2 Kossuth Lajos tér · Straßenbahn 2

PARLAMENT: INSIDER-INFO

Top-Tipps: In der Regel muss man Eintrittskarten zwei Tage im Voraus buchen und sie dann am Tor X abholen.

- Bürger von EU-Staaten dürfen das Parlament im Rahmen einer **kostenfreien Führung** besichtigen. Sie müssen Ihre Staatsbürgerschaft mit einem **Pass** oder **Personalausweis** belegen können.
- Es gibt Führungen in **acht Sprachen** – erfragen Sie die Uhrzeiten telefonisch.

Nach Lust und Laune!

5 Néprajzi Múzeum

Das Ethnografische Museum ist im früheren Justizpalast gegenüber dem Parlament (➤ 92) untergebracht und beherbergt die größte Volkskunstsammlung des Landes. Im zweiten Stock finden wechselnde Ausstellungen statt, die Dauerausstellung nimmt die erste Etage ein. Zu sehen gibt es u. a. ungarische Trachten aus verschiedenen Regionen, mit volkstümlichen Motiven geschmückte landwirtschaftliche Arbeitsgeräte und Haushaltsgegenstände, bemalte Tongefäße und Möbel sowie eine nachgebaute Kirche aus dem 18. Jahrhundert. Die Fotos vom Anfang des 20. Jahrhunderts vom Land oder von Kleinstädten – strohgedeckte Häuser, dreckige Straßen und geschäftige Menschen – erinnern an ähnliche Szenen, die sich noch heute so in Städten wie Szarvas abspielen.

Unten: Verzierungen im ungarischen Nationalstil (Sezession) an der Postsparkasse

Schon das Gebäude an sich ist den Weg wert. Es ist ganz im Stil des Neoklassizismus gehalten, wobei die herrliche Eingangshalle mit ihren grauen und terrakottafarbenden Marmorsäulen, den Deckenfresken und der großen Treppe den Höhepunkt bildet.

195 D4 · V. Kossuth Lajos tér 12 · 473-2400; www.hem.hu · Di–So 10–18 Uhr · frei; Sonderausstellungen: teuer · M2 Kossuth Lajos tér

6 Magyar Királyi Takarék Pénztár

Die ehemalige Postsparkasse, die im Jahr 1900 von Ödön Lechner (➤ 7) gestaltet wurde, beeindruckt auch heute noch als eines der bemerkenswertesten Beispiele des ungarischen Jugendstils. Die Fassade vereint auf phantastische Weise Elemente des Sezessionismus und Motive ungarischer Volkskunst – halten Sie nach den Bienen Ausschau, die die Wände zu ihren Bienenstöcken emporklettern und Sparsamkeit symbolisieren. Von der Straße aus sieht man zwar nicht die ganze Pracht des lindgrünen Daches, aber die leuchtenden Zsolnay-Ziegel und Einfassungen der Fassade allein sind fesselnd. Das Innere ist leider nicht zugänglich (das Gebäude gehört heute der Nationalbank) und kann nur an einem Tag im Mai besichtigt werden (Details bitte telefonisch erfragen). Während der Öffnungszeiten lohnt aber ein Blick in die Schalterhalle.

195 D4 · V. Hold utca 4 · 428-2600 · M3 Arany János utca

Oben: Pesti Vigadó, der Konzertsaal der Pester Redoute am Vigadó Platz

7 Magyar Tudományos Akadémia

Die Ungarische Akademie der Wissenschaften befindet sich in einem 1865 eigens für sie errichteten, nüchternen Gebäude im Stil der Neorenaissance. Die Gründung der Akademie 40 Jahre früher, die sich der Erforschung ungarischer Wissenschaften, Künste, Literatur und Sprache widmen sollte, ging auf Graf István Széchenyi (► 17) zurück, der ein Jahresgehalt dafür spendete. Diese Schenkung ist in einem Bronzerelief auf der Seite der Akadémia utca dargestellt. Die Fassade zieren außerdem Statuen von führenden Wissenschaftlern aus verschiedenen Fachgebieten wie Sir Isaac Newton, Mikhail Lomonosov, Galileo Galilei, René Descartes und Gottfried Leibnitz. Vor dem Gebäude steht ein Standbild Széchenyis, an der Südseite des Platzes hingegen eine Statue von Ferenc Deák, eines Politikers des 19. Jahrhunderts. Das Gebäude ist für die Öffentlichkeit nicht zugänglich.

195 D3 V. Roosevelt tér 9
Straßenbahn 2

8 Vigadó tér

Der Vigadó Platz verdankt seinen Namen der Pesti Vigadó (► 102), der Pester Redoute, die den friedlichen, kleinen Platz beherrscht. Der aus dem Jahr 1865 stammende Konzertsaal wurde im Zweiten Weltkrieg schwer beschädigt, jedoch mit solcher Sorgfalt wiederaufgebaut, sodass er erst 1980 wiedereröffnen konnte. Derzeit findet eine weitere Renovierung statt. Die kunstvolle Straßenfront ist mit Statuen und Ecktürmen verziert. Der Platz ist schon am Tag sehr schön, des Nachts aber ein wahres Erlebnis, wenn Musiker aufspielen und jenseits der

Donau der Burgpalast (➤ 44), der Gellértberg (➤ 52) und die Kettenbrücke (➤ 56) hell erleuchtet sind.

In der Nordwestecke des Platzes steht die unverkennbare bronzene Kiskirálylány szobor (Statue der kleinen Prinzessin, 1990) des zeitgenössischen ungarischen Bildhauers László Marton.

195 D2 V. Belváros
Straßenbahn 2

9 Belvárosi Plébánia templom

Auf dem Március 15 tér, nahe der Donau, steht die ramponierte Fassade des ältesten Gebäudes von Pest: die Innerstädtische Pfarrkirche. Von der romanischen Kirche, die hier Ende des 12. Jahrhunderts erbaut wurde, ist wenig erhalten geblieben, denn im Laufe der Zeit wurde sie immer wieder an den architektonischen Geschmack der Zeit angepasst. Das Rippengewölbe und die Sedilien zeugen von der Umgestaltung zur gotischen Kirche im 14. Jahrhundert, während die gewölbte Decke des Hauptschiffs und die Seitenaltäre zu den barocken Elementen gehören, die nach einem Brand im Jahr 1723 dazukamen. Während der türkischen Besatzungszeit wurde die Kirche als Moschee genutzt – aus dieser Zeit stammt eine türkische *mihrab* (Gebetsnische) hinter dem Hochaltar.

Ein Stück nördlich der Kirche befinden sich die Überreste von **Contra-Aquincum**, eines römischen Kastells aus dem 3. Jahrhundert.

195 D2 V. Március 15 tér 2
318-3108 Mo–Sa 9–12.30, 18 bis 19, So 6.30–7.30, 18–19 Uhr frei
Straßenbahn 2

10 Károlyi Palast

Der Károlyi Palast wurde ursprünglich im Barockstil erbaut, Anfang des 19. Jahrhunderts aber nach klassizistischem Vorbild umgebaut. Graf Mihály Károlyi, der erste Präsident Ungarns (1918–19), wurde hier geboren und Julius Haynau, der österreichische General, der den ungarischen Unabhängigkeitskampf von 1848/49 niederschlagen sollte, residierte hier. Heute ist im Palast ein Restaurant beheimatet und das Petőfi Irodalmi Múzeum (Petőfi Literaturmuseum) , das Exponate über den Dichter und Revolutionär Sándor Petőfi (1823–49), den Autor Mór Jókai (1825–1904) und andere illustre Gestalten der ungarischen Literaturwelt zeigt. Im grünen, weitläufigen Palastgarten herrscht friedliche Stille – eine perfekte Abwechslung von der Hektik der Belváros.

Petőfi Irodalmi Múzeum
195 E1 Károlyi Mihály utca 16
317-3611 Di–So 10–18 Uhr
frei M3 Ferenciek tere

11 Straßenbahnlinie 2

Eine schnelle und einfache Art, viele der größten Sehenswürdigkeiten Budapests zu sehen, ist eine Fahrt mit der Straßenbahnlinie 2. Am Pester Donauufer entlang bietet die etwas mehr als 20-minütige Fahrt fast ununterbrochene Sicht auf den Burg- und Gellértberg (➤ 52) sowie die großen Brücken der Stadt. Der Weg schlängelt sich am Parlament (➤ 92), dem Néprajzi Múzeum (Ethnografisches Museum, ➤ 94), Gresham Palast (➤ 88), Magyar Tudományos Akadémia (Ungarische Akademie der Wissenschaften, ➤ 95), der Nagy Vásárcsarnok (Große Markthalle, ➤ 156), dem Nemzeti Színház (Nationaltheater, ➤ 154) und dem Művészetek Palotája (Palast der Künste, ➤ 152) vorbei. Die Sehenswürdigkeiten liegen zwar auf beiden Seiten, von einem Platz auf der Flussseite hat man aber den besseren Blick auf Buda und

Links: Die innerstädtische Pfarrkirche
Oben rechts: Straßenbahnlinie 2

die Bauten auf den Bergen. Die Endstationen sind im Norden der Jászai Mari tér an der Margit híd und im Süden die Lágymányosi híd. Die Straßenbahn 2A fährt dieselbe Strecke, endet jedoch an der Petőfi híd.

195 D5–199 D1 tägl. 4.30 bis 23 Uhr preiswert Straßenbahn 2

12 Cipők a Duna-parton

Das schlichte, aber sehr ergreifende Holocaustmahnmal der »Schuhe am Donauufer« des gebürtigen Budapester Künstlers Gyula Pauer (*1941) wurde 2005 eingeweiht und gedenkt den jüdischen Opfern des Naziterrors in Ungarn. 60 Paar Schuhe aus Metall sind am östlichen Kai der reißenden Donau aufgereiht – an der Stelle, wo 1944 und 1945 Juden von Pfeilkreuzlern (► 110) erschossen und in den Fluss geworfen wurden. Es ist eines von mehreren Monumenten an der Donau, wo solche Greueltaten stattfanden.

194 C3 V. Pesti alsó rakpart
Straßenbahn 2

13 Magyar Kereskedelmi és Vendéglátóipari Múzeum

Das Ungarische Museum für Handel und Gastgewerbe zog 2006 vom Várhegy hierher. Der Fokus auf die Welt der Gastronomie und des Handels ist einzigartig: In der Ausstellung zum Handel gibt es Ladenschilder, Reklamematerial, Produktverpackungen und sogar Rechnungen sowie kaufmännische Bücher zu sehen. Viele Besucher finden den Gastronomiebereich jedoch wesentlich spannender. Die große Sammlung an Küchenutensilien wird so manchem Hobbykoch das Wasser in die Augen treiben und auch die vielen Speisekarten sind beeindruckend. Naschkatzen werden die drei nachgebauten Räume einer Konditorei aus dem 19. Jahrhundert lieben. Es gibt häufig Sonderausstellungen sowie Klassik-, Jazz- und Weltmusikkonzerte (► 102).

195 D3 V. Szent István tér 15
375-6249; www.mkvm.hu
Mi–Mo 11–19 Uhr mittel
M2 Arany János utca

Ab in den Untergrund

Eins der kleinsten Museen in Budapest ist das **Földalatti Vasúti Múzeum** (U-Bahn Museum, V. Deák tér metro, Tel. 461-6500; April–Okt. Di–So 10–17 Uhr; Nov.–März Di–So 10 bis 16 Uhr; preiswert). Es zeigt Wagen der ersten U-Bahn der Stadt von 1896 und allerlei Sammlerstücke für Eisenbahnfans.

Wohin zum …
Essen und Trinken?

Preise
Die Preise gelten pro Person für ein Essen ohne Getränke:
€ unter 2500 Ft. €€ 2500–5500 Ft. €€€ über 5500 Ft.

Die Lokale in der Belváros und der Lipótváros zeichnen sich durch Vielfalt und Qualität aus. Bars gibt es hingegen nur wenige.

RESTAURANTS

Café Kör €€
Als einer der Wegbereiter der Erneuerung der Landesküche serviert das Kör leichte, einfache ungarische sowie internationale Gerichte. Die Inneneinrichtung und die Atmosphäre sind ebenso schnörkellos wie die Küche, und die Weinkarte bietet ungarische Qualitätstropfen. Ideal für ein Frühstück oder einen Snack.

195 D3 V. Sas utca 17
311-0053 Mo–Sa 10–22 Uhr
Bus 15

Fatál €€
Das rustikale Kellerrestaurant ist wegen seiner üppigen ungarischen Gerichte, die auf Holztellern serviert werden, sehr beliebt. Fleischfans sollten die »Bauernpfanne« mit vier Sorten Fleisch bestellen, Vegetarier müssen sich allerdings mit einem Salat oder frittierten Pilzen begnügen.

195 D2 V. Váci utca 67
266-2607 tägl. 11–2 Uhr
M3 Ferenciek tere

Govinda €
Das Govinda ist Teil einer weltweiten Kette und wird von Hare-Krishna-Anhängern geführt. Auf der Karte stehen frische vegetarische Speisen nach indischer Art für wenig Geld wie z. B. Polentagerichte, Gemüsereis, *dhal*, Suppen und Pasta. Der Kellerraum ist im Sommer schön kühl und kuschlig warm im Winter. Die Bedienung ist sehr freundlich und man bekommt hier das günstigste Mittagsangebot in ganz Budapest.

195 D3 V. Vigyázó Ferenc utca 4 269-1625 Mo–Sa 12 bis 21 Uhr Straßenbahn 2

Iguana €€
Das Iguana ist eins der wenigen Texmex-Restaurants der Stadt und bietet annehmbare Quesadillas, Enchiladas, Burritos und Tacos, aber auch Burger und Sandwiches. Die Stimmung ist ausgelassen und fröhlich – die auffällige und schrille Inneneinrichtung reiht sich da gut ein und die Auswahl an Tequilas ist riesig. Auch Kinder kommen nicht zu kurz: Es gibt eine Kinderkarte und eine Spielzeugecke.

195 D4 V. Zoltán utca 16
331-4352 tägl. 12 Uhr bis Mitternacht M2 Kossuth Lajos tér

Кафана €€
Das serbische Lokal (»Kafana« ausgesprochen) hat sich auf Gerichte des Balkans wie Cevapcici (Fleischstreifen vom Lamm oder Kalb) und *cigany vesalica* (Schweinefilet mit Schinken und sonnengetrockneten Pflaumen) spezialisiert. Da viele Serben hier verkehren, scheint das Essen authentisch zu sein. Spätabends (vor allem freitags und samstags) wird das Restaurant zu einer geselligen Bar, wo oft serbische Lieder lauthals mitgesungen werden.

195 E1 V. Sörház utca 4
266-2274 Mo–Fr 13 Uhr bis Mitternacht, Sa–So 14 Uhr bis Mitternacht Straßenbahn 2

Kárpátia €€€
Das Innere des Kárpátia ist ebenso berühmt wie seine Karte: Die

prächtig bemalten Gewölbedecken und Wände erinnern an die Matthiaskirche (➤ 48) und jedes Gotteshaus diesseits der Budaer Berge wäre stolz auf diese Buntglasfenster. Die Auswahl an ungarischen und transsilvanischen Gerichten ist überschaubar, aber exklusiv und an den meisten Abenden spielt eine Romaband auf.

195 E2 · V. Ferenciek tere 7–8 · 317-3596 · tägl. 11–23 Uhr · M3 Ferenciek tere

Kheiron €€–€€€

Das Lokal in der Lipótváros lockt seine Gäste mit innovativen ungarischen und mediterranen Gerichten wie z. B. Minz-, Lachs-, und Schneckenrisotto. Serviert wird in einem kleinen Speiseraum.

195 D3 · V. Arany János utca 17 · 269-1176 · tägl. 12 Uhr bis Mitternacht · Straßenbahn 2

Lou Lou €€–€€€

Das Lou Lou liegt direkt über dem Govinda und ist immer eine gute Wahl. Die Karte des Bistros wechselt oft und ist von der französischen Küche bestimmt, doch auch italienische und ungarische Gerichte stehen regelmäßig darauf. Schon mittags bekommt man schwer einen Platz, am Abend sind Sie ohne Reservierung quasi chancenlos.

195 D3 · V. Vigyázó Ferenc utca 4 · 312-4505 · Mo–Fr 12–15, 19–23, Sa 19–23 Uhr · Bus 15

Óceán Bár & Grill €€–€€€

Der Fisch, der im Óceán auf den Tisch kommt, wird täglich aus Skandinavien eingeflogen – damit können die meisten anderen Fischrestaurants in Budapest nicht mithalten. Die Karte liest sich wie eine Enzyklopädie der Meeresbewohner: Thunfisch, Schwertfisch, Kabeljau, norwegische Fjordforelle, Heilbutt, Krebs, Hummer, Muscheln und Garnelen. Das Interieur ist ansprechend und die Fenster blicken auf die Donau. Im benachbarten Feinkostladen (tägl. 10–21 Uhr) gibt es Fischiges zum Mitnehmen.

195 D2 · V. Petőfi tér 3 · 266-1826 · tägl. 12 Uhr bis Mitternacht · Straßenbahn 2

Spoon €€–€€€

Das Spoon gehört zu einer Reihe von Bootsrestaurants auf der Donau und hält einen unverstellten Blick auf Buda, seine beiden Berge und die Kettenbrücke (➤ 56) bereit. Das Besondere an diesem Lokal ist die exzellente Weinkarte und die vielseitige internationale Karte, auf der norwegisches Lachssteak, Hummereintopf und Riesengarnelen mit provenzalischen Artischocken und Basilikumkapern stehen. Für Vegetarier und Kinder ist ebenfalls gesorgt. Der Service ist aufmerksam, aber nicht aufdringlich.

195 D2 · V. Vigadó tér 3 · 411-0933 · tägl. 12 Uhr bis Mitternacht · Straßenbahn 2

Sushi An €€–€€€

Es ist vielleicht das kleinste Restaurant der Belváros und lässt doch mit seinen wunderbaren Nigiri- und Maki-Sushi alle anderen spielend hinter sich. Oft ist es mit Angestellten der nahen Britischen Botschaft überfüllt – zögern Sie also nicht, wenn Sie einen Tisch erspähen.

195 D2 · V. Harmincad utca 4 · 317-4239 · tägl. 12–22 Uhr · M1, M2, M3 Deák Ferenc tér

Tom-George €€€

Der Szenetreff kombiniert angesagten Siebzigerjahre-Retrostil und pazigen Service mit einer Karte, die Gerichte von jedem Kontinent bietet. Sie können zwischen moderner europäischer Küche, asiatischen Köstlichkeiten und Sushi wählen.

195 D3 · V. Október 6. utca 8 · 266-3525 · tägl. 12 Uhr bis Mitternacht · Bus 15

Trattoria Toscana €€–€€€

Nehmen Sie Platz und genießen Sie das lebhafte Treiben und das erstklassige Essen in diesem beliebten Stück Italien am Donauufer. Der herzliche Empfang ist authentisch italienisch wie auch die Pizzen und die Hauptgerichte: z. B. Kalbsschnitzel mit toskanischem Schinken und Salbei oder Meeresfrüchteeintopf aus Livorno. Für den Abend sollte man reservieren.

✚ 195 D2 ✉ V. Belgrád rakpart 13 ☏ 327-0045 ⏲ tägl. 12 Uhr bis Mitternacht 🚋 Straßenbahn 2

KNEIPEN UND BARS

Negro €

Schnittig und elegant präsentiert sich die bekannteste Cocktailbar der Stadt. Die Getränkekarte ist beeindruckend, der Service überdurchschnittlich und die Lage an der St.-Stephans-Basilika (➤ 90) zieht sowohl Einheimische als auch Touristen an. Das dezent beleuchtete und gemütlich Innere ist abends perfekt für einen entspannten Drink, tagsüber sollten Sie aber der Terrasse mit Blick auf die Basilika den Vorzug geben.

✚ 195 D3 ✉ V. Szent István tér 11 ☏ 302-0136 ⏲ Mo–Do/So 8–1, Fr bis Sa 8–2.30 Uhr Ⓜ M3 Arany János utca

CAFÉS

Café Alibi €–€€

Das schlichte, aber hübsche Alibi mitten in der Belváros zieht viele weibliche Gäste an. Das liegt vermutlich am ruhigen Ambiente, dem starken Kaffee und der leckeren heißen Schokolade. Die Karte mit einer beachtlichen Frühstücksauswahl und den wohl größten Sandwiches der Stadt ist ein weiterer Pluspunkt.

✚ 195 E1 ✉ V. Egyetem tér 4 ☏ 317-4209 ⏲ Mo–Sa 8–22 Uhr 🚌 Bus 15

Centrál Kávéház €

Mit dem ans 19. Jahrhundert angelehnten Interieur und der entspannten Atmosphäre knüpfen die neuen Besitzer des Centrál gekonnt an die Blütezeit des Cafés als Liebling der Intellektuellen des Fin de Siécle an. Es gibt ganze Mahlzeiten, doch die meisten blättern direkt zum Dessertteil der Karte. Im Untergeschoss gibt es Internetzugänge.

✚ 195 E1 ✉ V. Károlyi Mihály utca 9 ☏ 266-4572 ⏲ tägl. 8 Uhr bis Mitternacht Ⓜ M3 Ferenciek tere

Farger Kávé €

Das moderne Café ist bei Gästen, die während des Frühstücks oder einer langen Kaffeepause gern mit ihren Laptops kabellos im Internet surfen äußerst beliebt. Kinder sind gerne gesehen. Die besten Plätze am Fenster – mit Blick auf den Szabadság tér – sind schnell besetzt.

✚ 195 D4 ✉ V. Zoltán utca 18 ☏ 373-0078 ⏲ Mo–Fr 7–20, Sa 9–16 Uhr Ⓜ M2 Kossuth Lajos tér

Gerbeaud €

Seit seiner Eröffnung am Vörösmarty tér im Jahr 1870 ist das Gerbeaud eine feste Größe in Budapest. Heute kommen fast nur noch Touristen hierher, aber der Atmosphäre und dem eleganten Stil des Hauses haben die Massen kaum Abbruch getan. Einige Einrichtungsgegenstände stammen von der Pariser Weltausstellung von 1900 und die köstlichen Kuchen sind eine Sünde wert. Genießen Sie etwas Süßes – am besten an einem der Tische im Freien mit Blick auf das Treiben auf dem Platz.

✚ 195 D2 ✉ V. Vörösmarty tér 7–8 ☏ 429-9000 ⏲ tägl. 9–21 Uhr Ⓜ M1 Vörösmarty tér

Gresham Café €

Das Gresham beschwört die wilden Zwanziger herauf, als sich hier der Gresham-Zirkel, ein Teil der literarischen Elite Budapests, zum Ideenaustausch traf. Die liebevoll restaurierte Art-déco-Einrichtung passt hervorragend zum Rest des Gresham Palasts (➤ 88), und wenn die Torten nicht so göttlich schmecken würden, könnte man sie in der Nationalgalerie ausstellen. Als zusätzliches Schmankerl haben Sie einen wunderbaren Blick auf den Burgberg und die Kettenbrücke, (➤ 56).

✚ 195 D3 ✉ V. Roosevelt tér 5–6 ☏ 268-5100 ⏲ tägl. 6.30–22 Uhr 🚋 Straßenbahn 2

Wohin zum ... Einkaufen?

Die Belváros ist *die* Gegend zum Shoppen. Im engen Gassengewirr gibt es viele kleine Fachgeschäfte, die auf wundersame Weise die Welle internationaler Ketten, die nach dem Ende der kommunistischen Ära das Viertel überschwemmten, überlebt haben. Der größte Teil dieser nostalgischen Läden liegt in der Fußgängerzone Váci utca (➤ 86) und deren Seitenstraßen. Die Lipótváros ist vom Finanzwesen geprägt und bietet außer auf der Falk Miksa utca kaum Geschäfte.

Belváros

Beginnen Sie Ihre Tour auf der **Váci utca**, wo Sie in winzigen Schuhläden, Modeboutiquen und Schneiderateliers, an Keramikständen und in Volkskunstgeschäften wunderbar stöbern können. Wer ein traditionell ungarisches Mitbringsel sucht, sollte zum **Folkart Centrum** (Nr. 58, Tel. 318-5840) oder dem **Porcelánház** (Nr. 45, Tel. 266-3165) gehen – beide am Südende der Fußgängerzone –, wo es hochwertiges, in Ungarn hergstelltes Kunsthandwerk gibt. **Tangó Classic** (Nr. 8, Tel. 267-6647), etwas weiter nördlich auf der Váci utca, ist nichts für jedermann – allerdings trifft die Damenmode mit ungarischem Touch wohl zumindest den Geschmack der einen Hälfte der Bevölkerung.

Auch die Umgebung der Váci utca lohnt eine Erkundung. **Magma** (V. Petőfi Sándor utca 11, Tel. 235-0277) und **Hephaistos Háza** (V. Molnár utca 27, Tel. 266-1550) zapfen die Goldader aktueller ungarischer Designkunst an und verkaufen ungewöhnliche, aber attraktive Stücke, während **Holló Atelier** (V. Vitkovics Mihály utca 12, Tel. 317-8103) sich auf traditionelles Kunsthandwerk aus dem Hinterland verlässt. **BÁV** (V. Bécsi utca 1, Tel. 318-4403; www.bav.hu) ist eines von mehreren staatlichen Leihhäusern, das von Ramsch bis hin zu hochwertigem Schmuck alles verkauft (nach den Schnäppchen müssen Sie etwas suchen). Bei **Zsolnay** (V. Kigyó utca 4, Tel. 266-6305) kann man das berühmte Porzellan aus Pécs kaufen, antike Bücher gibt es bei **Központi Antikvárium** (V. Múzeum körút 13–15, Tel. 317-3514). Noch mehr landestypische Produkte – diesmal von der essbaren Sorte – sind bei **Pick** (V. Kossuth Lajos tér 9, Tel. 331-7783), hier vor allem würzige Salami aus Szeged, und süße Sachen bei **Szamos Marcipán** (V. Párizsi utca 3, Tel. 317-3643) erhältlich. Elegante Damenmode, von der Stange oder speziell angefertigt, bietet **Nárry Tamás** (V. Károlyi Mihály utca 12, Tel. 266-2473) und den dazu passenden Schmuck mit Motiven von Kunstwerken Gustav Klimts oder aus der ägyptischen Mythologie hat **M. Frey Wille** (V. Régiposta utca 19, Tel. 318-7665).

Lipótváros

Hold utca piac, gegenüber der Magyar Királyi Takarék Pénztár (Postsparkasse, ➤ 94), ist einer von fünf Märkten, die Ende des 19. Jahrhunderts eingerichtet wurden (➤ 22) – in der riesigen Halle werden auch heute noch landwirtschaftliche Erzeugnisse feilgeboten. Auf der **Falk Miksa utca**, die nördlich des Néprajzi Múzeums (Ethnografisches Museum, ➤ 94) verläuft, befinden sich die besten und meisten Antiquariate der Stadt. Von diesen verdienen **Pinter Antik Diszkont** (Nr. 10; Tel. 311-3030) und die **Mű-Terem Gallery** (Nr. 30; Tel. 312-2071) besondere Aufmerksamkeit; bei Ersterem gibt es v. a. Möbel und zeitgenössische Kunst, während Letztere eine gute Auswahl an Art-déco-Stücken und Gemälden aus dem 19. und 20. Jahrhundert führt.

Wohin zum ... Ausgehen?

Im Herzen von Pest geht es in Sachen Abendgestaltung eher vornehm zu. Besonders stark vertreten: Theater und klassische Musik.

KLASSIK

Duna Palota

Der klassizistische Donaupalast ist die Hauptkonzertbühne in der Lipótváros. Hier treten Ungarns Musikgrößen neben anderen Folklore- und Mainstreamkünstlern auf.

195 D3 V. Zrínyi utca 5
235-5500 Bus 15

Pesti Vigadó

Seit die Redoute vor Kurzem renoviert wurde, hat sich die Akustik dieses illustren Konzertsaals erheblich verbessert. Schon die Komponisten Franz Liszt, Richard Wagner und Bela Bartók sowie der Dirigent Herbert von Karajan sind hier aufgetreten. Heute finden neben klassischen Konzerten auch Tanzvorstellungen und andere Events statt.

195 D2 V. Vigadó tér 2
318-9903 M1 Vörösmarty tér

THEATER

Katona József

Das Katona József Theater besitzt wohl die beste Reputation im Land. Traditionelle Stücke und ebenso alternatives Theater werden hier gegeben. Auch die kleinere Nebenbühne Karma bietet tolles Theater.

195 E2 V. Petőfi Sándor utca 6
318-3725; www.szinhaz.hu/katona
M3 Ferenciek tere

Merlin International Theatre

Das bezaubernde kleine Merlin nahe des Zentrums von Pest führt eine Unmenge an Stücken in englischer Sprache auf.

195 E2 V. Gerlóczy utca 4
317-9338; www.szinhaz.hu/merlin
M1, M2, M3 Deák Ferenc tér

LIVEMUSIK

Aranytíz Művelődési Központ

Das Aranytíz Kulturzentrum gehört zu den Veranstaltungsorten, die der ungarischen Folklore Treue geschworen haben. Oft gibt es traditionelle Musik und Tänze, doch die Bandbreite des Programms reicht von internationalem Kino bis zu Salsa-Abenden. Beim samstäglichen Magyar táncház (Ungarisches Tanzhaus) geht es hoch her; schon ab 17 Uhr füllt sich die Tanzfläche.

195 D3 V. Arany János utca 10
311-2248; www.aranytiz.hu
Vorstellungen und Events in der Regel 17–2 Uhr
M3 Arany János utca

Jazz Garden

Die ungewöhnliche Einrichtung – ein Dschungel aus Zimmerpflanzen und (etwas seltsam wirkende) in die Decke eingelassenen Sterne – mindern den Genuss der außergewöhnlich guten Jazzmusik nicht. Nehmen Sie nahe der Bühne Platz oder im Restaurant, wo die Musik das Essen angenehm begleitet.

195 E1 V. Veres Pálné utca 44A
266-7364 M3 Kálvin tér

Magyar Kereskedelmi és Vendéglátóipari Múzeum

Auf dem neuen Gelände des Ungarischen Museums für Handel und Gastgewerbe (es ist 2006 vom Burgberg hierher umgezogen, ➤ 97) befindet sich auch eine kleine Bühne, wo regelmäßig eine bunte Mischung von Konzerten stattfindet. Dabei liegt der Schwerpunkt auf folkloristischen Bands und Weltmusik.

195 D3 V. Szent István tér 15
375-6249; www.mkvm.hu
M2 Arany János utca

Terézváros & Erzsébetváros

Erste Orientierung

Oben: Steinmetzarbeit an der Staatsoper

Seite 103: Blick auf die Andrássy út

Rechts: An der Metrostation der Oper

★ Nicht verpassen!

Nach Lust und Laune!

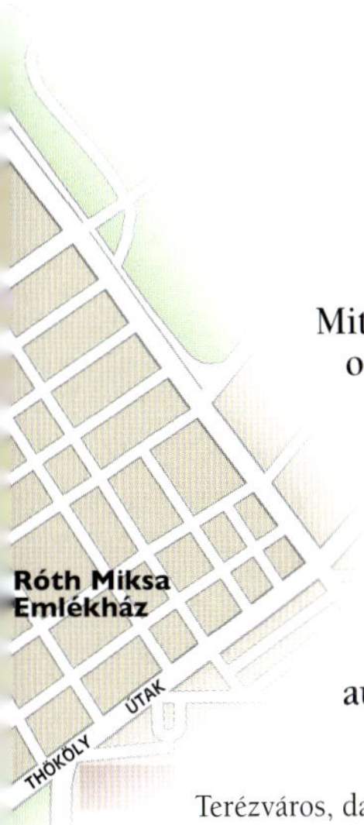

Mit ihren phantastischen Veranstaltungsorten und Dutzenden Restaurants, Cafés und Bars sind die Terézváros (Theresienstadt) und die Erzsébetváros (Elisabethstadt) die lebendigsten Viertel der Stadt. Vom Aufschwung im 19. und frühen 20. Jahrhundert bis hin zu schrecklichem Leid während der Naziherrschaft haben sie auch historisch einiges zu erzählen.

Terézváros, das nördlichere der beiden Viertel, erstreckt sich von der Lipótváros (➤ 81) bis zum Heldenplatz (➤ 130) mit der Váci út und der Király utca als jeweils nördliche und südliche Begrenzung. Die Andrássy út bildet das Rückgrat, welches beim Oktogon den Teréz körút (einen Teil der großen Ringstraße) kreuzt – ein geschäftiger Knotenpunkt, der das Viertel in zwei ungleiche Hälften teilt. In der Terézváros verstecken sich Schätze des ungarischen Sezessionisstils, die Highlights der Abendunterhaltung wie die Staatsoper (Magyar Állami Operaház, ➤ 108), die Budapester Theatermeile und der Liszt Ferenc tér liegen näher an der Donau.

Die Erzsébetváros liegt zwischen der Belváros und dem Stadtwäldchen (➤ 134) und wird im Süden von der belebten Rákóczi út begrenzt. Die meisten Sehenswürdigkeiten liegen nahe dem Pester Zentrum, dem Gebiet zwischen dem Erzsébet körút und Károly körút. Hier befindet sich das alte jüdische Viertel, wo noch etwas von der jüdischen Vergangenheit Budapests überlebt hat. Im Osten ist Erzsébetváros größtenteils Wohngebiet, aber auch hier sieht man ab und an einige Relikte aus der Blütezeit des Jugendstils.

Museen, jüdische Geschichte, gute Restaurants und noch bessere Abendunterhaltung – ein Tag in Terézváros (Theresienstadt) und Erzsébetváros (Elizabethstadt) hat einiges zu bieten.

Terézváros & Erzsébetváros an einem Tag

9 Uhr

Der Tag beginnt mit einem Morgenspaziergang über die 1 **Andrássy út** (links, ➤ 108), die allein schon durch ihre erhabenen Ausmaße und fesselnde Architektur besticht.

10 Uhr

Besuchen Sie das 2 **Terror Háza** (Haus des Terrors, ➤ 110) für eine bewegende, aber lohnende Geschichtsstunde über die Pfeilkreuzler und die ÁVH, die Geheimpolizei des kommunistischen Regimes.

11.30 Uhr

Danach ist es Zeit für leichtere Kost – das 4 **Liszt Ferenc Emlékmúzeum** (Franz-Liszt-Museum, ➤ 116) oder ein anderes der hier zahlreich vertretenen Museen bieten sich dafür an. Anschließend lockt ein Spaziergang über den Hunyadi tér piac (Markt auf dem Hunyadi Platz, ➤ 123).

13 Uhr

Suchen Sie sich fürs Mittagessen eines der Restaurants oder Cafés am Liszt Ferenc tér (➤ 120ff) aus oder gehen Sie ins Abszint (➤ 120) ganz in der Nähe.

14 Uhr

Wagen Sie einen kurzen Blick in das Foyer der 4 **Liszt Zeneakadémia** (Liszt-Musikakademie, links, ➤ 116) und entdecken Sie dann auf einem Verdauungsspaziergang Budapests 3 **Zsidó Negyed** (Jüdisches Viertel, ➤ 112). Hier lohnt ein Gang über die Kazinczy utca (➤ 114) und die benachbarte Dob utca weiter zur Großen Synagoge (Nagy Zsinagóga, unten, ➤ 112).

16 Uhr

Um 16 Uhr wartet eine Führung durch das Neo-Renaissance-Gebäude der 1 **Staatsoper** (Magyar Állami Operaház, ➤ 108) auf Sie.

17 Uhr

Für eine nachmittägliche Verschnaufpause bietet sich das Művész (➤ 123) gleich gegenüber, oder Sie fahren durch die Erzsébetváros zum berühmten 7 **New York Kávéház** (➤ 117).

18 Uhr

Die Entscheidung zwischen einer kleinen Auszeit in Ihrem Hotel oder einen frühen Aperitif bei Karma (➤ 122) oder einer der anderen Bars am Liszt Ferenc tér, liegt bei Ihnen.

19 Uhr

Suchen Sie sich ein Restaurant in der Nähe des Veranstaltungsortes aus, an dem Sie den späteren Abend verbringen – Oper in der 1 **Staatsoper** (Magyar Állami Operaház, ➤ 108), klassische Musik in der 4 **Liszt Zeneakadémia** (Liszt Musikakademie, ➤ 116) oder ein Theaterstück auf der Nagymező utca (➤ 124).

Andrássy út & Ungarische Staatsoper

Lang, schnurgerade und vornehm präsentiert sich die Andrássy út (Andrássy-Straße) als die Champs-Elysées von Budapest. Ihre historische Bedeutsamkeit und die homogene Architektur – wovon die Staatsoper (Operaház) das Glanzstück darstellt – sind so vielschichtig und faszinierend, dass sie 1987 zum UNESCO Weltkulturerbe erhoben wurde. Über ihre von Bäumen gesäumten, schattigen Fußwege zu spazieren, ist einer der schönsten Eindrücke von Budapest (► 180).

Andrássy út

Die Prachtstraße, die sich aus der Nähe des Deák Ferenc tér über 2,5 km zum Heldenplatz erstreckt, wurde 1885 nach 14 Jahren Bauzeit eröffnet. Viele ihrer klassizistischen und Neorenaissance-Bauten stammen aus dieser Zeit. Zwischen der Bajcsy-Zsilinszky út und dem Oktogon ist sie eine schmale Allee, gesäumt von ehrwürdigen Bäumen, Restaurants sowie Cafés. Der Oktogon, benannt nach seiner achteckigen Form, ist eine geschäftige Kreuzung, wo der Strom an Autos, Krankenwagen und Straßenbahnen nie abreißt und wo vor dem Burger King immer jemand auf Freunde wartet. Auf dem Abschnitt der Andrássy vom Oktogon zum Kodály körönd (eine weitere Kreuzung, diesmal kreisförmig) wird sie breiter – die Bäume sind jünger und die Häuser weiter von der Straße entfernt. Jenseits des Kodály körönd wirkt der Boulevard breiter, als er ist. Große Herrenhäuser und deren Gärten treten an die Stelle der Wohnblocks und Botschaften wechseln sich mit Museen, Hotels und Villen ab. Nur wenige Straßenblöcke weiter markiert der Heldenplatz (► 130) das Ende der Andrássy.

Magyar Állami Operaház

Die von Miklós Ybl im Stil der Neorenaissance gebaute Ungarische Staatsoper gehört zu den schönsten Opernhäusern der Welt. Sie wurde 1884 feierlich eröffnet und zählte Komponisten wie Ferenc Erkel (den »Vater der ungarischen Oper«), Gustav Mahler und Otto Klemperer zu ihren Direktoren. Das Äußere ist schon grandios, aber das Innere ist

Namensänderungen

Als die Andrássy út 1885 eingeweiht wurde, hieß sie noch Sugár út (Radialstraße), der Name wurde allerdings zum Gedenken an den Staatsmann Graf Gyula Andrássy (1823 bis 1890) geändert. 1949 wurde sie offiziell in Stalin út umbenannt, während des Aufstands von 1956 hieß sie Magyar ifúság útja út (Straße der Ungarischen Jugend), von 1957 bis 1989 Népköztársaság út (Straße der Volksrepublik).

Der Kodály körönd wurde im Zweiten Weltkrieg zum Hitler tér und der Oktogon hieß während des Horthy-Regimes Mussolini tér, ehe ihn die Kommunisten in November 7 tér umbenannten.

Unten: Statue des Autors Mór Jókai auf der Andrássy út

wahrlich beeindruckend. Das Foyer stimmt mit seiner Farbsymphonie, den gewölbten Decken, Marmorsäulen und Wandgemälden auf den überwältigenden Zuschauerraum ein, wo 1289 Menschen Platz finden. Hier gibt es den großen, drei Tonnen schweren Lüster, ein Fresko von Károly Lotz (1833–1904) und jede Menge Gold zu bestaunen. Die Führung ist ihr Geld wert und dauert um die 45 Minuten.

KLEINE PAUSE

Die Andrássy út ist lang – jenachdem wo Sie sich befinden, bietet sich das **Arigato** (➤ 120) nahe der Belváros, etwa in der Mitte das **Napos Oldal** (➤ 121) oder das **Baraka** beim Stadtwäldchen (➤ 120) an.

Andrássy út
195 E3–196 B4

Ungarische Staatsoper
195 E3 VI. Andrássy út 22 332-8197; www.opera.hu Führungen auf Deutsch tägl. 15 und 16 Uhr Führungen: teuer M1 Opera

Unten: Die großartige Staatsoper

ANDRÁSSY ÚT & UNGARISCHE STAATSOPER: INSIDER-INFO

Top-Tipp: Wenn Sie weder an einer Führung teilnehmen noch eine Vorstellung in der Staatsoper besuchen, können Sie sich durch einen Blick ins **Foyer**, das tagsüber geöffnet ist, einen Eindruck seiner opulenten Pracht verschaffen.

2 Terror Háza

Das Haus des Terrors ist schwer zu verfehlen: Schon von Weitem sieht man den riesigen schablonenartigen Schriftzug des Worts »TERROR« in Spiegelschrift, des Kommunistensterns und des Pfeilkreuzler-Kreuzes, die wie eine Markise am Dach des Hauses hängen. Das einst verhassteste – und gefürchtetste – Haus der Stadt ist heute ein Museum, das den Opfern zweier Diktaturen gedenkt und an ein dunkles Kapitel Budapests erinnert.

1937 mieteten die ungarischen Nationalsozialisten einen Teil des Gebäudes in der Andrássy út 60 und verwandelten bei Ausbruch des Kriegs das gesamte Haus in den Hauptsitz des Nazi-Marionettenregimes der Pfeilkreuzler. Im Keller des Gebäudes folterten und ermordeten sie ungarische Juden sowie Gegner der Machthaber. Nach dem Krieg besetzten die sieg-

Rechts: Das Haus des Terrors heute

reichen Sowjets das Haus und installierten hier ihre Geheimpolizei, die ÁVO (Államvédelmi Osztály oder Staatssicherheit, später als ÁVH bekannt), die genau dort weitermachten, wo die Pfeilkreuzler aufgehört hatten. Nach dem Aufstand von 1956 gab die ÁVH das Haus auf und im Jahr 2002 eröffnete schließlich das Museum.

Das Museum

Das gesamte Gebäude – drei Stockwerke und der Keller – ist den Exponaten gewidmet. Im Erdgeschoss befinden sich ein Buchladen und die Sonderausstellungen; der vor sich hin rostende russische Panzer im Atrium hinterlässt jedoch den größten Eindruck. Die Dauerausstellung beginnt in der ersten Etage, wo in einer Handvoll Räume über die Rolle der Pfeilkreuzler im Holocaust und die Unterdrückung Andersdenkender aufgeklärt wird. In den restlichen Zimmern sind Porträts von Lenin, Stalin und vorbildlichen kommunistischen Bürgern zu sehen – und obwohl nur fröhliche Menschen dargestellt sind, gibt es kaum ein Bild, auf dem sie keine Waffen

Oben: Im Haus des Terrors ausgestellte Porträts der Opfer der Pfeilkreuzler

tragen. Im zweiten Stock wird detailliert über die Machenschaften der ÁVH informiert, u. a. mithilfe eines nachgebauten Gerichtssaals, wo Videos ungerechter Schauprozesse gegen sogenannte Staatsfeinde gezeigt werden, und Beispielen kommunistischer Propaganda. Die Hinterhältigkeit der ÁVH wird hier besonders deutlich. Es wurden nicht nur ungarische Bürger eingesperrt, gefoltert und hingerichtet, auch vielen Mitgliedern der ÁVH selbst – wie ihrem Leiter Gábor Péter und Innenminister László Rajk – widerfuhr ein ähnliches Schicksal. Wenn Sie keine Zeit für einen Besuch des Szoborpark (Skulpturenpark, ➤ 166) haben, schauen Sie im Treppenhaus des Museums die sowjetischen Standbilder an.

Die Fahrt mit dem Lift in den Keller lässt Schlimmes ahnen, denn währenddessen erklärt in einem Videofilm ein ehemaliger Henker akribisch den Hinrichtungsablauf. Die winzigen Zellen und der schlichte Hinrichtungsraum erschüttern, doch die Bilder des »Saals der Tränen« und das Video über die in sowjetische Lager Deportierten verfolgen den Besucher weit länger.

KLEINE PAUSE

Verdauen Sie das Gesehene bei einem Kaffee im Museumscafé oder dem nahe gelegenen **Lukács** (➤ 122).

---

196 A3 ✉ VI. Andrássy út 60 ☎ 374-2600; www.terrorhaza.hu
Di–Fr 10–18, Sa–So 10–19.30 Uhr teuer M1 Vörösmarty utca

TERROR HÁZA: INSIDER-INFO

Top-Tipp: Die Audioguides (auf Deutsch) des Museums (1300 Ft.) sind sehr aufschlussreich, es gibt aber auch in jedem Raum Info-Blätter.

3 Zsidó Negyed

Zwischen Károly körút und Erzsébet körút liegt das traditionelle jüdische Viertel von Budapest. Vom späten 19. Jahrhundert an bis zum Zweiten Weltkrieg blühte die Gegend – Synagogen wurden gebaut und jüdische Läden säumten die Straßen – heute ist davon wenig übrig, doch mancherorts spürt man noch die alte Atmosphäre.

Oben: Der Davidstern, das Symbol des jüdischen Glaubens

Im frühen 19. Jahrhundert wurde direkt vor den Stadttoren von Pest, in der heutigen Erzsébetváros, eine große jüdische Gemeinde gegründet. Doch schon 600 Jahre vor den Magyaren siedelten Juden in Ungarn, wie ein Grabstein aus dem 3. Jahrhundert zeigt, auf dem eine Menora (siebenarmiger Kerzenleuchter) eingeritzt ist, der heute im Zsidó Múzeum (Jüdisches Museum, s. u.) ausgestellt ist. Mitte des 19. Jahrhunderts war die Gemeinde so groß, dass man den Bau einer Synagoge beschloss, und so wurde die Große Synagoge (Nagy Zsinagóga, s. u.) gebaut. Am Ende des Jahrhunderts gab es 170 000 Juden in der Stadt, die rund ein Viertel der Gesamtbevölkerung stellten. Jüdische Restaurants, Händler und Werkstätten, koschere Metzger und Bäcker gehörten zu Beginn des Zweiten Weltkriegs, als die jüdische Gemeinde schon 200 000 Mitglieder zählte, zum alltäglichen Straßenbild.

Die sogenannten Judengesetze, die 1941 beschlossen wurden, waren erst der Anfang. 1944 wurde das Viertel in ein Ghetto umgewandelt: Hohe Zäune wurden errichtet und die Nazis fingen in ganz Osteuropa an, jüdische Bürger in die Konzentrationslager zu deportieren. Dem Holocaust fielen circa 600 000 ungarische Juden zum Opfer – die heutige jüdische Bevölkerung Budapests wird auf rund 80 000 geschätzt. Davon lebt nur noch ein Bruchteil im alten jüdischen Viertel (nach dem Krieg gaben die Kommunisten die meisten Wohnungen an neue Einwanderer), doch Straßen wie die **Kazinczy utca** (➤ 114) und die Dob utca sind immer noch stark jüdisch geprägt.

Die Große Synagoge und das Zsidó Múzeum

Budapests dreischiffige **Große Synagoge** (Nagy Zsinagóga) bietet rund 3000 Menschen Platz und ist damit nach dem Emanuel-Tempel in New York die zweitgrößte Synagoge der Welt. Der Wiener Ludwig Förster (1797–1863), selbst kein Jude, erbaute sie zwischen 1854–59 im byzantinisch-maurischen Stil – somit ist sie eines der ältesten Gebäude der Stadt. Das Mauerwerk der Fassade schmücken die Budapester Wappenfarben blau, gelb und rot sowie zwei Zwiebeltürme. Für die schöne Innengestaltung, wo maurische Noten vorherrschen und der Davidstern allgegenwärtig sind, zeichnet der ungarische Architekt Frigyes Feszl (1821–84) verant-

Rechts: Das Holocaust-Denkmal mit dem »Baum des Lebens«

wortlich. Die hölzernen Emporen sind den Frauen vorbehalten, während im Hauptschiff ihre männlichen Glaubensgenossen Platz nehmen. Im Sommer gibt es oft Konzerte (im Winter kann die Synagoge aufgrund ihrer Größe nicht geheizt werden).

Neben der Synagoge, an der Ecke Wesselényi utca, befindet sich an der Stelle des Geburtshauses von Theodor Herzl (1860–1904), dem Begründer des modernen Zionismus, das **Zsidó Múzeum** (Jüdisches Museum; Eintritt in der Karte zur Großen Synagoge inklusive). Die ersten drei Räume widmen sich dem Sabbat und jüdischen Feiertagen. Hier sind Chanukkaleuchter aus Polen, silberne Kultgegenstände aus dem 17. bis 19. Jahrhundert, wertvolle Thorarollen und jede Menge Menora zu sehen. Die Buntglasfenster des Museums bilden dabei einen schönen Hintergund für die gläsernen Schaukästen. Der vierte Raum informiert über den Holocaust in Ungarn; viele Fotos von Opfern der Pfeilkreuzler sind schwer zu ertragen. Im Obergeschoss finden oft Sonderausstellungen statt.

Auf der Rückseite der Synagoge steht die silberne Trauerweide von Imre Varga (➤ 76). Jedes Blatt des **Holocaust-Denkmals**, das über einem Massengrab errichtet wurde, trägt die Gravur eines Familiennamens von Naziopfern. Zwischen Denkmal und Museum befindet sich, markiert durch jüdische Grabsteine, ein weiteres Massengrab. Ein wenig nördlich von der Großen Synagoge steht die 1872 vom Wiener Architekten Otto Wagner (1841–1918) im maurischen Stil entworfene orthodoxe **Rumbach Sebestyén utca Zsinagóga** (Rumbach Sebestyén Synagoge).

Unten: Alltag im Jüdischen Viertel

Kazinczy utca

Zwei Straßen östlich der Großen Synagoge liegt die Kazinczy utca, Mittelpunkt der 3000 Mitglieder zählenden orthodox-jüdischen Gemeinde Budapests. Hier haben alte Traditionen überlebt – auf der Straße hört man jiddische Gesprächsfetzen und sieht dahineilende schwarzgewandete Chassiden. Das Gotteshaus dieser Gemeinde ist die **Ortodox Zsinagóga** (Orthodoxe Synagoge, Nr. 29–31), die mit üppiger Jugendstileinrichtung besticht (nur bei Messen zugänglich), von außen aber

ZSIDÓ NEGYED: INSIDER-INFO

Top-Tipps: Von Besuchern der Synagoge wird **angemessene Kleidung** erwartet. Männer müssen den Kopf bedecken – wenn Sie keinen Hut haben, können Sie sich am Eingang eine *kippah*, die traditionelle Kopfbedeckung der Juden, leihen.
- Im Inneren des Hauptteils der Großen Synagoge sind **keine Fotos** erlaubt. Wenn Sie dem Kassenaufseher freundlich fragen und eine Spende offerieren, wird er Ihnen aber bestimmt ein paar Bilder erlauben.
- Das Reisebüro Program Centrum (www.programcentrum.hu) bietet dreistündige **Führungen** auf Deutsch durch die Große Synagoge, das Holocaust-Denkmal, das Jüdische Museum und den Jüdischen Friedhof sowie einen Spaziergang durchs Jüdische Viertel (8000 Ft.) Anmeldungen 24 Stunden im Voraus.

Oben: Die Große Synagoge gehört weltweit zu den größten ihrer Art

überraschend schlicht ist. Nebenan steht das **Magyar Elektrotechnikai Múzeum** (Elektrotechnisches Museum, ➤ 117).

Auch die Dob utca, eine Querstraße der Kazinczy, ist vom orthodox-jüdischen Leben geprägt. Die Metzgerei in der Nr. 41 verkauft koscheres Fleisch, Fröhlich Cukrászda in der Nr. 22 koscheres Gebäck und bei Hanna in der Nr. 35 gibt es koschere Lebensmittel (leider gibt es kein Geschäft für Kerzenleuchter). Die Skulptur eines Engels in der Nr. 11, der ein hingestürztes Opfer rettet, ist Carl Lutz (1895–1975) gewidmet, dem Schweizer Diplomaten, der wie Raoul Wallenberg (➤ 17) während des Zweiten Weltkriegs vielen Juden zur Flucht aus Ungarn verhalf.

KLEINE PAUSE

Spinoza (➤ 122) und **Fausto's** (➤ 121) liegen ganz in der Nähe der Großen Synagoge. Wer auf ein authentisches koscheres Essen ohne Schnickschnack aus ist, isst bei **Hanna** (VII. Dob utca 35, Tel: 342-1072), gleich hinter der Orthodoxen Synagogue.

Große Synagoge
195 E2 VII. Dohány utca 2–8 342-8949 Mitte April–Okt. So–Do 10–17, Fr 10–14 Uhr; Nov.–Mitte April So–Do 10–15, Fr 10–14 Uhr teuer M2 Astoria

Rumbach Sebestyén utca Zsinagóga
195 E2 VII. Rumbach Sebestyén utca 11 342-8949 Mitte April–Okt. So–Do 10–17, Fr 10–14 Uhr; Nov.–Mitte April So–Do 10–15, Fr 10 bis 14 Uhr preiswert M2 Astoria

4 Liszt Ferenc Emlékmúzeum & Liszt Zeneakadémia

Ferenc (Franz) Liszt (1811–86, ➤ 17) ist der bedeutendste Musiker und Komponist Ungarns. Ihm ist das Liszt Ferenc Emlékmúzeum (Franz-Liszt-Museum) gewidmet, und die Liszt Zeneakadémia (Liszt-Musikakademie), der schönste Konzertsaal in Budapest, trägt seinen Namen.

Liszt Ferenc Emlékmúzeum

In drei Zimmern der Wohnung, in der Liszt die letzten sechs Jahre seines Lebens verbrachte, wurden 1986 das Franz-Liszt-Museum eingerichtet, um das musikalische Genie des Künstlers zu würdigen. Der statischen Präsentation der Exponate nach zu urteilen, hat sich seitdem kaum etwas geändert, doch Liszt-Fans kommen durch die Musikbibliothek, die originalen Notenblätter und die Schwarz-Weiß-Fotos auf ihre Kosten. Zu den überschaubaren Höhepunkten gehören der »Komponiertisch« mit einer drei Oktaven umfassenden Klaviatur, ein Piano mit Saiten aus Glas und Liszts Totenmaske.

Liszt Zeneakadémia

Selbst wenn Sie in der Liszt Musikakademie kein Konzert besuchen, sollten Sie einen Blick ins Foyer werfen. Es stammt von 1907 und erstrahlt im typischen Jugendstildesign mit Blumenmotiven, Porzellanfliesen und Pastellfarben. Der Brunnen in der Mitte ist wunderschön, das komplizierte Fliesenmuster zeigt vier Frauen am Cembalo unter der Stephanskrone. Fast jeden Abend finden im Nagyterem (Großer Konzertsaal), der über eine phantastische Akustik verfügt, Konzerte statt.

Oben: Das Foyer der Liszt Musikakademie

KLEINE PAUSE

Der nahe Liszt Ferenc tér birgt viele Lokale und Cafés – das **Menza** (➤ 121) ist sehr gut.

Liszt Ferenc Emlékmúzeum

196 A3 · VI. Vörösmarty utca 35 · 322-9804; www.lisztmuseum.hu
Mo–Fr 10–18, Sa 9–17 Uhr · preiswert · M1 Vörösmarty utca
? Wenn Sie höflich fragen, gestattet man Ihnen vielleicht, einer Musikstunde der Hochschule beizuwohnen. Falls nicht: Sa um 11 Uhr gibt es Konzerte.

Liszt Zeneakadémia

196 A2 · VI. Liszt Ferenc tér 8 · 462-4600; www.lfze.hu
Ticketschalter: Mo–Fr 10–18, Sa–So 14–20 Uhr · M1 Oktogon

Nach Lust und Laune!

5 Postamúzeum

Das städtische Postmuseum berichtet über die Geschichte des ungarischen Postwesens seit 1890. Während die zahlreichen postrelevanten Exponate wie Uniformen, Fahrzeuge, Karten und Fotos weniger von Interesse sind, so lohnt doch der Besuch allein wegen des eleganten Herrenhauses und der sieben Räume, in denen das Museum untergebracht ist. Im Treppenhaus befinden sich Fresken von Károly Lotz (1853–1904; in der Staatsoper hängen noch weitere seiner Werke, ➤ 108), erlesene Buntglasfenster und schwere Eisenlampen. Der Innenhof ist typisch für Budapest: grazile schmiedeeiserne Geländer und weiß getünchte Apartments.

195 E3 VI. Andrássy út 3
269-6838; www.postamuzeum.hu
Di–So 10–18 Uhr preiswert
M1, M2, M3 Deák Ferenc tér

6 Magyar Elektrotechnikai Múzeum

Das ungewöhnliche Elektrotechnische Museum widmet sich der Elektroindustrie des Landes und ist passenderweise in einer früheren elektrischen Nebenschaltstelle eingerichtet. Das Museum im Herzen des jüdischen Viertels umfasst die Zeit von der Entstehung der Glühbirne bis hin zu Motoren des 19. Jahrhunderts; am spannendsten ist aber die Ausstellung über den Eisernen Vorhang. Die Mitarbeiter zeigen gerne, wie der elektrische Stacheldraht funktionierte – betonen aber, dass die Ladung für einen tödlichen Schlag zu gering war.

195 F3 VII. Kazincy utca 21
342-5750; www.emuzeum.hu
Di–Fr 10–17, Sa 9–16 Uhr
frei M2 Astoria

7 New York Kávéház

Für die einen der Gipfel der Budapester Café-Kultur, für die anderen ein Schandfleck. So oder so, die lange Tradition des New York Kaffeehauses kann niemand bestreiten. Es gehört heute zu einem 5-Sterne-Hotel, 1894 öffnete es aber als Teil des New York Palace seine Pforten. Von Anfang an war es *das* Literatencafé, das große Autoren der Stadt und Künstler in Scharen anlockte. Jahrzehntelang war es Tag und Nacht geöffnet, bis der drohende Krieg und die Wirtschaftskrise der 1930er-Jahre es zur Schließung zwangen. Bis ins 21. Jahrhundert blieb es geschlossen, 2004 konnte es nach einer Totalsanierung im Stil der Neorenaissance wiedereröffnen. Dem heutigen Café fehlt es an Gemütlichkeit und Wärme, doch es strahlt eine gewisse Pracht aus. Die Fassade schmückt eine Reihe von Pan-Statuen mit Flügeln, das Innere zieren vornehme rote Stühle, Deckenfresken, gedrehte Säulen aus Gold, riesige Spiegel und eine Armee an Kerzenleuchtern. Auch das angeschlossene Hotel lohnt einen Blick; im Foyer

Geschichtsträchtig
Der Írók Boltja (Laden der Schriftsteller, VI. Andrássy út 45) befindet sich an der Stelle, wo einst eines der berühmtesten Budapester Kaffeehäuser stand: das Café Japan. In seiner Blütezeit gehörte die Crème de la Crème der Autoren und Künstler der Stadt zu den Stammgästen, z. B. die Architekten Ödön Lechner (➤ 7) und József Rippl-Rónai (➤ 46). Wie viele Kaffeehäuser wurde das Japan 1948 unter den Kommunisten geschlossen.

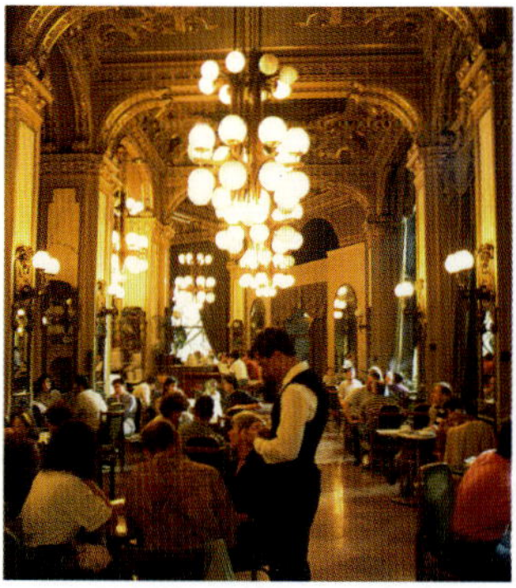

Oben: Im New York Kaffeehaus herrscht immer reger Betrieb

beeindruckt das hohe Atrium und die tadellosen Räume bieten antike Möbel, Kunst und neueste Technik.
196 B2 ✉ VII. Erzsébet körút 9–11 ☎ 886-6111; www.boscolohotels.com ⌚ Mo–Do 10 Uhr–Mitternacht, Fr–So 9 Uhr–Mitternacht Ⓜ M2 Blaha Lujza tér

8 Róth Miksa Emlékház
Das Miksa-Róth-Gedenkhaus zeigt die Werke des erfolgreichen Jugendstilkünstlers Miksa Róth (1865 bis 1944) in den Räumen seiner früheren Wohnung in der Nefelejcs utca. Róth, der von 1911 bis zu seinem Tod hier lebte und arbeitete, ist v. a. für sein umwerfendes Buntglas berühmt, doch er schuf auch fabelhafte Mosaiken, die ebenfalls ausgestellt sind. In den überraschend freundlichen Wohnräumen stehen noch die Originalmöbel. Werke des Künstlers sind u. a. im Gresham Palast (➤ 88), im Parlament (➤ 92), in der Liszt Zeneakadémia (Liszt Musikakademie, ➤ 116) und im Zsidó Múzeum (Jüdisches Museum, ➤ 112) zu sehen.
196 C2 ✉ VII. Nefelejcs utca 26 ☎ 341-6789 ⌚ Di–Sa 14–18 Uhr preiswert Ⓜ M2 Keleti pályaudvar

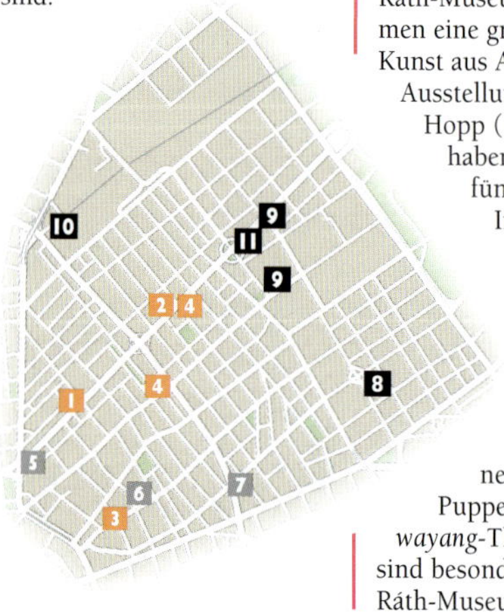

9 Hopp Ferenc Kelet-Ázsiai Művészeti Múzeum und Ráth György Múzeum
Das Ferenc-Hopp-Museum für Ostasiatische Kunst und das György-Ráth-Museum beherbergen zusammen eine großartige Sammlung von Kunst aus Asien. Den Grundstock der Ausstellungsstücke schuf Ferenc Hopp (1833–1919), ein wohlhabender Geschäftsmann, der fünf Mal die Welt umsegelte. In den darauffolgenden Jahrzehnten wurde sie noch beträchtlich erweitert. Das größere Ferenc-Hopp-Museum zeigt Exponate aus Indien, der Mongolei, Indonesien und Tibet – die Puppen des traditionellen *wayang*-Theaters aus Indonesien sind besonders schön. Das György-Ráth-Museum, das in einem

hübschen Jugendstilhaus beheimatet ist, zeigt Stücke – größtenteils Wandteppiche, Skulpturen und Geschirr – aus China und Japan.

Hopp Ferenc Kelet-Ázsiai Művészeti Múzeum
196 B4 VI. Andrássy út 103
322-8476; www.hoppmuzeum.hu
Di–So 10–18 Uhr preiswert
M1 Bajza utca

Ráth György Múzeum
196 B3 VI. Városligeti fasor 12
342-3916 Di–So 10–18 Uhr
preiswert M1 Bajza utca

10 Nyugati pályaudvar

Als der Westbahnhof 1877 gebaut wurde (von der Firma Eiffel aus Paris), war er im Königreich Österreich-Ungarn der größte seiner Art. Auch heute noch macht die Fassade aus Eisengusselementen und Glas Eindruck, auch wenn man mittlerweile im McDonald's-Zeitalter angekommen ist. Die beste Sicht haben Sie von den oberen Etagen des Einkaufszentrums Skala auf der anderen Seite des Nyugati tér.
195 E5 VI. Teréz körút 55–57
M3 Nyugati pályaudvar

Oben: Kombination aus Glas und Stahl – Die Fassade des Westbahnhofs

Abseits des Trubels

Die Városligeti fasor, die nahe des Stadtwäldchens (► 134) an die Terézváros und die Erzsébetváros grenzt, ist eine hübsche von Kastanien gesäumte Straße voller Architekturperlen wie den Villen Egger und Vidor (► 9). Die Barát utca in der Erzsébetváros ist zwar winzig, aber die homogene Architektur der 1930er-Jahre und die Beschaulichkeit sind den Weg wert.

11 Kodály Zoltán Emlékmúzeum

Die Wohnung, in der der bekannte Komponist Zoltán Kodály (1881 bis 1967) von 1924 bis zu seinem Tod lebte, wurde ins Zoltán-Kodály-Museum umgewandelt. Es gibt viele persönliche Gegenstände von Kodály zu sehen und neben den üblichen Sachen wie Möbeln, Porträts, Büsten, einer Musikbibliothek und Partituren gibt es schönes Kunsthandwerk, das Kodály auf seinen Reisen sammelte.
196 B3 VI. Kodály körönd 1
352-7106; www.kodalyinst.hu Mi 10–16, Do–Sa 10–18, So 10–14 Uhr
preiswert M1 Kodály körönd

Wohin zum ... Essen und Trinken?

Preise
Die Preise gelten pro Person für ein Essen ohne Getränke:
€ unter 2500 Ft. **€€** 2500–5500 Ft. **€€€** über 5500 Ft.

In Erzsébetváros und Terézváros gibt es Restaurants und Bars im Überfluss – v. a. am und um den Liszt Ferenc tér. Ihr größtes Problem dürfte hier also die Qual der Wahl sein.

RESTAURANTS

Abszint €€
Das Abszint ist ein einfaches und dennoch sehr stilvolles Restaurant auf halbem Weg zwischen der Ungarischen Staatsoper und dem Oktogon. Die internationale Karte ist mit einem starken südfranzösischen Einschlag gesegnet und der Küchenchef ergänzt sie regelmäßig mit saisonalen Gerichten. Das Mittagsmenü – für rund 1500 Ft. ein absolutes Schnäppchen – schmeckt auf der Sonnenterrasse an der Andrássy am besten. Für einen Tisch am Abend sollte man reservieren.
195 F4 VI. Andrássy út 34 332-4993 tägl. 11 Uhr bis Mitternacht M1 Oktogon

Arigato €€
Die unglaublich freundliche Bedienung in diesem kleinen japanischen Restaurant verrät, dass es sich um einen Familienbetrieb handelt. Die Auswahl an Sushi, *tempura* sowie *udon-* und *soba*-Nudelsuppen ist gigantisch. Auch die Qualität liegt oberhalb der Norm, dabei sind die Preise nach Budapester Standard ziemlich verträglich. Ein Besuch zur Mittagszeit lohnt besonders, denn da werden oft Specials angeboten.
195 E3 VI. Ó utca 3 353-3549 Mo–Sa 12–15, 17 bis 23 Uhr M3 Arany János utca

Baraka €€€
Der Umzug von der Innenstadt ins Andrássy Hotel (➤ 33) hat der Klasse und dem Reiz des Baraka nicht geschadet. Die klaren Linien und der mondäne Look des Restaurants werden durch professionellen Service und ungemein verführerische Gerichte perfekt ergänzt – Schnapperfisch, Wildentenbrust und gebackener Lachs mit Kruste in grünem Curry sind nur einige der Köstlichkeiten. Reservierungen für den Abend sind zu empfehlen.
195 B4 VI. Andrássy út 111 483-1355 tägl. 12–15, 18 bis 23 Uhr M1 Bajza utca

Bouchon €€–€€€
Das Bouchon gehört zu einer Gruppe von Restaurants und Bars, die die Hajos utca (an der Ecke Hajos und Zichy Jenő) zu einem Anziehungspunkt des Nachtlebens machen. Bei den modernen ungarischen Gerichten bekommt man schnell Appetit: nach französischer Art gebratene Gänseleber, gedünsteter Zander mit Gemüse und Rosmarin-Safran-Kartoffeln sowie gebratenes Kalbsschaschlik mit Knoblauch und würzigem gemischtem Salat. Die Auswahl an regionalen Weinen gehört ebenso zur Oberliga.
195 E3 VI. Zichy Jenő utca 33 353-4094 Mo–Sa 9–23 Uhr M1 Opera

Chez Daniel €€–€€€
Chez Daniel ist ein sehr herzliches und sehr französisches Restaurant. Schauen Sie nicht in die Karte, sondern wählen Sie eins der Tagesgerichte, die auf Tafeln angeschrieben sind, oder fragen Sie die kompetente Bedienung nach Empfehlun-

gen. Das weiß gekalkte Innere ist im Winter behaglich, doch im Sommer ist der Innenhof schöner. Abends unbedingt reservieren!

195 B3 · VI. Szív utca 32 · 302-4039 · tägl. 12–15, 19 bis 23 Uhr · M1 Kodály körönd

Fausto's €€€

Zweifellos nicht nur eines der besten italienischen Restaurants, sondern einfach eins der besten Restaurants überhaupt in Budapest. Die kreativen Pastagerichte und himmlischen Desserts sind schwer zu übertreffen, werden aber von den Tagesspecials oft noch überflügelt. Auf der riesigen Weinkarte mit ungarischen und italienischen Tropfen finden Sie sich am besten mithilfe der sachkundigen Bedienung zurecht.

195 F2 · VI. Székely Mihály utca 2 · 589-1813; · Mo–Sa 12–15, 19–23 Uhr · M2 Astoria

Goa €€–€€€

Der Erfolg des Goa beruht auf dem gelassenen Ambiente, der modernen Einrichtung mit südostasiatischem Touch, dem professionellen Service und einer äußerst vielfältigen internationalen Karte: Steak vom argentinischen Rind, gebratene Singapur-Nudeln, malaysischer Entensalat und japanisches Sushi – nur ungarische Spezialitäten fehlen. Fürs Abendessen ist eine Reservierung sehr zu empfehlen.

195 E3 · VI. Andrássy út 8 · 302-2570 · tägl. 12 Uhr bis Mitternacht · M1 Opera

Kispapa €€€

Entgegen dem Trend der Budapester Restaurantszene, sich möglichst modern zu präsentieren, vertraut Kispapa weiterhin der Erfolgsformel von steifem, aber aufmerksamen Service, noch steiferen Tischdecken, traditioneller ungarischer und internationaler Küche sowie Live-Klaviermusik (ab 19 Uhr). Wunderschöne Buntglasfenster und eine gemütliche Atmosphäre runden dieses Restauranterlebnis alten Stils perfekt ab.

195 F3 · VII. Akácfa utca 38 · 342-2587 · tägl. 12 Uhr bis Mitternacht · Straßenbahnen 4, 6

Marquis de Salade €€

Einmalig in Budapest hat sich das Marquis auf aserbeidschanisches Essen wie *sült kacsamell* (gebratene Entenbrust) und *läle kebab* (gegrilltes Lamm) spezialisiert. Russische und ungarische Gerichte sowie vegetarische Optionen (die Salate sind der Hit) ergänzen die Mischung. Im Kellerraum gibt es ein paar kuschlige Ecken, ansonsten sind eine Etage höher die Fenstertische toll.

195 E4 · VI. Hajós utca 43 · 302-4086 · tägl. 11–1 Uhr · M3 Arany János utca

Menza €€

Menzas gelungenes Retrodesign im Stil der 1960er-Jahre ist eine erfrischende Abwechslung von den modernen Lokalen rund um den Liszt Ferenc tér. Reiche, junge Szenegänger, Geschäftsleute, die hier zu Mittag essen und viele Gäste von außerhalb sind offenbar derselben Meinung. Die ungarischen Gerichte werden mit modernem Einschlag zubereitet, sind überraschend erschwinglich und erhöhen den Reiz des Lokals noch. Reservierungen sind zu empfehlen.

195 F3 · VI. Liszt Ferenc tér 2 · 413-1482 4 · tägl. 10–1 Uhr · M1 Oktogon

Napos Oldal €

»Napos Oldal« heißt »Sonnenseite« und könnte als Hinweis auf die stets gut gelaunte Bedienung oder das generelle Ambiente verstanden werden. Vegetarische Salate auf Dinkelbasis, Pasteten und ein Tagesmenü mit heißer Suppe plus Hauptgericht werden vor Ort frisch zubereitet. Alle Speisen gibt es auch zum Mitnehmen. Das Café fungiert außerdem als Reformhaus und betreibt einen Bioladen direkt auf der Straßenseite gegenüber.

195 E4 · VI. Jókai utca 7 · 354-0048 · Mo–Fr 11–21, Sa 10–1.30 Uhr · M1 Oktogon

Premier €€€
Am Ende der Andrássy beim Stadtwäldchen befindet sich das Premier, eine altehrwürdige Institution der Budapester Restaurantlandschaft. Ungarische und wenige internationale Gerichte werden in einem Jugendstilkeller mit Buntglasfenstern aufgetischt. Viele Diplomaten und Medienleute kommen hierher – die Stimmung ist daher etwas aufgesetzt.

196 B4 ✉ VI. Andrássy út 101 ☎ 342-1768 ⏲ tägl. 12–23 Uhr M1 Bajza utca

Spinoza €€–€€€
Das gehobene Lokal mitten im jüdischen Viertel serviert eine erlesene Auswahl an ungarischen und jüdischen Gerichten in lockerem Ambiente. Es gibt außerdem ein Theater sowie eine Galerie und an manchen Abenden wird Livemusik gespielt. Im ersten Stock befinden sich schöne Apartments (➤ 35).

196 A2 ✉ VII. Dob utca 15 ☎ 413-7488 ⏲ tägl. 11–23 Uhr Straßenbahnen 47, 49

KNEIPEN UND BARS

Karma €
Einheimische schwärmen von dieser asiatisch angehauchten Bar in den höchsten Tönen. Im hinteren Teil können Sie sich in tiefe Sofas und Kissenberge sinken lassen, vorne geht es mit Tischen und Barhockern eher westlich zu. Der Service ist manchmal unglaublich langsam, aber die Stimmung ist so entspannt, dass sich die meisten Gäste nicht darüber ärgern.

195 F3 ✉ VI. Liszt Ferenc tér 11 ☎ 413-6764 ⏲ tägl. 11–2 Uhr M1 Oktogon

Szimpla €
Eine herrlich unkonventionelle Bar mit abgetretenen Holzböden und bunt zusammengewürfelten Möbeln, die sich über drei Etagen erstreckt und im Keller mit der Nachbarkneipe, dem Dupla, verbunden ist. Hier trifft man sowohl alternative Studenten als auch Musikprofessoren der nahen Liszt Zeneakadémia (➤ 116) – dementsprechend locker und einladend ist die Stimmung. Das Bier ist dem Wein vorzuziehen.

195 F3 ✉ VII. Kertész utca 48 ☎ 321-9119 ⏲ Juni–Sept. tägl. 12 Uhr–Mitternacht; Okt.–Mai tägl. 10–2 Uhr Straßenbahnen 4, 6

CAFÉS

Café Eklektika €€
Das Eklektika ist ein trendbewusstes, schwulenfreundliches Café auf dem Budapester Broadway (➤ 124) und eignet sich prima für einen Kaffee, ein Glas Wein oder eine volle Mahlzeit (der Zander mit Kartoffelgratin ist hervorragend). Die gedimmte Beleuchtung und der entspannte Jazz- und Weltmusik-Mix tragen zur intimen Atmosphäre bei und Sie können sich zwischen Essecken im hinteren Teil oder Tischen an Bogenfenstern entscheiden.

195 E4 ✉ VI. Nagymező utca 30 ☎ 266-1226 ⏲ Mo–Fr 8 Uhr bis Mitternacht, Sa–So 12 Uhr–Mitternacht M1 Opera

Café Vian €
Für manche mag das Vian etwas zu schick sein, aber dem geschäftigen Treiben und der ausgezeichneten Desserts wegen kann man schon mal darüber hinwegsehen. Das Leben auf dem Platz ist im Winter durch deckenhohe Fenster und im Sommer von den Tischen im Freien aus mit einem Kaffee oder Cocktail in der Hand bestens zu verfolgen.

195 F3 ✉ VI. Liszt Ferenc tér 9 ☎ 268-1154 ⏲ tägl. 9–1 Uhr M1 Oktogon

Lukács €
Vom abendlichen Klavierspieler bis zur kleinen, aber exquisiten Kuchenauswahl hat im Lukács einfach alles Stil. Die Einrichtung aus dem frühen 20. Jahrhundert, inklusive eleganter Kronleuchter, genießen meist ältere, gut betuchte Herrschaften. Nur eines fehlt dem Lukács: ein Eingang – den teilt es momentan mit der Bank nebenan.

195 F4 ✉ VI. Andrássy út 70 ☎ 302–8747

Mo–Fr 9–20, Sa–So 10–20 Uhr
M1 Vörösmarty utca

Mai Manó €

Direkt unterhalb des Magyar Fotográfusok Háza (Haus der ungarischen Fotografie) befindet sich dieses winzige Café mit nordafrikanischem Erscheinungsbild. Eine treue Anhängerschaft schlürft hier Kaffee oder Wein und beobachtet von den gepolsterten Bänken im Inneren oder den Tischen auf dem Gehweg aus das Kommen und Gehen auf der Bühne der Nagymező utca. Die Bedienung ist manchmal leider etwas langsam und mürrisch.

195 E4 VI. Nagymező utca 20
473-2666 tägl. 10–1 Uhr
M1 Opera

Művész €

Das Művész (ungarisch »Künstler«) besteht seit über 100 Jahren an dieser Stelle gegenüber der Staatsoper (➤ 108) und präsentiert sich mit allen Schikanen eines klassischen Cafés. Die Kuchentheke ist voller Köstlichkeiten, die Einrichtung stammt aus dem Fin de Siècle und die Miene des Kellners könnte locker die Milch in ihrem Kaffee in saure Sahne verwandeln.

195 E3 VI. Andrássy út 29
352 1337 tägl. 9–23.45 Uhr
M1 Opera

New York Káféház €

Diesem historischen Café fehlt etwas die Wärme und Gemütlichkeit der traditionellen Kaffeehäuser, aber seine opulente Pracht ist unübertroffen. Auch die Bedienung lässt zu wünschen übrig, doch die Torten lassen keine Wünsche offen, der Kaffee ist ein Gedicht und man speist in einem Gebäude, das als Meilenstein der Budapester Kunstgeschichte gilt (➤ 117).

196 B2 VII. Erzsébet körút 9–11 886-6111; www.boscolohotels.com Mo–Do 10 Uhr bis Mitternacht, Fr–So 9 Uhr–Mitternacht
M2 Blaha Lujza tér

Wohin zum … Einkaufen?

Terézváros und Erzsébetváros bieten für jeden etwas: von traditionsreichen Lebensmittelmärkten über riesige Einkaufszentren bis zu winzigen Fachgeschäften.

TERÉZVÁROS

Die Haupteinkaufsmeile in Terézváros ist die **Teréz körút**. Hier reiht sich zwar ein Laden an den nächsten, aber nach guten Angeboten muss man etwas suchen. Am nördlichen Ende, direkt hinter dem Nyugati pályaudvar (Westbahnhof, ➤ 119), liegt das größte Einkaufszentrum, das **Westend City Center** (VI. Váci út, Tel. 238-7777). Hier gibt es fast alle Westmarken, die Preise liegen aber über dem Budapester Standard. Der **Hunyadi tér piac** (Hunyadi Straßenmarkt, VI. Hunyadi tér) ist einer der alten Lebensmittelmärkte (➤ 23) der Stadt. Eine gute Auswahl an einheimischer Musik hat **Wave** (VI. Révay köz 2, Tel. 331-0718).

ERZSÉBETVÁROS

Auch Erzsébetváros hat am **Klauzál tér** (➤ 22) einen Markt zu bieten, der schon seit der Jahrhundertwende besteht. **Erzsébet körút**, die größte Shoppingstraße der Gegend, ist eine Erweiterung des Teréz körút. Im jüdischen Viertel kann man nach seltenen Stücken stöbern: die **Judaica Gallery** (VII. Wesselényi utca 13, Tel. 267-8502) führt vieles, was mit ungarischem Judentum zu tun hat; bei **Tisza Cipő** (VII. Károly körút 1, Tel. 266-3055) gibt es Sportartikel aus der Zeit der Kommunisten und **Concerto Records** (VII. Dob utca 33, Tel. 268-9631) bietet neue und gebrauchte Klassik LPs und CDs.

Wohin zum … Ausgehen?

In Terézváros versammeln sich einige Größen der Budapester Abendunterhaltung – die Liszt Zeneakadémia (Liszt Musikakademie, ➤ 116) und die Ungarische Staatsoper, ➤ 108). Die wegen ihrer vielen Theater als Budapester Broadway bekannte Nagymező utca liegt in der Nähe der Staatsoper und der Liszt Ferenc tér sowie die Hajós utca, zwei Zentren des Nachtlebens, befinden sich direkt in der Nachbarschaft.

THEATER

Radnóti

Dieses bekannte Theater führt klassische und zeitgenössische Stücke sowie leichtere Musikkomödien auf.

195 E4 VI. Nagymező utca 11
321-0600; www.radnotiszinhaz.hu
Juni–Sept. geschl. M1 Oktogon

LIVEMUSIK

Old Man's Music Pub

Meistens gibt es in diesem lockeren Club Blues und Jazz zu hören. Bis 23 Uhr geht es recht zurückhaltend zu, danach beginnt der Alkohol seine Wirkung auf die Gäste zu entfalten. Der Club ist zwar groß, aber besonders wenn Sie die Bühne sehen wollen, sollten Sie einen Tisch reservieren. Manchmal treiben später am Abend Taschendiebe ihr Unwesen.

195 F3 VII. Akácfa utca 13
322-7645 tägl. 15–4 Uhr
Straßenbahnen 4, 6

New Brooklyn

Wenn in diesem entspannten Musikclub nicht gerade Live-Jazz gespielt wird (wie an den meisten Abenden während der Woche), übernehmen DJs das Kommando und legen bevorzugt Salsa auf. Das Publikum ist vom Alter her meist bunt gemischt und feiert ziemlich ausgelassen.

195 E4 VI. Jókai utca 4
(06 30) 210-3436 M1 Oktogon

New Orleans

Für einen kleinen Club, der sich in einer Gasse in der Terézváros versteckt, versteht es das New Orleans erstaunlich gut, ausgezeichnete Künstler aus dem Blues- und Jazzbereich zu verpflichten. Zu den internationalen Stars, die hier schon auf der Bühne standen, gehören Robben Ford, John McLaughlin und Louisiana Red.

Sollte Sie während Ihres Besuchs der Hunger überkommen, hält das Restaurant des New Orleans leckere Gerichte aus dem tiefen Süden der USA bereit, was eine willkommene Abwechslung von der ungarischen Küche darstellen kann.

195 E4 VI. Lovag utca 5
451-7525 M1 Oktogon

CLUBS

Fészek Club

Dieser Club war bei ausgewählten Schauspielern und Künstlern einst ein beliebter Ort, um unerkannt zu feiern. Mittlerweile hat er sich bei den Nachtschwärmern in Budapest einen guten Ruf erworben. Wenn Sie an dem älteren Herren an der Kasse vorbeikommen, erwartet Sie eine Kellerbar, die mit ihren gepolsterten Sitzecken und der kleinen Bühne an ein Bordell erinnert. Gegen zwei Uhr nachts hat man noch genügend Platz auf der Tanzfläche, gegen sechs Uhr, wenn die Bar schließt, ist es hingegen mehr als voll.

195 F3 VII. Kertész utca 36
342-6549 tägl. 20–6 Uhr
Straßenbahnen 4, 6

Heldenplatz & Stadtwäldchen

Erste Orientierung

Nur eine kurze Fahrt mit der Metro vom Pester Zentrum entfernt liegt der Heldenplatz (Hősök tere) und das Stadtwäldchen (Városliget). Zusammen bilden sie ein Naherholungsgebiet in einem sonst sehr urban geprägten Teil von Budapest. Hier picknicken Familien, treffen sich Verliebte, tollen Kinder herum oder gehen Freunde spazieren.

Doch die Gegend hat noch mehr zu bieten. Einige der schönsten Bauten anlässlich der sechsmonatigen Millenniumsfeier des Magyarenreichs aus dem Jahr 1896 stehen hier. Der Heldenplatz mit seiner meisterhaften Säule in der Mitte ist sicherlich das großartigste dieser Monumente. So manche historische Begebenheit fand hier statt wie z. B. die zeremonielle Umbettung von Imre Nagy (➤ 16) und anderer Führer des Aufstands von 1956. Auch das Stadtwäldchen hat einige Erinnerungen an die Feiern von 1896 zu bieten, z. B. die Märchenburg Vajdahunyad Vár (Burg Vajdahunyad); andere Highlights sind u. a. der Állatkert (Zoo), Fővárosi Nagycirkusz (Hauptstädtischer Großzirkus), Vidámpark (Vergnügungspark) und Széchenyi Gyógyfürdő (Széchenyi Thermalbad), wohl das schönste in ganz Budapest.

★ Nicht verpassen!

1 Heldenplatz (Hősök tere) ➤ 130

2 Museum der Bildenden Künste (Szépművészeti Múzeum) ➤ 132

3 Stadtwäldchen (Városliget) ➤ 134

Nach Lust und Laune!

4 Magyar Mezőgazdasági Múzeum (Ungarisches Landwirtschaftsmuseum) ➤ 138

5 Közlekedési Múzeum (Verkehrsmuseum) ➤ 138

6 Magyar Vasúttörténeti Park (Park der Ungarischen Bahngeschichte) ➤ 138

Gegenüber: Das Milleniumsdenkmal auf dem Heldenplatz

Oben: Steinmetzarbeit an der Vajdahunyad Burg

Links: Statue auf dem Millenniumsdenkmal

Seite 125: Stammesfürsten der Magyaren (Millenniumsdenkmal)

Erkunden Sie das Stadtwäldchen (Városliget), die grüne Lunge von Pest, und die Huldigung der Stadt an die tausendjährige Geschichte Ungarns am Heldenplatz (Hősök tere). Ach ja, und vergessen Sie Ihre Schwimmsachen nicht.

Heldenplatz & Stadtwäldchen an einem Tag

9.30 Uhr

Starten Sie am 1 **Heldenplatz** (Hősök tere, unten, ➤ 130) und bewundern Sie die Bronzestatuen der legendären Herrscher Ungarns.

10 Uhr

Mit dem zehnten Glockenschlag öffnet das 2 **Museum der Bildenden Künste** (Szépművészeti Múzeum, ➤ 132) auf der anderen Seite des Platzes. Genehmigen Sie sich mindestens zwei Stunden für die wunderbare Sammlung der Alten Meister im ersten Stock und verkosten Sie dann traditionell ungarische Küche im nahe gelegenen Bagolyvár (➤ 139).

13 Uhr

Der Verdauungsspaziergang führt Sie durch das 3 **Stadtwäldchen** (Városliget, ➤ 134) zur Vajdahunyad Vár (Burg Vajdahunyad, ➤ 134), die Ihnen einen Crashkurs der ungarischen Architekturgeschichte der letzten Jahrhunderte bietet. Im Barockflügel ist das 4 **Magyar Mezőgazdasági Múzeum** (Ungarische Landwirtschaftsmuseum, ➤ 138) untergebracht, das Sie bei der Gelegenheit besuchen können.

15 Uhr

Setzen Sie Ihre Tour durchs Stadtwäldchen in dessen südöstliche Ecke fort. Schon bald kommt das 5 **Közlekedési Múzeum** (Verkehrsmuseum, unten, ➤ 138) in Sicht. Nachdem Sie ihr Wissen über das ungarische Transportwesen auf den neuesten Stand gebracht haben, gehen Sie schnurstracks zum Állatkerti körút mit seinen vielen Attraktionen.

16 Uhr

Der Budapester Állatkert (Zoo, ➤ 135) gefällt den meisten Besuchern nicht nur wegen der Tiervielfalt, sondern auch wegen der eindrucksvollen Jugendstilarchitektur. Anschließend überqueren Sie die Straße zum Széchenyi Gyógyfürdő (Széchenyi Thermalbad, rechts, ➤ 137) für eine wohlverdiente Pause in dem entspannenden und belebenden Wasser.

19 Uhr

Das Restaurant Robinson (➤ 139) gehört zu den besten Lokalen im Stadtwäldchen und ist ein guter Tipp fürs Abendessen, bevor Sie ins Hotel zurückkehren.

1 Heldenplatz

Stolz präsentiert sich am nördlichen Ende der Andrássy út der Heldenplatz (Hősök tere), eine gewaltige Hommage an das ungarische Millennium. Neoklassizistische Bauten, Statuen und Kolonnaden machen ihn zu einem beeindruckenden Erlebnis.

Ezeréves Emlékmű

Das eindrucksvolle Millenniumsdenkmal bestimmt den Heldenplatz. Es besteht aus einer 36 m hohen Säule, ergänzt durch zwei Kolonnaden, die von ebenem Pflaster umgeben sind – Letzteres steht bei Inlineskatern und Skateboardern natürlich hoch im Kurs. Eine Statue des Erzengels Gabriel mit der ungarischen Krone in der Hand (ein Symbol für die Einheit des ungarischen Staates und der Kirche) krönt die Säule. An ihrem Fuß stehen die Reiterstandbilder des Magyarenkönigs Árpád aus dem 9. Jahrhundert und seiner sechs Fürsten. Vor der Säule befindet sich das Grab des Unbekannten Soldaten, eine Ehrung all jener Helden, die ihr Leben für die Freiheit ihres Landes gaben.

Műcsarnok

Zu den Bauten aus dem Jubiläumsjahr 1896 gehört auch die Kunsthalle (nicht mit dem neuen Művészetek Palotája (Palast der Künste, ➤ 152) zu verwechseln), gegenüber dem Museum der Bildenden Künste (➤ 132) jenseits des Heldenplatzes. Sie hat die größte Ausstellungsfläche des Landes und zeigt nur wechselnde Ausstellungen, v. a. zeitgenössi-

Die Kolonnaden

Den Hintergrund der Säule in der Mitte des Heldenplatzes bilden zwei bogenförmige Säulenreihen mit 14 Herrschern und Staatsmännern Ungarns (leider befindet sich keine einzige Frau unter ihnen). Von links nach rechts sehen Sie:

- **Szent István** – Stephan I., Ungarns erster König (1000–1038)
- **Szent László** – Ladislaus I., König von Ungarn (1077–1095)
- **Könyves Kálmán** – Koloman, König von Ungarn (1095–1116)
- **András II.** – Andreas II., König von Ungarn (1205–1235)
- **Béla IV.** – König von Ungarn (1235–1270)
- **Róbert Károly** – Karl I., König von Ungarn (1308–1342)
- **Lajos Nagy** – Ludwig der Große, König von Ungarn (1342–1382)
- **János Hunyadi** – Regent von Ungarn (1446–1453), er wehrte die Türken ab
- **Mátyás Corvinus** – Matthias Corvinus, König von Ungarn (1458–1490)
- **István Bocskai** – Fürst von Siebenbürgen (1604–1606)
- **Gábor Bethlen** – Fürst von Siebenbürgen (1613–1629)
- **Imre Thököly** – König von Nordungarn (1682–1685) sowie Fürst von Siebenbürgen (1690 –1691)
- **Ferenc II. Rákóczi** – Führer des Freiheitskampfes 1703–11
- **Lajos Kossuth** – Führer im Unabhängigkeitskampf 1848–49

Einst standen in den Kolonnaden auch die Habsburger Herrscher Ferdinand I., Karl III., Maria Theresa, Leopold II. und Franz Joseph. Nach dem Zweiten Weltkrieg wurden sie entfernt, um mehr Platz für ungarische Herrscher zu schaffen. Die Ecksäulen sind jeweils mit einer großen Skulptur versehen (von links nach rechts): Arbeit und Wohlstand, Krieg, Frieden, Wissenschaft und Ruhm.

Oben und links: Der Erzengel Gabriel wacht über den Heldenplatz

scher Kunst. Das Dreieck über dem von sechs Säulen getragenen Portikus füllt ein Mosaik, das Szent István als Kunstmäzen darstellt.

KLEINE PAUSE

Gleich um die Ecke gibt es bei **Bagolyvár** (► 139) herzhafte ungarische Küche wie zu Großmutters Zeiten sowie Erfrischungen.

Ezeréves Emlékmű
196 C4 XIV. Dózsa György út
frei M1 Hősök tere

Műcsarnok
196 C4 XIV. Dózsa György út 37 460-7000; www.mucsarnok.hu Di–So 10–18, Do 12–20 Uhr
mittel; Di frei M1 Hősök tere

HELDENPLATZ: INSIDER-INFO

Top-Tipp: Dienstags bezahlt man in der **Műcsarnok** keinen Eintritt.

2 Museum der Bildenden Künste

Der neoklassizistische Bau des Budapester Museums der Bildenden Künste (Szépművészeti Múzeum) bestimmt den Nordrand des Heldenplatzes. Das 1906 erbaute Museum beherbergt Ungarns beste Sammlung europäischer Kunst – Gemälde von italienischen, flämischen, deutschen, französischen und britischen Meistern des 13.–19. Jahrhunderts. Der Stolz des Hauses ist aber der spanische Flügel mit sieben Werken von El Greco.

Oben: Das Museum der Bildenden Künste im Stil des Neoklassizismus

Die meisten Gemälde der Alten Meister gehörten einst Graf Miklós Eszterházy, der 1871 seine private Sammlung an den ungarischen Staat verkaufte. Seitdem wurde der imposante Kunstschatz des Museums um Stücke der Antike, ägyptische Artefakte, Skulpturen, Drucke und Zeichnungen sowie einige impressionistische Werke des 20. Jahrhunderts erweitert.

Untergeschoss

Den größten Teil des Untergeschosses nimmt die **Ägyptische Sammlung** ein, die aus 4000 Exponaten besteht, wovon in

MUSEUM DER BILDENDEN KÜNSTE: INSIDER-INFO

Top-Tipps: Tickets für **Sonderausstellungen** sind billiger, wenn man sie vorbestellt.
• **Kostenfreie Führungen** auf Englisch werden Di–Fr um 11 Uhr durch den Flügel der Alten Meister angeboten; es gibt auch Führungen auf Deutsch (kostenpflichtig).
• Donnerstags um 18 Uhr kann man im Museum für 2000 Ft. **Live-Jazz** hören.

Geheimtipp: Kunstfans werden die **Bibliothek** des Museums lieben (VI. Szondi utca 77, Tel. 302-1805; Mo–Fr 9–18, Sa 9–13 Uhr): Hier werden fast 200 000 in verschiedenen Sprachen verfasste Bücher aufbewahrt.

den beiden Räumen jedoch nur ein Bruchteil gezeigt wird – eine einzelne Mumie aus der griechisch-römischen Epoche und überraschend viele Sarkophaginschriften bilden den Schwerpunkt, doch auch eine große Anzahl Alltagsgegenstände und kleiner Statuetten sind zu bewundern. Gegenüber befindet sich der **Flügel** zur **Fin-de-Siècle-Kunst**; darunter Werke des französischen Bildhauers Auguste Rodin, Gemälde des Österreichers Oskar Kokoschka und des Engländers Walter Crane.

Erdgeschoss

Die größte Fläche ist wechselnden Sammlungen vorbehalten. Im Ostflügel befindet sich die Dauerausstellung mit Vasen, Figürchen, Büsten und Statuen aus der griechischen, etruskischen und römischen Kultur.

Erstes und zweites Geschoss

Die Highlights des Museums befinden sich zweifellos in der ersten Etage – die Gemälde der **Alten Meister** füllen hier einen Raum nach dem anderen. Die spanische Sammlung ist wohl die beste der Welt außerhalb Spaniens und enthält Werke von El Greco, Francisco Goya, Diego Velázquez und anderen. El Grecos *Büßende Magdalena* (um 1580) ist ein Erlebnis, doch auch Goyas *Die Wasserträgerin* (um 1812) – eins von fünf seiner Werke, die hier ausgestellt sind – ist mindestens ebenso gewaltig. Von den flämischen und deutschen Meistern gehört Albrecht Dürers *Bildnis eines jungen Mannes* (1500) zu den wertvollsten Stücken des Museums, während die *Predigt Johannes' des Täufers* (1566) von Pieter Bruegel d. Ä. in ihrer Detailtreue fasziniert. Das *Porträt eines Herren* (1634) von Frans Hals befindet sich im winzigen zweiten Stock. Im italienischen Flügel begegnen Ihnen weitere große Namen: So hängt Raffaels kleine, aber erhabene *Esterházy Madonna* (1508) neben Werken von Tizian, Antonio Correggio und Giovanni Boltraffio.

In den Räumen zur **Kunst des 19. Jahrhunderts** sollten Sie sich Claude Monets *Barken von Étretat* (1886), Paul Cézannes *Das Büffet* (1874–77) und Paul Gaugins *Garten im Schnee* (1879) ansehen.

KLEINE PAUSE

Das kleine **Museumscafé** im Untergeschoss eignet sich für ein Päuschen.

196 B5 XIV. Dózsa György út 41 469 7100; www.szepmuveszeti.hu Di–So 10 bis 17.30 Uhr frei; Sonderausstellungen: teuer M1 Hősök tere

3 Stadtwäldchen

Mit einer Fläche von rund einem Quadratkilometer zählt das Stadtwäldchen (Városliget) zu den größten Grünflächen von Budapest. Sein heutiges Erscheinungsbild im englischen Stil geht aufs 19. Jahrhundert zurück, als dieser groß in Mode war.

Der Állatkerti körút, der sich zum nordwestlichen Parkrand hin schlängelt, ist das lebendigste Stück des Wäldchens: Hier gibt es Kinderunterhaltung, das berühmte Széchenyi-Thermalbad und viele Restaurants. Direkt hinter dem Heldenplatz liegt der größte See des Parks, sein südöstlicher Teil wird im Winter zum **Eislaufen** und im Sommer zum **Bootfahren** genutzt. Zum See gelangt man durch ein Gebäude, das der gefeierte Architekt Ödön Lechner (➤ 7) entwarf.

Im Jahr 1896 wurde das Stadtwäldchen für sechs Monate zum Mittelpunkt der Millenniumsfeierlichkeiten der magyarischen Landnahme im Karpatenbecken. Zu diesem Zweck entstanden einige zeitlich befristete Monumente, wovon ein paar so populär wurden, dass sie in Bauten von Dauer umgewandelt wurden – wie z. B. die Vajdahunyad Vár.

Unten: Gotische Architekturelemente an der Burg Vajdahunyad

Vajdahunyad Vár

Hinter dem Heldenplatz dominiert die eklektische Burg Vajdahunyad die Szenerie. Die Burg vereint verschiedene historische Architekturstile Ungarns: Im extravaganten Barockflügel ist das Magyar Mezőgazdasági Múzeum (Ungarisches Landwirtschaftsmuseum, ➤ 138) untergebracht, der Teil mit Blick auf den See ist ein Nachbau der Burg Vajdahunyad in Transsilvanien aus dem 15. Jahrhundert. Dazwischen liegt ein Palast, an dem sich Elemente der Renaissance und der Gotik mischen.

Oben: Die Ják-Kapelle

Am Nordturm der Burg befindet sich die **Jáki kápolna** (Ják-Kapelle), die diesen Namen wegen ihres Eingangsportals trägt. Es ist nach dem Vorbild der Kirche in Ják aus dem 13. Jahrhundert gestaltet. Das von zwei Löwen mit Mäuseohren bewachte Portal schmücken Statuen der zwölf Apostel.

Gegenüber dem Barockflügel sitzt die etwas düster wirkende Statue einer verhüllten Figur. Sie ist als **Statue des Anonymus** bekannt und gedenkt dem unbekannten Schreiber, der unter Bela III. (er regierte 1172–96) die frühe ungarische Geschichte in einer Chronik niederschrieb. Viele Autoren haben in der Hoffnung auf Erfolg und gegen etwaige Schreibblockaden den Stift der Figur berührt, sodass er heute hell glänzt.

Állatkert

Der Budapester Zoo wurde 1866 von der Ungarischen Akademie der Wissenschaften (➤ 95) gegründet und gehört zu den ältesten der Welt. Anfang des 20. Jahrhunderts musste er aus finanziellen Gründen geschlossen werden, aber nachdem

Unten: Die Bronzestatue des Anonymus

1956-os Központi Emlékmű

Das jüngste Denkmal (2006) für die Opfer des Aufstands von 1956 gegen die Sowjetherrschaft, das 1956er Nationale Denkmal, steht etwas einsam an der Dózsa György út, am Anfang der Városligeti fasor und einige Blocks südöstlich vom Heldenplatz. Es wurde von der Künstler- und Malergruppe i-ypszilon entworfen und ähnelt einem Eisberg, der in den Park hineinschmilzt. Auf einer Plakette steht: »(wir) werden immer jenen gedenken, die in der Revolution von 1956 für Freiheit kämpften – mit der Waffe oder mit der Kraft des Mutes.«

ihn die Stadt gekauft und renoviert hatte, konnte er 1912 wiedereröffnet werden. Die Sanierung schloss den Bau vieler Gebäude im Jugendstil ein. Das bekannteste davon ist der Kuppelbau des Elefantenhauses mit seinen lindgrünen Zsolnay-Fliesen, doch auch der Eingang, das Palmen- und das Vogelhaus begeistern Jugendstilfans. Über 2000 Tiere leben im weitläufigen Zoo und zweimal am Tag finden interessante Tiershows statt.

Fővárosi Nagycirkusz

Zwischen dem Zoo und dem Vergnügungspark hat Europas einziger ständiger Zirkus seine Zelte aufgeschlagen: Der Hauptstädtische Zirkus, der schon seit 1891 besteht. Riesige aufblasbare Clowns und die grelle Aufmachung des Zelts lassen erahnen, was hier in den Vorstellungen geboten wird.

Vidámpark

Wenn den Kids Zoo und Zirkus nicht belieben, dann vielleicht der Vergnügungspark. Er öffnete vor über 150 als »Englischer Park« seine Tore, die Attraktionen sind aber zum Glück jünger. Einige sind zumindest älter als viele Einheimische – z. B. die Achterbahn (1924) und das Karussel (1906), eine Perle des Jugendstils.

STADTWÄLDCHEN: INSIDER-INFO

Top-Tipps: Freitags um 17 Uhr finden in der Ják-Kapelle **Orgel- und Cellokonzerte** statt; der Eintritt beträgt 1000/600 Ft. pro Erwachsenen/Kind.
- Die Köche des Restaurants Bagolyvár (► 139) geben Kurse zur **ungarischen Küche**.
- Im August werden im Állatkert **Abendkonzerte** veranstaltet.

Muss nicht sein! Die Eislaufbahn des Stadtwäldchens sollte man am Wochenende meiden, denn dann wird sie von Eisläufern quasi überrannt.

Oben links: Der Eingang zum Zoo

Mitte: Das Riesenrad im Vergnügungspark

Unten links: Der Barockflügel der Burg Vajdahunyad

Széchenyi Gyógyfürdő

Gegenüber dem Zirkus liegt das Széchenyi-Thermalbad, es ist das größte in Budapest und hat das heißeste Wasser – die Temperaturen liegen an der Quelle bei 75°C und erreichen in den Becken 38°C. Die ungarischen Architekten Győző Czigler und Ede Dvorzsák entwarfen die hübsche neobarocke Anlage, die heute in Schönbrunn-Gelb erstrahlt, zwischen 1909 und 1913; 1926 wurde sie um einen weiteren Flügel ergänzt. Ein Standbild von Vilmos Zsigmond, der 1879 die Széchenyi-Thermalquelle entdeckte, wacht am Eingang.

Der gesamte Komplex besteht aus drei Außenbecken sowie vielen Thermal- und Dampfbädern innen. Zahlreiche Behandlungen werden angeboten: Das Wasser hilft u. a. gegen Rheumaschmerzen, Atemwegserkrankungen, Muskelschmerzen und Stress. Das ganze Jahr über kann man dank der hohen Temperaturen im Außenbecken baden; unter kristallklarem Nachthimmel wird das zu einem Highlight, wenn Sie Budapest im Winter besuchen. Viele Stammgäste spielen gerne Schach und sitzen dabei stundenlang ins Spiel sowie halb ins Wasser versunken, während um sie herum die Dämpfe aufsteigen. Seit Neuestem gibt es eine Eismaschine (zur Abkühlung) und einen Whirlpool. Im Széchenyi dürfen die ganze Woche Männer und Frauen gemeinsam baden.

KLEINE PAUSE

Ein Plätzchen in der Sonne gefällig? Gegenüber dem Állatkert liegt das **Restaurant Robinson** (► 139) mit Tischen im Freien.

Vajdahunyad Vár
196 C4 · XIV. Városliget · frei
M1 Hősök tere

Ják-Kapelle
196 C4 · XIV. Városliget
Mo, Mi und Fr 10–13, 16–18 Uhr
frei · M1 Hősök tere

Állatkert
196 C5 · XIV. Állatkerti körút 6–12
273-4901; www.zoobudapest.com
Mai–Aug. Mo–Do 9–18.30, Fr–So 9–19 Uhr; April, Sept. Mo–Do 9–17.30, Fr–So 9–18 Uhr; März, Okt. Mo–Do 9–17, Fr–So 9–17.30 Uhr; Nov.–Feb. tägl. 9–16 Uhr · teuer
M1 Széchenyi fürdő

Fővárosi Nagycirkusz
196 C5 · XIV. Állatkerti körút 12
344-6008; www.maciva.hu · Shows: Mi–Fr 15, Sa 10.30, 15, So 10.30, 15, 19 Uhr · teuer
M1 Széchenyi fürdő

Vidámpark
196 C5 · XIV. Állatkerti körút 14–16
363-2660; www.vidampark.hu · April–Sept. tägl. 10–20 Uhr; Okt.–März Sa–So 10–19 Uhr
Fahrten: preiswert · M1 Széchenyi fürdő

Széchenyi Gyógyfürdő
196 C5 · XIV. Állatkerti körút 11
363-3210; www.spasbudapest.com
tägl. 6–22 Uhr · teuer
M1 Széchenyi fürdő

Nach Lust und Laune!

4 Magyar Mezőgazdasági Múzeum

Das Ungarische Landwirtschaftsmuseum lockt nicht nur mit seinen Exponaten, sondern auch mit architektonischen Reizen, denn es liegt im Barockflügel der Vajdahunyad Vár (Burg Vajdahunyad, ➤ 134). Im Innern erwarten Sie geschnitzte Säulen, mit Marmor ausgekleidete Korridore, große Fresken und schwere Lüster. Ungarns Agrargeschichte, die bis in die Jungsteinzeit zurückreicht, wird im Erdgeschoss gut aufbereitet, während die Obergeschosse der Tierwelt und dem Weinbau gewidmet sind. Ab und an finden im Museum Sonderausstellungen statt (Aufpreis).

196 C4 · XIV. Vajdahunyad sétány · 363-2711; www.mezogazdasagimuzeum.hu · April–Mitte Nov. Di–So 10–17 Uhr; Mitte Nov.–April Di–Fr 10 bis 16, Sa–So 10–17 Uhr · frei; Sonderausstellungen: mittel · M1 Hősök tere

5 Közlekedési Múzeum

Das Budapester Verkehrsmuseum (oben) kann man kaum verfehlen: Vorm Eingang thront eine dicke Dampflok und auf dem Dach steht ein Doppeldecker. Über allerlei Arten von A nach B zu kommen, wird in zwei Flügeln mithilfe von Modellzügen (es kostet extra, wenn man die imposante Anlage in Betrieb sehen möchte), Holzfahrrädern, frühen Automobilen und Fotos der ungarischen Schifffahrtsgeschichte aufgeklärt. Dem Ganzen fehlt etwas Dynamik, die Chance auf ein interaktives Museumserlebnis bietet sich aber noch im Eisenbahncafé in einem Waggon hinter dem Museum.

197 D4 · XIV. Városligeti körút 11 · 273-3840; www.km.iif.hu (auf Ungarisch) · Mai–Sept. Di–Fr 10–17, Sa–So 10–18 Uhr; Okt.–April Di–Fr 10–16, Sa–So 10–17 Uhr · frei · M1 Széchenyi fürdő

6 Magyar Vasúttörténeti Park

Zugbegeisterte und Eisenbahnfans werden im Park der Ungarischen Bahngeschichte wohl vor Aufregung überschnappen. Das große Freigelände ist randvoll mit rund 50 Lokomotiven (12 davon funktionieren noch) und einer Unmenge an Triebwagen, Handkarren und Ähnlichem. Für Kinder gibt es einiges an interaktiven Exponaten wie z. B. eine Modelleisenbahn und übers Jahr verteilt finden verschiedene Events statt. Von Anfang April bis Ende Oktober fährt viermal am Tag vom Nyugati-Bahnhof eine alte Dieselbahn (➤ 119) zum Park (9.45, 10.45, 13.45, 15.45 Uhr; Fahrt in Eintrittskarte inbegriffen).

196 C5 (außerhalb der Karte) · XIV. Tatai út 95 · 450-1479; www.vasuttortenetipark.hu · April–Okt. Di bis So 10–18 Uhr; Nov.–Mitte Dez. und Mitte März–Ende März Di–So 10–15 Uhr; geschl. Mitte Dez. bis Mitte März · mittel · Straßenbahn 14

Wohin zum …
Essen und Trinken?

Preise
Die Preise gelten pro Person für ein Essen ohne Getränke:
€ unter 2500 Ft. **€€** 2500–5500 Ft. **€€€** über 5500 Ft.

Am Heldenplatz und in der Nähe des Stadtwäldchens gibt es zwar kaum Restaurants und Cafés, dafür ist dies eine der wenigen Gegenden der Stadt, die einfach perfekt für ein Picknick sind. Der Park beim Széchenyi-Thermalbad und dem Állatkert (Zoo) ist besonders bei Familien sehr beliebt.

RESTAURANTS

1894 Food & Wine Cellar €€
In diesem Kellerrestaurant liegt das Hauptaugenmerk zwar auf dem Wein, aber auch die Küche hat ein paar Trümpfe im Ärmel. Traditionelle ungarische Gerichte wie Wels aus der Theiß und Paprika-Flusskrebs mischen sich unter eine Reihe internationaler Speisen. Wunderbar ergänzt wird das Essen mit dem Feinsten der ungarischen Weinanbaugiete. Es werden verschiedene Menüs und Weinverkostungen angeboten, und von 17–19 Uhr ist der Wein um 30 Prozent billiger.

196 C5 XIV. Állatkerti körút 2
468-4040 Mo–Sa 17–23 Uhr
M1 Hősök tere

Bagolyvár €€
Das »Eulenschloss« wirbt damit, Spezialist für Gerichte zu sein, die nur eine ungarische Großmutter zuzubereiten weiß. Angesichts der Tatsache, dass hier nur Frauen arbeiten, könnte das sogar stimmen. Es versteht sich von selbst, dass auf der Karte immer nationale Standards vertreten sind und jeweils nach Saison gekocht wird. Die Inneneinrichtung ist rustikal – im Stil einer transsilvanischen Jagdhütte – und im Sommer ist die Gartenterrasse ideal für einen kühlen Drink.

196 C5 XIV. Állatkerti körút 2
468-3110 tägl. 12–23 Uhr
M1 Hősök tere

Gundel €€€
Seit der Eröffnung im Jahre 1894 hat das Gundel den Titel »Bestes Restaurant von Budapest« öfter gewonnen, als es die meisten interessieren dürfte. In den letzten Jahren hat sich die Restaurantszene der Stadt zugunsten der modernen Lokale gewandelt, aber das Gundel verzaubert seine Gäste immer noch mit seiner Jugendstileinrichtung, der vornehmen Art des Servierens und der ausgezeichneten ungarischen Küche. Probieren Sie den berühmten Gundel-Palatschinken oder die Gänseleber (in mehreren Varianten wie z. B. Gänseleberterte) – beides Spezialitäten des Hauses.

196 C5 XIV. Állatkerti körút 2
468-4040 tägl. 12–14, 18.30 Uhr bis Mitternacht M1 Hősök tere

Restaurant Robinson €€–€€€
Einheimische wie auch Touristen zieht die einzigartige Lage des Robinson auf einer kleinen künstlichen Insel in einem der Seen im Stadtwäldchen an. Im Sommer füllt sich schnell die luftige Terrasse, im Winter genießt man dafür zur Live Latin Music den Ausblick durch die großen Fenster. Die Karte ist stark ungarisch geprägt (also eher fleischlastig), aber auch Internationales wie Neuseelandlamm und Thaisuppe mit Kokosnuss ist hin und wieder darauf zu finden.

196 B5 XIV. Városligeti tó
422-0222 tägl. 12–16, 18 Uhr bis Mitternacht M1 Hősök tere

Wohin zum ... Einkaufen?

Im Stadtwäldchen gibt es wenig Gelegenheiten für einen Einkaufsbummel, außer am Wochenende, wenn der **Petőfi Csarnok Flohmarkt** (➤ 23) seine Pforten öffnet (Sa–So 7–14 Uhr). Ansonsten muss man sich mit ein paar kitschigen Ständen am Eingang zum Zoo begnügen, die Postkarten und Andenken verkaufen.

Kunstliebhaber und Bücherfans können in den Buchläden des **Museums für Bildende Künste** (➤ 132) und der **Műcsarnok** (➤ 130) leicht mehrere Stunden zubringen, um die breite Auswahl an Büchern über ungarische und europäische Kunst zu durchstöbern. Die meisten Publikationen sind auf Ungarisch, aber die Zahl der englischen Bücher und Übersetzungen wächst stetig.

Wohin zum ... Ausgehen?

Wenn für Sie ein ausgedehntes Bad in wohltuenden heißen Bädern als »Ausgehen« durchgeht – in jedem Fall eine Budapester Erfahrung, die Sie nicht missen sollten – dann steht ein Tag im **Széchenyi Gyógyfürdő** (Széchenyi-Thermalbad, ➤ 137) sicher ganz oben auf Ihrer Liste an Unternehmungen. Wenn nicht gerade ein Konzert im Petőfi Csarnok, Nádor terem oder der Budapest Sportaréna (s. rechts) stattfindet, bleibt es jedoch wohl auch das Einzige darauf.

Für Kinder gibt es aber so einiges: Bootfahren oder Eislaufen im Stadtwäldchen (➤ 134), ein Besuch im Zirkus (➤ 136) oder dem Zoo (➤ 135); die Älteren nehmen die Bahn zu den Szenetreffs in Terézváros und Erszébetváros (➤ 124).

LIVEMUSIK

Budapest Sportaréna

Ein kleines Stück weiter südlich vom Stadtwäldchen befindet sich eine der größten Bühnen der Stadt: In der Budapester Sportaréna findet sogar das Publikum der Rolling Stones und des Cirque du Soleil Platz.

197 F2 XIV. Stefánia út 2
422-2682 M2 Stadionok

Nádor terem

Die Nádor Halle ist ein hübscher kleiner Konzertsaal, der im Jugendstilgebäude des Blindeninstituts am südlichen Rand des Stadtwäldchens untergebracht ist. Ausgezeichnete Klassikkonzerte, darunter Kammermusik und Barockensemble, werden hier aufgeführt. Für Informationen zu den aktuellen Veranstaltungen sollten Sie vorher anrufen. Karten gibt es in der Regel am Abend der Aufführung am Ticketschalter in der Halle.

197 D4 XIV. Ajtósi Dürer sor 39
344-7072 Trolleybus 72

Petőfi Csarnok

Petőfi Csarnok liegt ein gutes Stück entfernt von den Wohngebieten des Stadtwäldchens – sicherlich eine gute Idee, denn hier finden pro Jahr rund 200 relativ große Pop- und Rockkonzerte statt. Zu den Künstlern, die sich die Ehre geben, gehören ungarische Bands, aber auch internationale Acts wie Shakira und Bryan Adams. Das Gebäude ist zwar ziemlich hässlich, aber die Akustik ist in Ordnung. Schauen Sie auf der Website nach den aktuellen Konzerten.

197 D4 XIV. Zichy Mihály út 14
363-3730; www.petoficsarnok.hu
M1 Széchenyi fürdő

Józsefváros & Ferencváros

Erste Orientierung

Józsefváros (Josephstadt) und Ferencváros (Franzensstadt) sind die größten der inneren Bezirke von Pest. Nur wenig der Bausubstanz ist älter als 150 Jahre, aber was an Historie fehlt, machen tolle Museen, topmoderne Konzertsäle und Theater wett.

Die beiden Bezirke sind sich in ihrer Struktur sehr ähnlich – durch und durch Arbeiterviertel, deren meiste Sehenswürdigkeiten innerhalb des (bzw. westlich vom) Nagykörút, der großen Ringstraße von Budapest, liegen. Die Gegend außerhalb des Rings genießt den Ruf etwas rauer zu sein, und auch die Häuser sehen verwahrloster aus. Viele Einheimische raten Touristen davon ab, sich hier nach Einbruch der Dunkelheit herumzutreiben, am Tage braucht man sich jedoch, wie überall sonst in Budapest auch, keine Sorgen zu machen. Die geschäftige Üllői út trennt die beiden Viertel, von denen Józsefváros wiederum im Norden an die Erzsébetváros (➤ 103) grenzt. Zu sehen gibt es hier einiges: das Ungarische Nationalmuseum

(Magyar Nemzeti Múzeum, ➤ 146), den Kerepesi temető (Kerepeser Friedhof, ➤ 150) und das Magyar Természettudományi Múzeum (Ungarisches Naturwissenschaftliches Museum, ➤ 154).

Die Ferencváros, deren Westgrenze von der Donau bestimmt wird, ist beinahe doppelt so groß wie die Józsefváros, jedoch ist der südliche Teil für Touristen durch seine vielen Eisenbahnlinien und Industriegebiete eher uninteressant. Innerhalb des Nagykörút sieht das ganz anders aus; hier tummeln sich die Nagy Vásárcsarnok (Große Markthalle, ➤ 156), das Kunstgewerbemuseum (Iparművészeti Múzeum, ➤ 148) und die Ráday utca (➤ 158) mit ihren vielen Restaurants. In der Nähe der Lágyányosi híd befinden sich zwei der jüngsten Kulturbühnen der Stadt, der Művészetek Palotája (Palast der Künste, ➤ 152) und das Nemzeti Színház (Nationaltheater, ➤ 154).

Oben: Das Nationaltheater
Seite 141: Die gekachelte Kuppel des Kunstgewerbemuseums

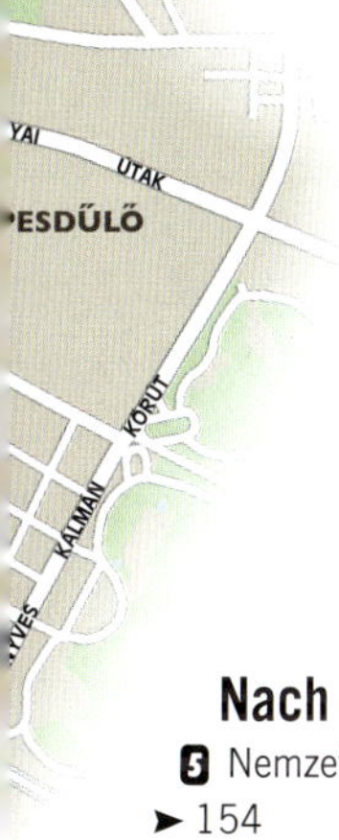

★ Nicht verpassen!

1 Nationalmuseum (Magyar Nemzeti Múzeum) ➤ 146
2 Kunstgewerbemuseum (Iparművészeti Múzeum) ➤ 148
3 Kerepesi temető (Kerepeser Friedhof) ➤ 150
4 Művészetek Palotája (Palast der Künste) & Ludwig Múzeum Budapest (Ludwig-Museum Budapest) ➤ 152

Nach Lust und Laune!

5 Nemzeti Színház (Nationaltheater) ➤ 154
6 Magyar Természettudományi Múzeum (Ungarisches Naturwissenschaftliches Museum) ➤ 154
7 Füvészkert (Botanischer Garten der Universität) ➤ 155
8 Holocaust-Gedenkzentrum (Holokauszt Emlékközpont) ➤ 155
9 Nagy Vásárcsarnok (Große Markthalle) ➤ 156
10 Roma Parlament (Roma-Parlament) ➤ 157
11 Rendőrség-történeti Múzeum (Kriminalmuseum) ➤ 157

Unten: Das Nationalmuseum

Bringen Sie sich in Museumslaune und genießen Sie im großstädtischen Ambiente der Józsefváros (Josephstadt) und Ferencváros (Franzensstadt) eine faszinierende Ausstellung nach der anderen.

Józsefváros & Ferencváros an einem Tag

9 Uhr

Versorgen Sie sich in der 9 **Nagy Vásárcsarnok** (Große Markthalle, ➤ 156) mit Snacks für den Tag.

10 Uhr

Der Museumstag beginnt im 1 **Nationalmuseum** (Magyar Nemzeti Múzeum, rechts, ➤ 146) mit seiner unglaublichen Sammlung von Artefakten aus der ungarischen Geschichte.

11.30 Uhr

Gelüstet es Sie nach einer Kaffeepause, werden Sie auf der nahen Ráday utca sicher fündig. Sonst geht es direkt weiter zum umwerfenden Jugendsstilbau des 2 **Kunstgewerbemuseum** (Iparművészeti Múzeum, links, ➤ 148) und dessen erlesenen Sammlung.

13 Uhr

Die Ráday utca bietet sich fürs Mittagessen an; das Soul Café (➤ 158) ist hier eine gute Wahl.

14 Uhr

Zu Fuß oder mit der Metrolinie M3 kommen Sie zum 8 **Holocaust-Gedenkzentrum** (Holokauszt Emlékközpont, ➤ 155).

15 Uhr

Anschließend bringt Sie die Straßenbahnlinie 2 zum 4 **Művészetek Palotája** (Palast der Künste, links, ➤ 152) und dem **Ludwig Múzeum Budapest** (Ludwig-Museum Budapest, ➤ 152). Bewundern Sie dabei das Flusspanorama und die wunderbaren Bauten – wie das benachbarte 5 **Nemzeti Színház** (Nationaltheater, ➤ 154) – und sehen Sie eine der besten Sammlungen zeitgenössischer Kunst in Ungarn.

16.30 Uhr

Mit der Straßenbahnlinie 24 geht es quer durch die Stadt zum 3 **Kerepesi temető** (Kerepeser Friedhof, unten, ➤ 150), wo viele historisch bedeutende Ungarn liegen. Wenn es die Zeit erlaubt oder wenn Sie schlicht nicht widerstehen können, machen Sie einen Umweg zum 6 **Magyar Természettudományi Múzeum** (Ungarisches Naturwissenschaftliches Museum, ➤ 154).

18 Uhr

Nach einer Pause im Hotel können Sie im Fülemüle (➤ 158) oder auf der Ráday utca zu Abend essen.

19.30 Uhr

Beschließen Sie den Tag mit einem Konzert im 4 **Művészetek Palotája** (Palast der Künste, ➤ 152) oder einem Stück im 5 **Nemzeti Színház** (Nationaltheater, ➤ 154).

Ungarisches Nationalmuseum

Als es 1847 vollendet wurde, war das Nationalmuseum (Magyar Nemzeti Múzeum) eines von vieren seiner Art in Europa. Seitdem ist es zu einem Symbol des Nationalstolzes avanciert und beheimatet die beste historische Sammlung des Landes.

Wie die Országos Széchenyi Könyvtár (Széchenyi-Nationalbibliothek, ➤ 47), wurde auch das Ungarische Nationalmuseum von Graf Ferenc Széchenyi (1754–1820), dem Vater von István Széchenyi (➤ 17), 1802 gegründet. Seine Sammlung von Wappen, Manuskripten und archäologischen Funden fand jedoch erst 45 Jahre später ein richtiges Zuhause. 1837 begann man mit dem zehn Jahre dauernden Bau des neoklassizistischen Gebäudes, das vom angesehenen Architekten Mihály Pollack (1773–1855) entworfen wurde. Die Fassade besteht aus griechisch-römischen Säulen und einem Tympanom mit Statuen, die die Künste und Wissenschaften repräsentieren sowie eine weibliche Personifikation des Landes Pannonien. Die vier Etagen im Inneren sind vom großen Treppenhaus dominiert – die prächtigen breiten Treppen werden von hohen Säulen sowie von Fresken von Károly Lotz (1833–1904) gesäumt.

Unten: Das neoklassizistische Nationalmuseum

UNGARISCHES NATIONALMUSEUM: INSIDER-INFO

Top-Tipps: Die informativen Audioguides zum Museum kosten nur 750 Ft.
• Kinder sind herzlich willkommen – es gibt viele interaktive Schaukästen und häufig werden Veranstaltungen für Kinder organisiert (Termine und jeweilige Themen entnehmen Sie bitte der Website).

Oben: Skelett eines Elefanten im Nationalmuseum

Die Sammlung

Im Untergeschoss befinden sich römischen Fundstücke, bekannt als römisches Lapidarium. An der Wand sind Grabsteine aus dem 2. und 3. Jahrhundert aufgereiht, wovon die meisten eine Büste der Verstorbenen mit lateinischer Inschrift zeigen. Die Hauptattraktion ist ein prachtvolles Mosaik aus dem 3. Jahrhundert, das in einer römischen Villa bei Balácapuszta in Zentraldanubien entdeckt wurde. Im Erdgeschoss setzen sich Grabsteine und archäologische Funde fort, diese stammen jedoch aus dem Mittelalter. In der ersten Etage wird die Geschichte Ungarns von der Steinzeit bis zur Ankunft der Magyaren behandelt. Hier wird auch einer der größten Schätze der Nation aufbewahrt, der Krönungsmantel von Szent István (er regierte 1000–38) aus byzantinischer Seide und mit Gold und Perlen bestickt. Für sein Alter ist der Mantel in einem erstaunlich guten Zustand (die königlichen Insignien Zepter und Krone sind noch deutlich zu sehen).

Die zweite Etage beginnt mit der Árpád-Dynastie (spätes 9. Jahrhundert) und endet mit dem Kommunismus. Viele Exponate hier sind absolut sehenswert, z. B. die grazile Krone von Béla III. (er regierte 1172–96) in Raum 1, in Raum 2 der nachgebaute gotische Brunnen aus Visegrád (➤ 170), ein Paradesattel aus Elfenbein aus dem späten 15. Jahrhundert (Raum 3) und die kunstvoll geschnitzten Chorstühle von 1483 (Raum 5). In der Abteilung zur Neuesten Geschichte kann man ein Stück elektrischen Stacheldrahtzaun und die Maurerkelle, die bei der Grundsteinlegung der Kettenbrücke (➤ 56) verwendet wurde, bewundern.

Bedeutsames Ereignis

Auf den Stufen des Museums trug der Dichter und Revolutionsführer Sándor Petőfi (1823–49, ➤ 17) 1848 den versammelten Menschen sein *Nemzeti Dal* (Nationallied) vor. Dieses Ereignis, das zum Teil den Unabhängigkeitskrieg 1848–49 mit entfachte, wird jährlich am 15. März gefeiert – farbige Banner schmücken dann das Museum und es wird eine Kundgebung abgehalten.

KLEINE PAUSE

Ein paar Gehminuten nach Norden befindet sich das Restaurant **Múzeum** (➤ 158) im Stil des Fin de Siècle.

---

198 C5 ✉ VIII. Múzeum körút 14–16
☎ 327-7700; www.mnm.hu
Di–So 10–18 Uhr · frei; Sonderausstellungen preiswert–mittel · M3 Kálvin tér

2 Kunstgewerbe-museum

Man kann kaum sagen, was beeindruckender ist – das Gebäude des Iparművészeti Múzeum oder seine Sammlung. Egal, weshalb sie hierher kommen, der Besuch ist jedenfalls ein Muss!

Das Museum wurde 1872 gegründet und ist somit nach dem Victoria and Albert Museum (1857) in London und dem Museum für angewandte Kunst (1864) in Wien das drittälteste seiner Art. Allerdings verfügt es erst seit 1896 über eine Ausstellungsfläche, als der Kaiser Franz Joseph das wunderschöne Jugendstilhaus feierlich als ein Teil des Jubiläumsfestes eröffnete. Die Begeisterung der Öffentlichkeit hielt sich zunächst in Grenzen:

Die Bibliothek

Bücherwürmer werden die Bibliothek des Museums im ersten Stock lieben. Sie wurde 1872 eingerichtet und beinhaltet 50 000 Bücher zum Thema Kunstgewerbe. Nur 10 % davon sind auf Ungarisch; 30 % auf Englisch, 20 % auf Deutsch, 20 % auf Französisch, 10 % auf Russisch oder in slawischen Sprachen. Sie ist Di–Fr 13–17.30 Uhr geöffnet und der Eintritt ist im Museumsticket enthalten.

Unten und kleines Bild: Das zentrale Atrium und dac Dach

Man fand das Design des Gebäudes, das dem neoklassizistischem Geschmack der Zeit entgegenstand, zu verspielt. Heute zählt das Museum zu den architektonischen Schmuckstücken.

Träumerei in Stein

Das von Ödön Lechner (1845–1914, ► 7) und Gyula Pártos (1845–1916) entworfene Museum ist ein klassischer Vertreter des ungarischen Jugendstils. Überall finden sich Elemente der ungarischen Volkskunst sowie orientalische Motive. Das Dach ist mit Zsolnay-Keramikfliesen gekachelt und wird von einer goldenen Pagode gekrönt, die Fassade präsentiert sich hingegen in auffälligem gelben Ziegelwerk. Im starken Gegensatz dazu ist das Innere in einfachem Weiß gehalten, obwohl hier einst bunte Blumenmuster erstrahlten, die aber in den 1920er-Jahren übermalt wurden. Über das zentrale Atrium mit den indisch angehauchten Wandelgängen wölbt sich ein Glasdach; die einzigen Farbakzente werden hier von den Buntglasfenstern des Eingangsbereichs gesetzt.

Die Ausstellungen

Den Grundstock der fabelhaften Sammlung des Museums bilden Exponate, die auf der Wiener Weltausstellung 1873 erworben wurden. Da sie einfach zu umfangreich ist, um in ihrer Gesamtheit gezeigt zu werden, finden wechselnde Ausstellungen statt, die jeweils einige Monate dauern. Zum Bestand gehören Möbel, feine Metall-, Keramik-, und Glasarbeiten (allein schon 25 000 Objekte), Textilien und Kleidung sowie allerlei Kunsthandwerk wie z. B. Uhren, Illustrationen, Bücher, Holzschnitzereien und Lederarbeiten. Egal, wann Sie eine Ausstellung besuchen, Ausnahmestücke sind immer dabei.

KLEINE PAUSE

Das **Soul Café** (► 158) und andere gute Restaurants finden Sie nur einen Block südlich vom Museum auf der Ráday utca.

199 D4 IX. Üllői út 33–37 456-5100; www.imm.hu Museum: Di–So 10–18 Uhr; Bibliothek: Di–Fr 13–17.30 Uhr teuer; Eintritt zur Bibliothek im Ticket inbegriffen M3 Ferenc körút

KUNSTGEWERBEMUSEUM: INSIDER-INFO

Top-Tipp: An den folgenden Tagen ist der Zutritt zum Museum **frei**: 22. Januar (Tag der ungarischen Kultur); 15. März (Nationalfeiertag); 1. Mai (Tag der Arbeit); 18. Mai (Internationaler Tag der Museen); 20. August (Stephanstag); 23. Oktober (Tag der Republik); 25. Oktober (Tag des Kunstgewerbemuseums); 3. November (Tag der Ungarischen Wissenschaft).

3 Kerepesi temető

Der Kerepeser Friedhof liegt in der Peripherie der Józsefváros und nimmt 56 Hektar ein. Fotografen und Spaziergänger lieben die Mausoleen und Baumalleen dieser offiziellen Ruhestätte vieler ungarischer Helden.

Der Kerepeser Friedhof wurde im Juni 1847 eröffnet, wegen seiner schwer zugänglichen Lage, weit entfernt vom Pester Zentrum, fand das erste Begräbnis hier jedoch erst im April 1849 statt. Seitdem wurden hier v. a. die Großen der Ungarn beigesetzt, darunter Staatsmänner, Revolutionäre, Freiheitskämpfer, Dichter, Architekten, Autoren, Künstler, Schauspieler und Musiker.

Monumentale Grabmäler

Die größten Mausoleen sind die von Lajos Batthyány, Ferenc Deák und Lajos Kossuth. Batthyány (1807–49) war der erste Ministerpräsident Ungarns; sein Grabmal besteht aus einer Prachttreppe, an deren Fuß zwei Löwen wachen. Kossuth (1802–94), einer der großen Führer im Unabhängigkeitskrieg

Gedenkmuseum

In der Nähe des Eingangs befindet sich das kleine Kegyeleti Múzeum (Sepulkralmuseum), das einzige Museum des Landes, das sich mit Beerdigungen beschäftigt. Unter den etwas morbiden Exponaten (Kleidung, Särge und religiöse Gegenstände) sind auch einige schöne Begräbnis-Pferdekutschen: Mit Engeln geschmückt und mit Glasverschalung versehen, waren sie einst der letzte Schrei.

KEREPESI TEMETŐ: INSIDER-INFO

Geheimtipp: Am Ostrand des Kerepeser Friedhofs liegt einer von den wenigen **Izraelita temető** (Jüdischer Friedhof) der Stadt. Die Mehrzahl der kleinen Grabsteine, die hebräische Inschriften tragen, zerfallen langsam, die größeren Mausoleen (teilweise im Jugendstil) sind in Efeu eingewachsen und hätten eine Renovierung dringend nötig. Es ist ein sehr stimmungsvoller Ort für einen Spaziergang und erinnert an die einst große jüdische Gemeinde der Stadt.

Links: Der Kerepeser Friedhof

Rechts: Eines der monumentalen Gräber des Friedhofs

1848–49, ist in einem Bau mit einer riesigen Pagoda beigesetzt. Am zentralsten liegt das Grab von Deák (1803–76), der während der Doppelmonarchie ein hohes Amt bekleidete (► 16) – ein Kuppelbau mit einem Engel mit einem Kranz in der Hand. Ganz in der Nähe liegt das ungewöhnliche Grab von Antall József, erster Ministerpräsidenten der postkommunistischen Ära: zwei in Mäntel gehüllte Figuren versuchen unter einer schweren Steinplatte hervor zu fliehen.

Weitere wichtige Persönlichkeiten sind: die Dichter Endre Ady (1877–1919) und Attila József (1905–37), der Architekt Ödön Lechner (1845–1914), der Künstler Alajos Stróbl (1856 bis 1926) und die Sängerin und Schauspielerin Lujza Blaha (1850–1926). Ihr Grab mit den mächtigen Säulen und dem Engelschor ist besonders schön. Beim Eingang befindet sich das riesige Pantheon der ungarischen Arbeiterbewegung, wo die großen Sozialisten des Landes ihre letzte Ruhe fanden. Die Inschrift darüber lautet: »Sie lebten für den Kommunismus und das Volk«. In der Parzelle 21 befinden sich die Gräber der Helden des Aufstands von 1956, in den Parzellen 30 und 31 die der Opfer des Unabhängigkeitskrieges von 1848–49.

KLEINE PAUSE

Da es wenig Restaurants in der Gegend gibt, sollten Sie an ein Picknick denken oder zum **Keleti-Bahnhof** (► 28), etwas nördlich vom Haupteingang, gehen.

Unten: Skulptur einer trauernden Figur auf dem Friedhof

Kerepesi temető

197 D1 Fiumei út 16 323-5231 Mai–Juli tägl. 7–20 Uhr; April/Aug. tägl. 7–19 Uhr; Sept. tägl. 7–18 Uhr; März/Okt. tägl. 7–17 Uhr; Nov.–Feb. tägl. 7.30–17 Uhr frei Straßenbahnen 24, 28

Kegyeleti Múzeum

Fiumei út 16 333-9125 Mo–Fr 10–15 Uhr frei Straßenbahnen 24, 28

Izraelita temető

Salgótarjáni utca April–Okt. tägl. 7–16 Uhr; Nov.–März tägl. 8 bis 15 Uhr frei Straßenbahn 37

4 Művészetek Palotája & Ludwig Múzeum Budapest

Der Művészetek Palotája (Palast der Künste), in dem sich das Ludwig Múzeum Budapest (Ludwig-Museum Budapest) befindet, wurde im März 2005 eröffnet und ist die jüngste kulturelle Errungenschaft der Stadt. Viele halten sie auch für die Beste, denn hier sind die Nationalen Philharmoniker, das Nationale Tanztheater und zeitgenössische Kunst zu Hause.

Der neue Palast der Künste teilt sich am Fuße der Lágymányosi híd (Lágymányosi-Brücke) einen einsamen Streifen am Pester Ufer der Donau mit dem Nemzeti Színház (Nationaltheater, ➤ 154). Architektonisch ist es zwar keine Besonderheit, doch weiß das Haus mit den außergewöhnlichen Konzertsälen, die über die modernste Technik verfügen, zu beeindrucken – eine bessere Akustik sucht man in Budapest vergebens. Das Ludwig verdient sich mit seiner Innengestaltung noch ein paar Extrapunkte: Bei Sonnenschein werden die gänzlich weißen Räume von natürlichem Licht geradezu überflutet und bringen die Sammlung moderner und zeitgenössischer Kunst wunderbar zur Geltung.

Konzertsäle & Bühnen

Im Nationalen Béla Bartók Konzertsaal finden 1700 Gäste Platz, was ihn zur Hauptbühne des Palastes der Künste macht. Der pralle Geldbeutel, den die Regierung für den Bau bereitstellte, wurde weise eingesetzt – der Hightechsaal kann sich 62 Echokammern und eines flexibel einstellbaren akustischen Canopys (Schallreflektor) rühmen, das abgesenkt oder heraufgefahren werden kann, um verschiedene Bereiche des Orchesters zu dämpfen oder zu betonen.

MŰVÉSZETEK PALOTÁJA & LUDWIG MÚZEUM BUDAPEST: INSIDER-INFO

Top-Tipps: Kostenfreie **Führungen** durch den Nationalen Béla Bartók Konzertsaal und durchs Festivaltheater werden in zehn Sprachen angeboten (Reservierung unter Tel. 555-3005 oder E-Mail an: info@mupa.hu).
• Für **Studenten** mit gültigem Ausweis gibt es eine Stunde vor Beginn **günstige Karten** (200 Ft.) für Veranstaltungen im Nationalen Béla Bartók Konzertsaal.
• Der **Hangfürt Zeneműbolt (Hangfürt Musikladen)** im Erdgeschoss des Komplexes hat mit die beste Auswahl an Klassik, Jazz und Weltmusik der ganzen Stadt.

Ein wahres Schwergewicht

Der Nationale Béla Bartók Konzertsaal bringt nicht nur gewichtige Konzertgrößen auf die Bühne, sondern selbst auch einige Kilos auf die Waage. Das Gesamtgebilde wiegt gewaltige 17 000 Tonnen; die Überdachung allein wiegt 52 Tonnen und jede einzelne Tür der jeweiligen Echokammer schlägt mit 2 bis 4 Tonnen zu Buche.

Neben den Nationalen Philharmonikern treten hier viele namhafte internationale Orchester auf. Das etwas kleinere Festivaltheater, das 452 Plätze bietet, ist kuschliger und wird v. a. für Tanzvorstellungen genutzt.

Das Ludwig-Museum

Das Ludwig-Museum Budapest erstreckt sich über drei Etagen im Palast der Künste und stellt die beste Ausstellungsfläche der Stadt für zeitgenössische Kunst dar. Irene und Peter Ludwig spendeten 1989 den Grundstock der Sammlung und seitdem sind viele weitere Werke hinzugekommen. Auf ungarische Künstler wird großer Wert gelegt, dennoch stehlen ihnen die großen internationalen Namen die Show: Halten Sie Ausschau nach Andy Warhols *Elvis Presley* (1964), Pablo Picassos *Musketier mit Schwert* (1972), Roy Lichtensteins *Vicki* (1964) und Chuck Closes *Nat* (1972–73). Das Museum zeigt auch Sonderausstellungen aktueller Künstler aus Ungarn oder dem Ausland, konzentriert sich aber generell auf zentral- und osteuropäische Künstler.

KLEINE PAUSE

Im Komplex gibt es kontinentale Küche im kleinen Restaurant **Bohemian** und Snacks in buntem Umfeld im **P'Art Café**.

Művészetek Palotája
199 D1 IX. Komor Marcell utca 1 555-3001; www.mupa.hu Kartenschalter: Mo–Fr 13–18, Sa–So 10 bis 18 Uhr Straßenbahnen 2, 24

Ludwig Múzeum Budapest
199 D1 IX. Komor Marcell utca 1 555-3444; www.ludwigmuseum.hu Di–So 10–20 Uhr frei; Sonderausstellungen: teuer Straßenbahnen 2, 24

Rechts: Der Palast der Künste

Nach Lust und Laune!

5 Nemzeti Színház

Das Budapester Nationaltheater liegt an der Donau, nur eine kurze Straßenbahnfahrt von Pest-Mitte entfernt. Jahrelang hatte das Theater keine feste Bleibe, bis es 2002 endlich in das eigens errichtete Gebäude zog. Der Bau der Architektin Mária Siklós wurde kontrovers aufgenommen, v. a. wegen des eklektischen Designs, das vielen missfällt. Das Äußere soll eine Mischung mehrerer großartiger Budapester Gebäude darstellen, doch im praktischen Ergebnis scheinen sich die verschiedenen architektonischen Stilrichtungen nicht so gut miteinander zu vertragen. In der Nähe des Eingangs ist eine halb versunkene neoklassizistische Fassade zu sehen, ein Nachbau des Nationaltheaters, das 1964 abgerissen wurde.

Zwar wurde die Akustik des großen Zuschauerraums, in dem 619 Menschen Platz finden, kritisiert, die technische Ausstattung ist dennoch beeindruckend – die Bühne kann in 72 verschiedene Positionen gebracht werden. Die Stücke sind alle auf Ungarisch, aber auf der kleineren Bühne des Madhouse im Keller tritt die englischsprachige Crew auf, deren Version der *Complete Works of Shakespeare* für Besucher, die des Englischen mächtig sind, ein Muss ist.

199 D1 IX. Bajor Gizi park 1
476-6800; www.nemzetiszinhaz.hu
Straßenbahnen 2, 24

6 Magyar Természettudományi Múzeum

Das Ungarische Naturwissenschaftliche Museum ist v. a. für Reisende mit Kindern gut geeignet. Der Eingang führt direkt in die neueste Abteilung des Museums, die 2002 fertiggestellt wurde. Die Ausstellung wirft in Form eines riesigen Wals, der über dem Foyer schwebt, buchstäblich ihre Schatten voraus. Dahinter kommen Sie rechter Hand in eine »Unterwasserhalle« mit einigen Aquarien sowie einem festen Korallenriff unter dem Glasfußboden.

Unten: Das Nationaltheater

Oben: Skulptur auf dem Gelände des Nationaltheaters

Die ältere Abteilung des Museums mit den üblichen Exponaten zur Naturgeschichte erstreckt sich über drei Etagen der ehemaligen Reitschule der Militärakademie. Im ersten Stock gibt es eine bunte Schau ausgestopfter Tiere aus aller Welt in Schaukästen, die ihren natürlichen Lebensräumen nachempfunden sind, sowie Mineralien aus dem Karpatenbecken. Im zweiten Stock versammelt eine Arche gefährdete Tierarten; die verbleibende Fläche informiert über den Einfluss des Menschen auf seine Umwelt. Das Museum versteht es zudem, breite Informationen zur menschlichen Frühgeschichte in Ungarn detailliert aufzubereiten.

199 F3 VIII. Ludovika tér 2–6 210-1085; www.nhmus.hu Mi–Mo 10–18 Uhr frei; Sonderausstellungen: teuer M3 Klinikák

7 Füvészkert

Unweit des Naturwissenschaftlichen Museum befindet sich der drei Hektar umfassende Botanische Garten der Universität, den die Familie Festetics im späten 18. Jahrhundert anlegen ließ. Mehr als 6000 Pflanzenarten, darunter 150 Jahre alte Gingkos, eine seltene weiße Wasserlilie und viele verschiedene Kakteen, befinden sich im Garten oder dem Gewächshaus, das aus dem 19. Jahrhundert stammt. Der Garten erlangte eine gewisse Berühmtheit, als der ungarische Autor Ferenc Molnár (1878–1952) ihn 1906 im Roman *Pál utcai fiúk (Die Jungen der Paulstraße)* verewigte.

199 F3 VIII. Illés utca 25 314-0535 April–Okt. tägl. 9 bis 17 Uhr; Nov.–März Mo–Sa 8–16 Uhr preiswert M3 Klinikák

8 Holocaust-Gedenkzentrum

Das Holokauszt Emlékközpont steht an der Stelle einer einstigen Synagoge, die im Zweiten Weltkrieg fast völlig zerstört wurde. Das von der Regierung finanzierte moderne Gebäude ist Museum und Bildungsstätte zugleich und teilt sich in drei Bereich: die wunderschön restaurierte Synagoge (ursprünglich 1924 erbaut), wo wechselnde Ausstellungen stattfinden; ein neuer Flügel mit der Dauerausstellung »Von der Beraubung der Rechte zum Völkermord«; und die acht Meter hohe Gedächtniswand, wo die Namen der Opfer eingraviert sind.

Die ständige Ausstellung beleuchtet die Not der Juden, Roma und

Sternstunden des Jugendstils
Stillen sie Ihren Hunger nach Bauten des Jugendstils bei einem Spaziergang über die Népszínház utca. Hier reihen sich sezessionistische Häuser aneinander und sind, obwohl oft verfallen, ziemlich beeindruckend.

anderer Verfolgter unter den Nazis, konzentriert sich jedoch auf drei Familien. Mit Fotos, Videos und privaten Gegenständen wird ein sehr persönliches Bild des Holocaust gezeichnet. Die Exponate zeigen die permanent zunehmende Intensität der Verfolgung auf – von der Beraubung sämtlicher Rechte, des Eigentums, der Freiheit, menschlichen Würde und schließlich des Lebens. Es gibt Audioguides in ungarischer und englischer Sprache (500 Ft.), Führungen auf Deutsch mit vorheriger Anmeldung.

199 E3 IX. Páva utca 39 455-3320; www.hdke.hu Di–So 10–18 Uhr Sonderausstellungen: mittel; Gedächtniswand: frei M3 Ferenc körút

9 Nagy Vásárcsarnok

Die Große Markthalle ist der führende Markt der Stadt und liegt ganz nah an der Belváros. Auf den drei Etagen verteilen sich die Massen so gut, dass sie nie überfüllt wirkt. Das größte Geschäft spielt sich im Erdgeschoss ab, wo Einheimische auf der Suche nach Knoblauchgirlanden und Paprika, frischen Früchten und Gemüse, ausgesuchten Fleischstücken, würzigen Würsten, oder Brot und Käse sind. In den oberen beiden Etagen haben viele kitschige Touristenstände ihr Zuhause; unter jeder Menge Krempel gibt es aber auch einige schöne Sachen wie z. B. handbemalte Gänseeier und kostbare Spitzenarbeiten.

Die Halle sollte ursprünglich Mitte des Jahres 1896 eröffnen, aber zehn Tage vor der Eröffnung wütete ein Feuer im Gebäude und zerstörte so viel, dass man erst im Februar 1897 (➤ 22) öffnen konnte. Die Kosten beliefen sich schließlich auf 1,9 Mio. Forint, schlossen aber auch Anlegeplätze und einen unterirdischen Kanal zum Fluss mit ein. Während des Kommunismus verfiel die Halle, wurde aber in den 1990er-Jahren zur einstigen Pracht ihres mit Zsolnay-Fliesen geschmückten Daches und der gelb-terrakottafarbenen Fassade restauriert.

198 C4 XI. Vámház körút 1–3 366-3300 Mo 6–17, Di–Fr 6–18, Sa 6–14 Uhr M3 Kálvin tér

10 Roma Parlament

Von den ungefähr 700 000 Roma und Sinti – einer eigenen ethnischen Gruppe; der früher gebräuchliche Name Zigeuner wird vom Zentralrat Deutscher Sinti und Roma heute als diskriminierend abgelehnt –, die in Ungarn leben, wohnen circa 100 000 in Budapest und davon wiederum circa 20 % in der Józsefváros. Das Schicksal der Budapester Roma ist meist hart – unter ihnen herrscht große Arbeitslosigkeit, ihr Ansehen in der Öffentlichkeit ist niedrig und in der Schule werden sie stark diskriminiert. Die Bürgerinitiative des

Oben und oben rechts: Sightseeing und Einkaufen zugleich in der Großen Markthalle

Roma-Parlaments unterstützt Roma mithilfe hart erkämpften Mitteln von regierungsunabhängigen Organisationen mit rechtlichem Beistand und Sozialarbeitern. Nebenbei ist es außerdem Gemeindezentrum, Ausstellungshalle sowie Konzert- und Theatersaal.

Im Foyer finden wechselnde Ausstellungen meist fotografischer Natur statt, die Galerie hingegen wird für Gemälde von Roma-Künstlern genutzt. Mindestens einmal im Monat findet ein Konzert statt, außerdem werden Theaterstücke von Roma-Autoren aufgeführt. Das Haus selbst bietet einige Kuriositäten wie die Deckenfresken am oberen Ende der Treppe von Károly Lotz (1833 bis 1904), der die Ungarische Staatsoper (➤ 108) mitgestaltete. Leider ist es in schlechtem Zustand, da finanzielle Mittel zur Renovierung fehlen.

199 E4 VIII. Tavaszmező utca 6
210-4798 Mo–Fr 9–17 Uhr
frei Straßenbahnen 4, 6

11 Rendőrség-történeti Múzeum

Nur wenige Schritte vom Ostbahnhof (➤ 28) entfernt, befindet sich das ungewöhnliche Kriminalmuseum. Es ist ein Museum alter Schule mit statisch präsentierten Polizeiuniformen, Dokumenten (teilweise aus der Zeit der Habsburger), Erinnerungsstücken und sogar ausgestopften Polizeihunden. In einem Raum sind Mordsszenen nachgestellt, die aktuellesten Exponate sind die Uniformen anderer EU-Länder.

196 C2 VIII. Mosonyi utca 7
477-2183 Di–So 9–17 Uhr
preiswert M2 Keleti

Oasen der Entspannung

- Múzeum (➤ 158)
- Soul Café (➤ 158)
- Café Csiga (➤ 159)

Wohin zum … Essen und Trinken?

Preise
Die Preise gelten pro Person für ein Essen ohne Getränke:
€ unter 2500 Ft. €€ 2500–5500 Ft. €€€ über 5500 Ft.

Die Ráday utca ist der Mittelpunkt des Nachtlebens in dieser Gegend. Zu den vielen Bars kommen ständig neue hinzu und so steuern viele Ausgehfreudige diese Straße an. Hinter dem Ungarischen Nationalmuseum, ➤ 146) liegt die Krúdy utca, ein weiterer Szenespot mit vielen Restaurants und Bars.

RESTAURANTS

Costes €€–€€€
Hier versteckt sich eine schicke Kombination aus Restaurant und Bar mit einer verführerischen Karte, die moderne ungarische und internationale Küche zu bieten hat. Zu den mit Sorgfalt zubereiteten Speisen gehören saftige Steaks, eine exzellente Salatauswahl sowie Weine aus ganz Ungarn. Abends sollte man reservieren.
198 C4 IX. Ráday utca 4 219-0696 tägl. 12 Uhr bis Mitternacht M3 Kálvin tér

Fülemüle €€
Der großen Auswahl an Gänsegerichten nach feiert dieses jüdische (aber nicht koschere) Restaurant jeden Tag St. Martin. Die Karte enthält auch anderes Fleisch sowie Fisch und Geflügel, Vegetarier müssen sich jedoch mit gegrilltem Käse und Salat begnügen. Man wird sehr freundlich bedient und wer sich als U2-Fan zu erkennen gibt, wird quasi direkt adoptiert.
199 D5 VIII. Kőfaragó utca 5 266-7947 tägl. 12–22 Uhr Bus 7

Múzeum €€–€€€
Das Múzeum steht auch nach 100 Jahren im Geschäft noch in voller Blüte. In wunderschön erhaltenem Fin-de-Siècle-Interieur – riesige Fenster, Schmuckfliesen etc. – wird solide ungarische Küche aufgetischt, die größtenteils auch noch überraschend erschwinglich ist.
198 C5 VIII. Múzeum körút 12 267-0375 Mo–Sa 12 Uhr bis Mitternacht Straßenbahnen 47, 49

Pata Negra €
Der »Schwarze Huf« ist die einzige wirklich authentische Tapasbar in Budapest. Bestellen Sie eine Flasche Rioja und nehmen Sie die Verkostung der 40 verschiedenen Tapas in Angriff oder knabbern Sie einfach Käse mit Oliven. Eine Reservierung empfiehlt sich.
198 C4 IX. Kálvin tér 8 215-5616 Mo–Mi 11 Uhr bis Mitternacht, Do–Fr 11–1, Sa 12–1, So 12 Uhr–Mitternacht M3 Kálvin tér

Pink Cadillac €€
Die grellen Farben des Restaurants und der Kühlergrill des pinkfarbenen Cadillacs, der aus der Wand ragt, eignen sich weniger für ein feines Dinner – sorgen aber für hohen Spaßfaktor. Die Karte bietet Pizzen, Pasta und Salate im Überfluss und der Service ist freundlich und schnell. Man kann das Essen auch mitnehmen oder liefern lassen.
198 C4 IX. Ráday utca 22 216-1412 So–Do 11–0.30, Fr–Sa 11–1 Uhr M3 Kálvin tér

Soul Café €€–€€€
Das Soul Café wird allen Gästen gerecht – die Salate und Sandwiches für den kleinen Hunger und die

kontinentale Küche (Fisch, Lamm, Rind und Geflügel), wenn es etwas üppiger sein darf. Für Vegetarier gibt es eine Auswahl an Pasta und gegrilltem Käse. Die sanfte Musik im Hintergrund ist optimal für ein romantisches Rendezvous. Im Sommer sind die Tische im Freien besonders gefragt.

198 C4 IX. Ráday utca 11–13 217-6986 tägl. 12–1 Uhr M3 Kálvin tér

KNEIPEN UND BARS

Claro Bisztró €

Das Claro hat zwar vor Kurzem den Besitzer und den Namen gewechselt, die gesellige Stimmung und entspannte Kundschaft ist aber geblieben. Die Wände des großzügig geschnittenen Raumes sind mit Filmpostern dekoriert und, anders als in anderen ungarischen Bars, ist es hier an den meisten Abenden erfrischend frei vom blauen Dunst.

198 C4 IX. Ráday utca 35 216-1577 Mo–Do 9 Uhr bis Mitternacht, Fr 9–1, Sa 12–1, So 12 Uhr–Mitternacht Bus 15

Darshan Udvar €

Diese zwei Bars, ein Café und ein Restaurant, die sich um einen im nordafrikanischem Stil gehaltenen Innenhof gruppieren, bilden das Herz des Nachtlebens der Krúdy utca. Viele Studenten kommen wegen der niedrigen Preise; die Stimmung ist entspannt und lebhaft.

199 D4 VIII. Krúdy utca 7 266-5541 tägl. 11 Uhr bis Mitternacht M3 Kálvin tér

Paris, Texas €

Das Paris, Texas ist beliebt wegen der Billardtische, alten Porträtfotos und den Pizza- und Pasta-Lieferungen aus dem Pink Cadillac nebenan (➤ 158). Außerdem kann man hier noch gut einen Drink nehmen, wenn der Rest auf der Ráday schon zugemacht hat.

198 C4 IX. Ráday utca 22 218-0570 Di–Sa 10–3, So–Mo 10–1 Uhr M3 Kálvin tér

CAFÉS

Café Csiga €

Das Csiga ist ein typisch ungarisches Café in bunt gemischtem Design und mit gemütlichem Ambiente, wo viele Einheimische verkehren. Setzen Sie sich an die Bar oder an einen der Fenstertische, um das Treiben auf dem nahe gelegenen Rákóczi tér zu beobachten.

199 E5 VIII. Vásár utca 2 210-0885 Mo–Sa 11–1, So 16–1 Uhr Straßenbahnen 4, 6

Hauer cukrászda €

Das Hauer hat seit seiner Eröffnung 1890 zwar bessere Tage gesehen, sich an der geschäftigen Rákóczi út aber einen Hauch von Glanz erhalten. Neben Sachertorte, Trüffeltörtchen und Russischer Cremetorte werden jede Menge andere Torten und Gebäck zubereitet und im Sommer gibt es sogar Eiscreme.

196 B2 VIII. Rákóczi út 47–49 323-1476 tägl. 9–22 Uhr M2 Blaha Lujza tér

Wohin zum ... Einkaufen?

In Józsefváros und Ferencváros sind es v. a. die Märkte, wo man gut einkaufen kann. Der **Nagy Vásárcsarnok** (➤ 156) ist zwar der größte der Stadt, aber auch auf dem **Rákóczi tér** befindet sich ein Markt aus dem ausgehenden 19. Jahrhundert. Zwar ersetzen mehr und mehr gewöhnliche Läden die Stände, doch gibt es noch einige Verkäufer allerlei landwirtschaftlicher Erzeugnisse, die dem Markt Charakter geben.

Hier liegen auch zwei der buntesten Flohmärkte von Budapest. Auf dem **Novák piac** (VIII. Dózsa György út 1–3; Mo–Fr 7–16, Sa und So 6–17 Uhr), circa 15 Minuten zu Fuß vom Keleti-Bahnhof nach Osten, geht es eher raubeinig zu. Hier werden viele »gebrauchte« Handys, billige Autoreifen und DVDs verscherbelt und Sie werden sich anstrengen müssen, um etwas Verwertbares zu finden. Denken Sie daran, dass viele Verkäufer bereits gegen Mittag gehen, es sei denn das Geschäft läuft sehr gut. Auf der Südseite des Kerepesi temető (Kerepeser Friedhof, ➤ 150) liegt der **Józsefvárosi piac** (VIII. Kőbányai út 21–23; tägl. 6–18 Uhr), besser bekannt als »Chinesischer Markt«. Hier kann man an endlosen Ständen mit Kleidung aus Vietnam und China entlang schlendern. Die Straßenbahn 28 bringt Sie vom Keleti-Bahnhof aus hierher.

Die lange **Rákóczi út**, die vom Osten der Innenstadt zum Keleti-Bahnhof führt, ist vom Verkehr verstopft und etwas schäbig – dennoch ist sie seit Langem eine beliebte Einkaufsstraße für die weniger Begüterten. Die meisten Läden bieten wenig für den Touristen, doch **Magyar Pálinka Ház** (VIII. Rákóczi út 17, Tel. 338-4219) hat mit seiner Riesenauswahl an *pálinka*, Ungarns Version des Früchtebrandys (➤ 21), ein gutes Mitbringsel im Angebot.

Wohin zum ... Ausgehen?

Das **Nemzeti Színház** (Nationaltheater, ➤ 154) führt neben ungarischen Stücken auch englischsprachige Produktionen auf. Der **Művészetek Palotája** (Palast der Künste, ➤ 152) gegenüber, bietet von Jazz über Oper und modernen Tanz ein buntes Programm. Auch das **Roma-Parlament** (➤ 157) veranstaltet regelmäßig Konzerte und führt Stücke auf.

THEATER UND TANZ

Trafó Kortárs Művészetek Háza

Das Trafó – Haus der zeitgenössischen Künste – befindet sich in einem ehemaligen elektrischen Umspannwerk im Süden des Pester Zentrums und ist die beste Bühne für zeitgenössische Kunst in der Stadt – hier wird alles geboten: Tanz, Theater, Musik, Lesungen und moderne Installationskunst. Außerdem werden Tanzstunden und Kunstworkshops angeboten.

199 D3 · IX. Liliom utca 41 · 456-2040; www.trafo.hu · M3 Ferenc kőrút

LIVEMUSIK

Kultiplex

Das Kultiplex ist nicht nur Konzertbühne für Bands aus dem Alternative- und Indiebereich, hier werden auch Filme gezeigt, Fußballspiele übertragen, legen Top-DJs auf und finden große Partys statt. Am besten ist es im Sommer, dann ist die Open-Air-Bar geöffnet.

198 C3 · IX. Kinizsi utca 28 · 219-0706 · tägl. 10–4 oder 5 Uhr · M3 Ferenc körút

CLUBS

West Balkan

In Budapest gibt es einige großartige lässige Clubs und das West Balkan, das in einem unbewohnten Haus eines Wohnviertels liegt, ist ein typischer Vertreter. Die meisten Nachtschwärmer sind jung und gut drauf, die DJs verstehen ihren Job und im Sommer ist der Innenhof mit den Schatten spendenden Bäumen ein guter Ort zum Frischlufttanken.

199 D4 · VIII. Kisfaludy utca 36 · 371-1807 · tägl. 14 Uhr–spätnachts · M3 Ferenc körút

Trafó Bár Tangó

Diese langgezogene Bar liegt im Keller des Trafó Kortárs Művészetek Háza (s. links) und zieht dementsprechend und wegen ihres eleganten Looks kunstaffine Gäste an, die auf bekannte DJs stehen. Von Jazz bis Alternative ist alles drin.

199 D3 · IX. Liliom utca 41 · 456-2049; www.trafo.hu · M3 Ferenc kőrút

Ausflüge

Ausflüge

Es locken ein Tagesausflug in die grüne Hügellandschaft, die in Sichtweite von Pest liegt, ein Besuch auf einem Friedhof für kommunistische Statuen, eine Stadt, die für ihre Religionsfreiheit und eine ehemalige Künstlerkolonie berühmt ist, die Ruinen des mittelalterlichen Palastes von König Mátyás oder die inoffizielle Hauptstadt des Donauknies und seit 1000 Jahren Herzstück des ungarischen Katholizismus.

Links: Eine Ungarin verfolgt von ihrem Fenster aus das Treiben in Szentendre

Budai-hegyek

Das Budaer Bergland ist das größte Naherholungsgebiet von Budapest. Obwohl die Berge nicht gerade hoch sind (die Gipfel messen wenig mehr als 500 m), sind sie perfekt, um der Stadt zu entfliehen und frische, saubere Luft zu tanken.

Die beliebteste Freizeitbeschäftigung im Budaer Bergland ist Wandern, dicht gefolgt vom Mountainbiking. An den Wochenenden im Sommer sind die Wanderwege voller Einheimischer auf der Suche nach Bewegung und einer Minipause vom Alltag, während der Woche sind Sie aber vermutlich fast alleine hier. Die Tourinform-Büros (➤ 28) haben gute Wander- und Fahrradkarten der Gegend.

Die Hügel erstrecken sich bis an den Stadtrand, sodass Sie sehr einfach zu erreichen sind. Die skurrilen Verkehrsmittel machen schon die Fahrt dorthin zu einem Erlebnis. Direkt gegenüber dem Hotel Budapest, nur zwei Straßenbahnhaltestellen von Budas Moszkva tér entfernt, liegt die **Fogaskerekű vasút** (Zahnradbahn) – eine amüsante, wenn auch hin und wieder holprige Art, auf die Berge hinauf zu kommen. Sie wurde 1874 als weltweit dritte ihrer Art fertiggestellt und funktionierte damals noch mit Dampf. Die Züge fahren circa alle 20 Minuten und schlängeln sich während einer etwa 15-minütigen Fahrt um große Villen bis zum Széchenyi-hegy, der Endstation. Den schönsten Blick haben Sie auf der rechten Seite, entgegen der Fahrtrichtung. Für die Fahrt gelten die Tickets des BKV.

Nur einen kurzen Fußweg von der Zahnradbahn entfernt, stoßen Sie auf eine weitere ungewöhnliche Bahn, die **Gyermekvasút** (Kindereisenbahn). Die Schmalspurbahn wurde 1948 von Pionieren (sozialistische Jugendgruppe) eingerichtet und wird noch immer fast ausschließlich von Kindern zwischen 10 und 14 Jahren be-

Seite 161: Die imposante Basilika in Esztergom

Unten: Die Kinder-eisenbahn

dient. In dem niedlichen Zug kontrollieren Sie auf der 12 km langen Fahrt über bewaldete Hügel nach Hűvösvölgy (rund 40 Minuten) kleine Schaffner in eleganten Uniformen. Von der Endhaltestelle gelangen Sie mit der Straßenbahn 56 zum Moszkva tér. Alternativ steigen Sie drei Stationen eher am János-hegy aus und laufen durch den Wald zum **Libegő** (Sessellift). Dieser befördert Sie mühelos zur Anschlussstelle des Busses 158 (Anbindung zum Moszkva tér). Vorher sollten Sie aber noch beim Erzsébet-kilátó (Elisabethturm) Halt machen, der mit 527 m höchsten Erhebung des Berglandes.

Eines der wenigen Museen in den Budaer Bergen ist das renommierte **Bartók Béla Emlékház** (Béla Bartók Gedenkhaus). Bartók (1881–1945), der zu den musikalischen Genies Ungarns zählt, lebte von 1932 bis 1940 in dieser Villa (1940 emigrierte er in die USA). Im Jahr 1907 begann er, ungarische und transsilvanische Volkslieder zu sammeln und schuf eine riesige Bibliothek traditioneller Musik, die heute als nationales Erbe hoch geschätzt wird. Des Weiteren schrieb er viele

Oben: Der Sessellift fährt zum Gipfel des János-hegy (Johannesberg)

Stücke, wovon einige bei Konzerten im Saal der Villa erklingen (Termine auf der Website). Ein Teil seiner Sammlung volkstümlicher Kunst – z. B. Möbel und Keramik – kann man in der 2006 sanierten Villa besichtigen. Interessanter sind jedoch seine persönlichen Dinge auf dem Dachboden wie die hübsche Drehorgel oder die Holzschuhe, die er bei der Ernte seines eigenen Tabaks trug.

Auf dem Rückweg zum Moszkva tér liegt das schöne **Café Picard** (s. unten), das in den 1930er-Jahren von Géza Rimanóczy gebaut wurde. Im seemännisch anmutenden Inneren ist noch vieles der Originaleinrichtung wie die Art-déco-Lampe über der Bar erhalten. Rimanóczy entwarf auch die **Szent Antal templom** (St. Antal Kirche) gleich gegenüber.

KLEINE PAUSE

Das **Café Picard** (Tel. 392-7530) am Pasaréti tér hat Sandwiches, Bratspieße und andere warme Gerichte wie Thai-Krabbensuppe.

Anfahrt

Die Straßenbahnen 18 und 56 fahren direkt vom Moszkva tér (II. Bezirk, an der Metrolinie M2) ins Budaer Bergland und halten an der Zahnradbahn.

Fogaskerekű vasút
✉ II. Szilágyi Erzsébet fasor ⊕ tägl. 5–23 Uhr ✋ preiswert

Gyermekvasút
✉ XII. Hegyhát út ☎ 397-2858 ⊕ Mitte März–Okt. Mo–Fr 10–17, Sa–So 9.45–17.30 Uhr; Nov.–Mitte März Di–Fr 10–16, Sa–So 10–17 Uhr
✋ einfache Fahrt: teuer, Hin- und Rückfahrt: mittel

Libegő
✉ Jánoshegyi/Zugligeti út ⊕ Mitte Mai–Mitte Sept. tägl. 9.30–17 Uhr; Mitte Sept.–Mitte Mai tägl. 9.30–16.30 Uhr ✋ preiswert

Bartók Béla Emlékház
✉ II. Csalán út 29 ☎ 394-2100; www.bartokmuseum.hu
⊕ Di–So 10–17 Uhr ✋ mittel

Szoborpark

Die Blickwinkel auf den Skulpturenpark mögen vielfältig sein – ein Stück kommunistischer Humor, vom Regime verordnete Gedächtnisstütze oder sozialistisches Heiligtum. Ein Besuch ist in jedem Fall eine interessante – und leicht surreale – Reise in die Vergangenheit.

Noch 1991 standen in Parks und an großen Kreuzungen kommunistische Denkmäler. Die meisten stammten aus der Zeit zwischen den späten 1960er- und frühen 1980er-Jahren. Ebenfalls 1991 beschloss der Stadtrat, mehr als 40 davon zu entfernen und in einem eigens dafür eingerichteten Freiluftareal am südwestlichen Stadtrand unterzubringen. Zwei Jahre später öffnete der vom Architekten Ákos Eleöd entworfene Skulpturenpark und ist seitdem eine beliebte Attraktion.

Die Statuen

Direkt hinter dem neoklassizistischen Eingang aus roten Ziegeln erwartet den Besucher eine riesige Statue von Lenin zur Linken sowie eine ebensolche von Marx und Engels zur Rechten. Der Stein der Letzteren stammt aus Mauthausen, einem einstigen österreichischen Konzentrationslager. Dahinter grüßt ein blassblauer Trabant – *das* Symbol des Ostblocks.

Die anderen 39 Standbilder sind in Halbkreisen angeordnet und präsentiern sich fast alle in einem uniformen dunklen Grau, bis auf einige blassgrüne Stellen, wo die Metallummantelung dünn geworden ist. Die männlichen Figuren sind alle bewaffnet, die weiblichen hingegen stämmig und in Arbeiterkluft. Die bei Weiten beeindruckendste Statue ist die des ungarischen Kommunisten Béla Kun (1886–1938; Nr. 24) von Imre Varga (➤ 76). Das Denkmal aus Bronze, Kupfer und Stahl zeigt Kun, wie er Soldaten ins Gefecht schickt. Weitere auffällige Stücke sind das riesige Denkmal der Räterepublik (Nr. 33) und das Mahnmal der ungarischen Freiheitskämpfer, die sich im Spanischen Bürgerkrieg engagierten (Nr. 32).

Noch mehr sowjetische Bildhauerkunst

Nicht alle sowjetischen Denkmäler wurden im Skulpturenpark aufgestellt. Auf dem Szabadság tér in der Lipótváros (➤ 81) steht das Mahnmal für die russischen Soldaten, die während der Besatzung Budapests 1944–45 starben; das Szabadsád szobor (Freiheitsdenkmal, ➤ 53) auf dem Gellértberg ist sozialistisch geprägt und auch im Terror Háza (Haus des Terrors, ➤ 110) stehen weitere.

Entgegen ihrer Bestimmung muten manche Statuen eher komisch an: ein Kricketspieler setzt zu einem spektakulären Fang an (Märtyrerdenkmal, Nr. 38); ein Schülerlotse will den Verkehr an einem Zebrastreifen regeln (Osztapenkó, Nr. 41); und ein Möchtegern-Superman wirft sich mit wehendem Cape in Pose (General Steinmetz, Nr. 40). Der Shop verkauft skurrile Souvenirs wie Kerzen im Lenin- und Stalin-Look, kommunistische Taschenuhren und *Best of Communism* CDs.

KLEINE PAUSE

Denken Sie selbst an Verpflegung, es gibt im Park weder Imbissstände noch Restaurants in der Nähe.

Unten und links: Statuen des sozialistischen Realismus im Skulpturenpark

Anfahrt

Der Szoborpark liegt gut 15 km vom Zentrum entfernt. Vom V. Deák Ferenc tér und der Harmincad utca in Pest-Mitte gibt es eine **Direktverbindung**, (tägl. 11 Uhr; Juli–Aug. zusätzlich 15 Uhr; Hin- und Rückfahrt 2450 Ft.). Andere **öffentliche Verkehrsmittel**: Nehmen Sie die Straßenbahn 49 vom V. Deák Ferenc tér, die Straßenbahn 19 vom I. Batthyány tér oder den roten Bus 7 vom V. Ferenciek tere zur Haltestelle am XI. Etele tér. Dort nehmen Sie einen gelben Volán Bus vom Steig 7 bis Diósd-Érd. **Taxis** zu festen Preisen (Tel. 424-7500; 1–2 Fahrgäste 4900 Ft./Person, 3–9 Fahrgäste 3900 Ft./Person) fahren von überall in der Stadt zum Park.

✉ XXII. Corner Balatoni út und Szabadkai utca ☎ 424-7500; www.szoborpark.hu ⊕ tägl. 10 Uhr bis Sonnenuntergang ✋ mittel

Szentendre

Wenn sich Budapestreisende für einen Ausflug aus der Stadt hinaus entscheiden, wählen Sie meist Szentendre. Die kleine Stadt am Donauufer ist einfach zu erreichen und hat einige serbisch-orthodoxe Kirchen, exzellente Kunstgalerien und Museen zu bieten. Leider ist es oft von Touristen überlaufen.

Das serbische Szentendre

Auf der Flucht vor den Türken kamen im 14. Jahrhundert die ersten Serben ins Gebiet der einstigen Römersiedlung. Während der ottomanischen Besatzung verwaiste die Stadt, doch Ende des 17. Jahrhunderts wanderten erneut Menschen vom Balkan ein. Unter den Habsburgern genossen sie Religionsfreiheit und bauten viele serbisch-orthodoxe Kirchen, was der Stadt ihr besonderes serbisches Erscheinungsbild und ihre Atmosphäre gab.

Auf dem Weg zum Fő tér (Hauptplatz) begegnet Ihnen als erstes Zeichen der serbischen Kultur die **Požarevaăka templom** (Požarevaăka-Kirche). Die mächtige, schlichte Fassade und die kunstvolle Ikonostase (mit Ikonen geschmückte Trennwand) sind typisch für viele orthodoxe Kirchen der Stadt. Auf dem großen Platz steht außerdem die Pestsäule, direkt vor der großartigen **Blagoveštenska templom** (Blagoveštenska-Kirche). Äußerlich im Rokoko und Barock gehalten, überrascht innen die außergewöhnliche Ikonostase und die Verzierungen aus dem 18. Jahrhundert.

Über dem Fő tér – und ganz Szentendre – erhebt sich der Vár-hegy (Burghügel). Außer der Pfarrkirche ist von seiner mittelalterlichen Festung aber wenig erhalten. Interessanter ist da das **Szerb Egyházművészeti Gyüjtemény** (Museum für serbische Kirchenkunst) gleich hinter dem Hügel bei der **Belgrád Székesegyház** (Belgrad-Kathedrale), dem Sitz des serbisch-orthodoxen Bischofs in Ungarn. Die Sammlung birgt herausragende Ikonen, Kultgegenstände sowie unzählige religiöse Gemälde.

Die Künstlerkolonie

Szentendres Liebelei mit der Kunst begann in den 1920er-Jahren, als viele Budapester Maler dem Lockruf der Sonne hierher folgten. Viele Kunstgalerien bieten heute Tand für die Touristen, manche stellen jedoch noch Werke der Künstler aus, die zur berühmten Künstlerkolonie zählten.

In der **Barcsay Gyüjtemény** (Barcsay-Sammlung) kann man

abstrakte Gemälde und Zeichnungen von Jenő Barcsay (1900–88) besichtigen, einem der Gründer der Kolonie. Die surrealistischen Arbeiten des bedeutenden Vorkriegsmalers Lajos Vajda (1908–41) sind im **Vajda Lajos Múzeum** (Lajos-Vajda-Museum) ausgestellt. Viele der Stücke der Keramikerin Margit Kovács (1902–77) sind etwas kitschig, doch diejenigen, in denen sie Motive aus der ungarischen Folklore und der persischen Religion verband, sind wunderschön. Sie sind im **Kovács Margit Kerámiagyűjtemény** (Margit-Kovács-Museum) zu sehen. Die Werke der heute in Szentendre tätigen Künstler werden in der **ArtMill** am Nordende der Stadt gezeigt.

Rund 3 km nordwestlich vom Stadtzentrums liegt das **Magyar Szabadtéri Néprajzi Múzeum** (Ungarisches Ethnografisches Freilichtmuseum), das größste *skanzen* (Freilichtmuseum traditioneller Architekur) dieser Art in Ungarn, das Einblicke in die magyarischen Traditionen gibt.

Oben: Gemälde eines Heiligen auf einem Steinrelief an der Blagoveštenska-Kirche

KLEINE PAUSE

Aranysárkány (Alkotmány utca 1/a, Tel. 06 26-301-479) liegt zentral und bietet gute ungarische Küche. Das **Promenade** (Futó utca 4, Tel. 06 26-312-626) ist näher am Fluss und hat ungarische wie internationale Gerichte sowie eine Terrasse.

Anfahrt

Die beste Anbindung ins 20 km nördlich von Budapest gelegene Szentendre bieten **HÉV Züge**, die vom Batthyány tér abfahren. Sie benötigen 40 Minuten und fahren alle 10 bis 20 Minuten, der letzte zurück nach Budapest kommt kurz nach 23 Uhr wieder an. Von der Haltestelle Árpád híd fahren **Busse** (30 Minuten. Romantischer ist die Anreise auf der Donau: Mahart Passnave (Tel. 484-4013; www.mahartpassnave.hu) betreibt im Sommer **Fähren und Tragflächenschiffe**.

Links: Die Blagoveštenska-Kirche

Tourinform ✉ Dumtsa Jenő 22 ☎ 06 26-317-965; www.szentendre.hu 🕑 Mitte März bis Okt. Mo–Fr 9.30–16.30, Sa–So 10–14 Uhr; Nov.–Mitte März Mo–Fr 9.30–16.30 Uhr

Požarevaãka templom ✉ Kossuth Lajos utca 1 🕑 Sa–So 11–17 Uhr 💶 preiswert

Blagoveštenska templom ✉ Fő tér ☎ 06 26-310-790 🕑 Di–So 10–18 Uhr 💶 preiswert

Szerb Egyházművészeti Gyüjtemény ✉ Pátriárka utca 5 ☎ 06 26-312-339 🕑 April–Okt. Di–So 10–18 Uhr 💶 preiswert

Belgrád Székesegyház ✉ Alkotmány utca ☎ 06 26-310-790 🕑 April–Okt. Di–So 10 bis 18 Uhr 💶 preiswert

Barcsay Gyűjtemény ✉ Dumtsa Jenő utca 10 ☎ 06 26-310-790 🕑 Di–So 10 bis 18 Uhr 💶 preiswert

Vajda Lajos Múzeum ✉ Hunyadi utca 1 🕑 Fr–So 10–16 Uhr 💶 preiswert

Kovács Margit Kerámiagyűjtemény ✉ Vastagh György utca 1 ☎ 06 26-310-244 🕑 tägl. 10–18 Uhr 💶 mittel

ArtMill ✉ Bogdányi utca 32 ☎ 06 26-301-701 🕑 tägl. 10–18 Uhr 💶 preiswert

Magyar Szabadtéri Néprajzi Múzeum ✉ Sztaravodai út ☎ 06 26-502-500; www.skanzen.hu 🕑 April–Okt. Di–So 9–17 Uhr 💶 mittel 🚌 Bus 7 von Szentendre

Visegrád & Esztergom

Die größte Anziehungskraft von Visegrád und Esztergom stellt das historische Erbe beider Städte dar: Erstere war einer der Hauptakteure in Ungarns Blütezeit im Mittelalter, während Letztere seit der Krönung Szent Istváns im Jahre 1000 das Herzstück des ungarischen Christentums bildet.

Visegrád

Visegrád ist ein verschlafenes Städtchen am wunderschönen Donauknie, dessen Wurzeln bis in römische Zeit zurück reichen. Jahrhundertelang war es die Sommerresidenz der ungarischen Herrscher und Heimat eines Palastes, der im Europa des 15. Jahrhunderts in aller Munde war. Heute ist vom Renaissancebau des **Visegrádi királyi palota** (Visegrád Königspalast) mit seinen 350 Sälen, den König Matthias (um 1443 bis 90) und seine zweite Frau Beatrix auf den Grundmauern einer gotischen Königsresidenz erbauten, wenig übrig. Ein kleines Stück wurde rekonstruiert, um einen Einblick ins Leben im Mittelalter zu gewähren. Zu den Highlights gehören eine Kopie des Herkulesbrunnens aus der Renaissance, Wohngemächer aus dem 15. Jahrhundert und Fundstücke im König-Matthias-Museum.

Auf der Hügelspitze in 350 m Höhe liegt die mächtige **Zitadelle von Visegrád**, die 1259 erbaut wurde. Damit sie nicht als Rebellenstützpunkt genutzt werden konnte, zerstörten sie die Habsburger im frühen 18. Jahrhundert. Ebenso wie der Palast wurde auch sie teilweise wiederaufgebaut. In einigen Räumen befindet sich eine Ausstellung über die regionsspezifischen Berufe, aber die Hauptattraktion ist zweifellos der Blick aufs Donauknie und die Slowakei von der Festungsmauer aus. In der Nähe der Anlegestelle der Fähre befindet sich der **Solomon-torony** (Salomonturm) aus dem 13. Jahrhundert, einst Teil der Zitadelle. Innen werden Originalstücke des Herkulesbrunnens und andere Fundstücke der Ausgrabungen der 1930er-Jahre bewahrt.

Unten: Verzierungen am Königspalast in Visegrád

Esztergom

Die schöne Lage an der Donau, das lebhafte Ambiente und die größte Kirche des Landes machen Esztergom zum lohnenden Tagesausflugsziel. Wie auch Visegrád verfügt die Stadt über römisches Erbe, aber erst als Großfürst Géza (um 940–97) sie 960 zu seiner Hauptstadt machte, begann ihre Blütezeit. Seine Sohn, Szent István (um 975–1038) gründete hier ein Erzbistum und ließ die Basilika bauen, womit er die Voraussetzungen für Ezstergoms Zukunft als Zentrum des Katholizismus des Landes schuf.

Die größte Sehenswürdigkeit der Stadt ist die stolz auf dem Vár-hegy (Burgberg) thronende **Bazilika** (Basilika). Die Fundamente des riesigen Gotteshauses sind 1000 Jahre alt, auch wenn der jetzige neoklassizistische Bau aus dem Jahr 1822 datiert. Die Bakócz-Kapelle an der Südwand der Basilika ist innen mit rotem und weißem Marmor verkleidet und birgt wunderschöne Beispiele italienischer Bildhauerkunst der Renaissance. Die ***kincstár*** (Schatzkammer) enthält erlesene Ikonen aus Ungarn und anderen Ländern. In der schaurigen ***altemplom*** (Krypta) befindet sich das Grab von József Mindszenty (1892–1975), dem ungarischen Erzbischof, der sich dem kommunistischen Regime widersetzte. Der Aufstieg zur **Kuppel** belohnt mit toller Aussicht über Donau und Stadt.

Im früheren Königspalast von König Béla III. (1148–96), südlich der Basilika, liegt das **Vármúzeum** (Burgmuseum). Von den Türken zerstört und jahrhundertelang unter Erde und Schutt vergraben, wurde der Palast in den 1930er-Jahren wieder freigelegt und teilweise rekonstruiert. Heute beherbergt er archäologische Fundstücke aus der Region und bietet darüber hinaus phantastische Blick auf die Donau und die Slowakei.

Zwischen dem Burgberg und dem Fluss liegt die Víziváros (Wasserstadt), die von pastellfarbenen Häusern und vielen Kirchtürmen geprägt ist. In der Pfarrkirche ist das **Keresztény Múzeum** (Christliches Museum) untergebracht, das die beste

Unten: Die Basilika in Ezstergom

Oben: Blick von der Zitadelle von Visegrád auf die Donau

Sammlung ungarischer Kirchenkunst des ganzen Landes bietet. Sie finden hier spätgotische Gemälde aus Ungarn, mittelalterliche Skulpturen aus Österreich und Deutschland, orthodoxe Metallkunst des 16. Jahrhunderts sowie Kunstgewerbe.

KLEINE PAUSE

Für eine Kostprobe der ländlichen ungarischen Küche empfiehlt sich **Grill Udvar** (Rév utca 6) im Herzen von Visegrád. Die Spezialität von **Csülök Csárda** (Batthyány Lajos utca 9, Tel. 06 33-412-420) in Esztergom, nahe der Basilika, sind Schweinshaxen und Hausmannkost; im **Anonim** (Berényi Zsigmond utca 4, Tel. 06 33-411-880) in der Víziváros wird ungarische Küche in einem hübschen Stadthaus aufgetischt.

Anfahrt

Von der Haltestelle Árpád híd in Budapest legen **Busse** täglich Dutzende Mal die 43 km nach Visegrád zurück, wobei sie durch Szentendre und nach Esztergom weiterfahren. Nach Visegrád verkehren keine **Züge**, Esztergom ist jedoch an den Nyugati-Bahnhof angebunden (► 28), von wo aus mindestens ein Zug stündlich die 53 km in 1,5 Stunden fährt. Infos zu **Schiffsverbindungen** in beide Städte gibt es auf der Website von Mahart PassNave (www.mahartpassnave.hu).

Visegrád

Reisebüro: Visegrád Tours ✉ Rév utca 15 ☎ 06 26-398-160 ⊕ tägl. 8.30–17.30 Uhr

Visegrádi királyi palota ✉ Fő utca 29 ☎ 06 26-398-026 ⊕ Di–So 9–16.30 Uhr ✋ preiswert

Visegrád Zitadelle ✉ Panoráma út ☎ 06 26-398-101 ⊕ Mitte März–Mitte Okt. tägl. 9.30–17.30 Uhr; Mitte Okt.–Mitte März Sa–So 9.30–17.30 Uhr ✋ mittel

Solomon-torony ✉ Solomon-torony utca ☎ 06 26-398-233 ⊕ Mai–Sept. Di–So 9–16.30 Uhr; Okt–April geschl. ✋ preiswert

Esztergom

Reisebüro Gran Tours ✉ Széchenyi tér 25 ☎ 06 33-502-001 ⊕ Juni–Aug. Mo–Fr 8–17, Sa 9–12 Uhr; Sept.–Mai Mo–Fr 8–16 Uhr

Bazilika ✉ Szent István tér 2 ☎ 06 33-411-895 ⊕ tägl. 6–18 Uhr ✋ frei

Bazilika kincstár ⊕ tägl. 9–16.30 Uhr ✋ preiswert

Bazilika altemplom ⊕ tägl. 9–16.30 Uhr ✋ preiswert

Bazilika cupola ⊕ tägl. 9–16.30 Uhr ✋ preiswert

Vármúzeum ✉ Szent István tér 1 ☎ 06 33-415-986 ⊕ April–Okt. Di–So 10–18 Uhr; Nov.–März Di–So 10–16 Uhr ✋ preiswert

Keresztény Múzeum ✉ Mindszenty tér 2 ☎ 06 33-413-880 ⊕ April–Okt. Di–So 10 bis 18 Uhr; Nov.–Dez. Di–So 11–15 Uhr; März Di bis So 10–17 Uhr; Jan./Feb. geschl. ✋ preiswert

Spaziergänge

1 Rózsadomb & Óbuda

Spaziergang

LÄNGE 4,5 km zu laufen
DAUER 4–5 Stunden
START Margit körút (Straßenbahnen 4, 6) ✚ 192 B1 **ZIEL** Varsely-Museum ✚ 193 D5

Die vielfältige Budapester Vergangenheit bietet sich Ihnen auf diesem Spaziergang durch Budas Vorstadtviertel Rózsadomb (Rosenhügel) und Óbuda (Alt-Buda). Beginnen Sie mit den Überbleibseln der türkischen Besatzung und enden Sie bei der Römerstadt Aquincum.

1–2

Von der Straßenbahnhaltestelle am Margit körút folgen Sie der Vidrapark utca auf die Frankel Leó út und gehen dann die erste Straße links hinauf in die steile Gül Baba utca. Eine kleine Gasse führt auf halbem Wege nach links zum **Gül Baba Türbéje** (Grabmal des Gül Baba, ➤ 70). Betrachten Sie die feinen Mosaiken dieser türkischen Pilgerstätte – und die Aussicht über die Margareteninsel – und gehen Sie dann zurück zur Frankel Leó út.

Links: Statue von Gül Baba

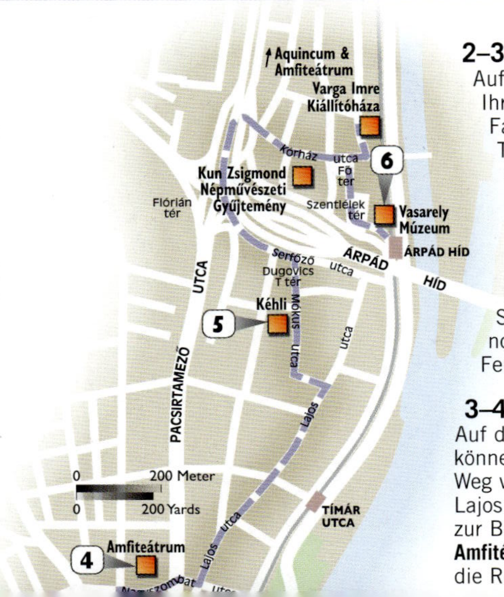

2–3

Auf dem Weg weiter nach Norden taucht zu Ihrer Rechten die gelbe neoklassizistische Fassade des **Lukács Gyógyfürdő** (Lukács-Thermalbad, ➤ 74) auf, während sich schräg gegenüber die **Török fürdő romjai** (Ruinen eines türkischen Bades) auf dem Gelände des Restaurants **Malomtó** (➤ 79) befinden. 500 m weiter nördlich liegt versteckt die **Újlaki zsinagóga** (Újilak-Synagoge, ➤ 71), die einzige Synagoge auf dieser Seite der Donau, die noch genutzt wird. Der Kirchturm in der Ferne gehört zum Kolosy tér.

3–4

Auf dem winzigen **Markt** (➤ 80) am Kolosy tér können Sie sich mit Snacks für den restlichen Weg versorgen. Anstatt der verkehrsreichen Lajos utca nehmen Sie die Cserrete utca, die zur Bokor utca führt. An deren Ende steht das **Amfitéatrum** (Militär-Amphitheater, ➤ 73), das die Römer vor fast 2000 Jahren bauten.

4–5
Bei einer kurzen Pause im Amphitheater ist Zeit, die robuste Handwerkskunst der Römer zu würdigen, dann geht es weiter zur Lajos utca, die hier eine von Wohnblöcken gesäumte Nebenstraße ist. Folgen Sie ihrem Verlauf nach Norden und biegen Sie an der Mókus utca nach links. Die kleine Straße führt Sie zu einer Ansammlung ländlicher Häuser mit Strohdächern. In einem davon befindet sich das **Kéhli** (➤ 78), eines der besten Restaurants von Budapest.

5–6
Direkt vor Ihnen liegt Óbudas hässliche Straßenüberführung; folgen Sie der Serfőző utca zum Flórian tér und gehen Sie durch die Unterführung zu dessen Nordseite. Verlassen Sie ihn über die Kórház utca, die am Fő tér endet, dem schönen Hauptplatz von Óbuda. Gleich hier befindet sich die **Kun Zsigmond Népművészeti Gyűjtemény** (Zsigmond Kun Volkskunstsammlung, ➤ 77), und nur ein paar Schritte nördlich wartet auf der Laktanya utca die **Varga Imre Kiállítóháza** (Imre-Varga-Sammlung, ➤ 76). Eine

weitere Arbeit Vargas wird Ihnen auf dem Rückweg zum Fő tér an der Ecke Laktanya utca und Hajógyár utca auffallen: die Skulptur der **vier Frauen** mit Regenschirmen. Vom Fő tér gehen Sie nach Süden in Richtung Szentlélek tér für einen Blick auf die optisch herausfordernden Werke im **Vazarely Múzeum** (Vasarely-Museum, ➤ 77).

So geht's weiter
Am Szentlélek tér liegt die HÉV-Haltestelle Árpád híd – der Zug bringt Sie zur antiken Römersiedlung **Aquincum** (➤ 72). Besichtigen Sie die Ruinen und Fundstücke, ehe Sie den Spaziergang am **Amfiteátrum** (Bürger-Amphitheater, ➤ 73) besinnlich beschließen.

Oben: Tanzendes Mädchen – zu sehen im Aquincum Museum

Kleine Pause
Kéhli (➤ 78) liegt perfekt auf halber Wegstrecke; ansonsten ist auch das preiswerte und fröhliche **Mennyei Ízek** (➤ 79) eine gute Wahl.

2 Margareteninsel

Spaziergang

LÄNGE 3 km
DAUER 2 Stunden
START Margit híd (Straßenbahnen 4, 6) 192 C1 **ZIEL** Árpád híd (Straßenbahn 1) 193 E4

Der leichte Spaziergang durchs Grün der Margareteninsel (➤ 68) ist an einem sonnigen Nachmittag am schönsten – vorbei an romantischen Ruinen, über schattige Alleen und weite grüne Wiesen.

1–2

Steigen Sie an der Haltestelle Margit-sziget (Straßenbahnen 4/6) aus und unterqueren Sie die Margit híd, um zur Südspitze der Insel zu gelangen. Bald kommt eine große, bronzene Muschel inmitten eines Kreisverkehrs in Sicht – das **Centenariumi emlékmű** (Vereinigungsdenkmal), das 1973 zum 100. Jahrestag der Vereinigung von Óbuda, Buda und Pest eingeweiht wurde. Folgen Sie der Straße links und biegen gleich hinter dem Spielplatz in die Gasse zur **Hajós Alfréd Nemzeti Sportuszoda** (Alfréd Hajós Nationale Sportschwimmhalle, ➤ 69). Das Schwimmbad ist nach dem ungarischen Architekten und Schwimmer benannt, der bei den ersten Olympischen Spielen der Neuzeit (1896) zwei Goldmedaillen gewann.

2–3

Kehren Sie auf die Hauptstraße zurück und gehen Sie auf dem von Bäumen gesäumten Weg rechts davon (er ist schöner als der Hauptweg) weiter nach Norden. Nach etwa 10–15-minütigen Fußweg erheben sich die Ruinen des **Ferences templom és kolostor** (Franziskanerkirche und -kloster, ➤ 68). Auch wenn vom ehemaligen Kloster wenig erhalten ist, ist der Anblick malerisch. Ein kurzes Stück weiter auf dem Weg gelangen Sie zum **Palatinus Strandbad** (➤ 69), einem der größten Sommerbäder Budapests.

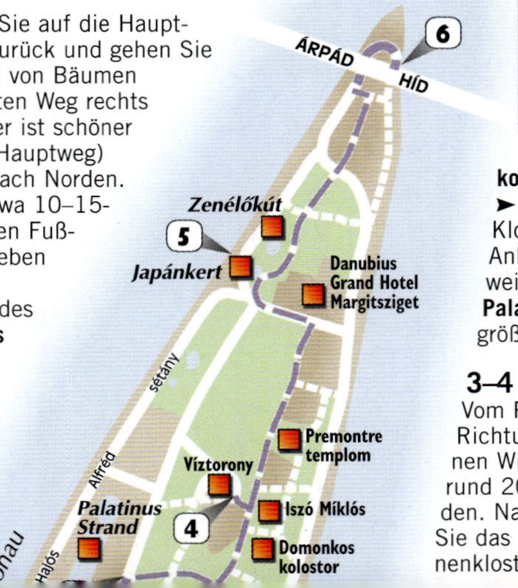

Kleine Pause
Snacks sind am **Imbissstand** gegenüber dem Palatinus Strandbad zu haben, üppigere Mahlzeiten im **Danubius Grand Hotel Margitsziget** (➤ 33).

3–4

Vom Palatinus Strandbad aus laufen Sie in Richtung Osten und der weitläufigen grünen Wiesen der Insel, bis Sie sich nach rund 200 m noch einmal nach Norden wenden. Nach ein paar hundert Metern sehen Sie das **Domonkos kolostor** (Dominikanerinnenkloster, ➤ 68). Nur das Fundament hat die Zeiten überdauert, aber v. a. Kinder freuen sich über den vermeintlichen Spielplatz und klettern gerne auf den verfallenden Steinmauern herum. Bei der Büste eines nachdenklichen **Izsó Míklós**, einem berühmten ungarischen Bildhauer (1831–75), biegen Sie zum **Víztorony** (Wasserturm, ➤ 69) der Insel und der dazugehörigen Freilichtbühne ab. Vom Turm aus eröffnet sich ein schöner Blick über die Insel.

4–5

Zurück bei Izsó wenden Sie sich nach Norden zur **Premontre templom** (Kirche der Prämonstratenser, ➤ 68). 1914 fand man nach einem Sturm unter einem entwurzelten Walnussbaum die Kirchenglocke aus dem 15. Jahrhundert. Nur ein kleines Stück weiter bietet die riesige Terrasse des **Danubius Grand Hotel Margitsziget** (➤ 33) eine Gelegenheit zur wohlverdienten Pause mit Blick auf verlassene Wiesen. Auf der anderen Seite des modernen Danubius Health Spa Resort Margitsziget, dem Schwesterhotel des Grand, liegt der **Japánkert** (Japanischer Garten, ➤ 69).

5–6

Die letzte Station des Spaziergangs ist der **Zenélőkút** (Musikbrunnen, ➤ 69), nahe der Nordspitze der Insel. Hier können Sie mit dem Bus 26 (alle 20 Minuten) zurück zur Straßenbahnhaltestelle Margit híd (Linien 4/6) fahren oder Sie laufen auf die Árpád-Brücke zur Straßenbahn 1, die Sie zur HÉV- oder Metrostation (M3) Árpád híd bringt.

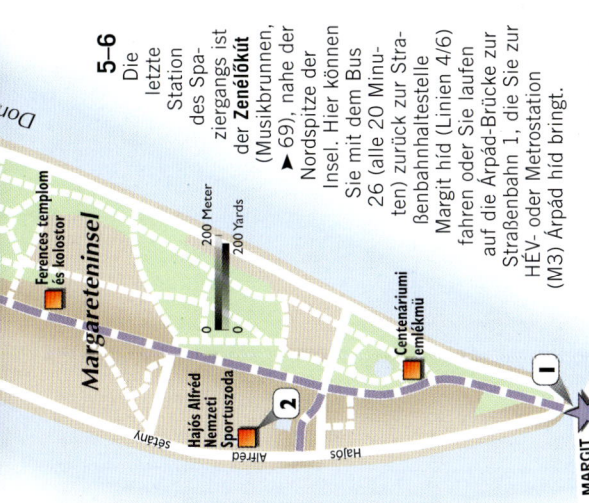

Rechts: Der Musikbrunnen auf der Margareteninsel

3 Im Pester Zentrum

Spaziergang

LÄNGE 4 km **DAUER** 3,5 Stunden
START Kossuth Lajos tér (Straßenbahn 2; M2 Kossuth Lajos tér) 195 D4
ZIEL Március 15 tér (Straßenbahn 2) 195 D2

Im Zentrum von Pest gibt es viel zu entdecken – am besten zu Fuß. Neoklassizistische Bauten wechseln sich mit Jugendstilfassaden ab und an jeder Ecke erwartet Sie ein Stück Geschichte. Doch auch die Geschäfte singen ihren Lockruf.

1–2

Starten Sie am Kossuth Lajos tér gegenüber dem **Parlament** (➤ 92); mit dem **Néprajzi Múzeum** (Ethnografisches Museum, ➤ 94) im Rücken. Machen Sie eine Führung durchs Parlament und besuchen Sie, wenn Zeit ist, die Sammlung ungarischer Volkskunst im Museum. Die Báthory utca und die Honvéd utca führen dann zum Szabadság tér. Auf dem Weg passieren Sie die grüne Jugendstilfassade des **Bedő Ház** (Bedő Haus, ➤ 9).

Kleine Pause

Im Pester Zentrum ist die Auswahl groß, gutes Essen *und* einen Blick auf die Donau bieten **Spoon** (➤ 99) oder **Trattoria Toscana** (➤ 99).

2–3

Am **Szabadság tér** waren einst die Kasernen der Habsburger, heute steht hier eines der wenigen noch gebliebenen **Denkmäler der sowjetischen Armee**. Im Osten des Platzes liegt die **Amerikanische Botschaft**, dahinter befindet sich auf der Hold utca die **Magyar Királyi Takarék Pénztár** (Postsparkasse, ➤ 94) – das Jugendstilglanzstück von Ödön Lechner. Auch der **Hold utca piac** (Markt an der Holdstraße, ➤ 101) aus der Zeit des Fin de Siècle ist hier zu finden. Halten Sie sich zunächst südlich auf der Hold utca, dann auf der Hercegprimás utca, die zum Szent István tér und der **St.-Stephans-Basilika** (➤ 90) führt.

3–4

Nachdem Sie das Innere der Basilika besichtigt haben, geht es auf der Zrínyi utca nach Westen zum **Roosevelt tér**. Der Platz glänzt mit dem **Gresham Palast** (➤ 88), der neoklassizistischen **Magyar Tudományos Akadémia** (Ungarische Akademie der Wissenschaften, ➤ 95) und der **Kettenbrücke** (➤ 56), die Pest und Buda verbindet.

4–5

Vom Roosevelt tér leitet Sie die Fußgängerzone Duna korzó nach Süden zum **Vigadó tér**

(➤ 95). Außer der umwerfenden Sicht auf den Burgberg und den Gellértberg hat der Platz die niedliche **Statue der kleinen Prinzessin** (➤ 96) und die fabelhafte **Pesti Vigadó** (➤ 102) zu bieten. Auf der Vigadó utca kommen Sie in östlicher Richtung zum **Vörösmarty tér** (➤ 86), dem Herzstück des V. Bezirks. Genießen Sie das lebhafte Ambiente von einem Tisch im Freien bei **Gerbeaud** (➤ 100), dem berühmtesten Café der Stadt.

5–6

Nach der Kaffeepause spazieren Sie die Váci utca herunter, vorbei an Pests mittelalterlichem Nordtor, dem **Váci kapu** (➤ 87), dem **Philantia** (➤ 87), einem Kleinod des Sezessionsstils und dem mit Zsolnay-Fliesen verzierten **Thonet Ház** (Thonet-Haus, ➤ 87). Biegen Sie an der Régi posta utca links ab und wieder links auf den Szervita tér, wo die **Török Bankház** (Türkische Bank, ➤ 9) steht. Vom Szervita tér geht es die Petőfi Sándor utca nach Süden zum betriebsamen Ferenciek tere, mit kurzem Halt am **Párizsi udvar** (Pariser Hof, ➤ 87).

6–7

Überqueren Sie den Ferenciek tere zur Károly Mihály utca, die nach dem ersten Ministerpräsidenten (1875 bis 1955) Ungarns nach dem Ersten Weltkrieg benannt ist. An ihrer Kreuzung mit der Irányi utca steht das **Centrál Kávéház** (➤ 100), einstiges Lieblingscafé der Intellektuellen. Etwas südlich davon beherbergt der **Károlyi Palast** (➤ 96), Geburtshaus von Károly Mihály, heute ein Literaturmuseum sowie ein Restaurant.

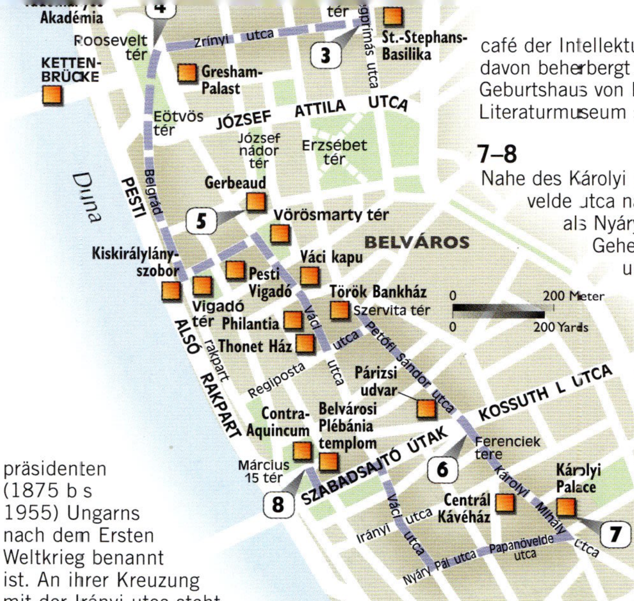

7–8

Nahe des Károlyi Palastes führt die Papnövelde utca nach Westen und mündet als Nyáry Pál utca in die Váci utca. Gehen Sie hier nach Norden und nehmen Sie die Szabadsajtó utca in Richtung Donau und Március 15 tér. Die **Belvárosi Plébánia templom** (➤ 96) und das römische Fort **Contra-Aquincum** (➤ 96) retten den sonst öden Platz. Spazieren Sie weiter durch Pest oder besteigen Sie die Straßenbahn 2 für einen Blick auf die Budaer Berge und das Donauufer.

4 Vörösmarty tér bis zum Heldenplatz

Spaziergang

LÄNGE 5,5 km **DAUER** 4 Stunden
START Vörösmarty tér (M1 Vörösmarty tér) 195 D2
ZIEL Heldenplatz (M1 Hősök tere) 196 C4

Zwei der berühmtesten Budapester Plätze spielen als Start- und Zielpunkt dieses Spaziergangs die Hauptrolle. Dazwischen liegt die Andrássy út, die Prachtstraße der Stadt, sowie unzählige Architekturschönheiten und Museen.

1–2

Erkunden Sie den zentral in Pest gelegenen **Vörösmarty tér** (➤ 86), ehe Sie sich in östliche Richtung über die Deák Ferenc utca zum gleichnamigen Platz aufmachen. Die **Andrássy út** (➤ 108) erreichen Sie entweder über die Durchgänge der Metro oder überirdisch auf der Bajcsy-Zsilinszky út in nördlicher Richtung.

2–3

Die Andrássy út wurde von der UNESCO zum Weltkulturerbe erklärt und wer auf den breiten Bürgersteigen an alten Platanen und den wunderschönen neoklassizistischen Bauten vorbeiflaniert, kann das leicht nachvollziehen.

Nahe der Donau liegt das **Postamúzeum** (Postmuseum, ➤ 117), dessen freskenverzierte Treppe und Buntglasfenster einen Blick lohnen. Kurz darauf folgt auf der Andrássy die prächtige Ungarische Staatsoper (➤ 108) – ihre Fassade im Stil der Neorenaissance ist ein starker Kontrast zum Jugendstil des **Új Színház** (Neues Theater, ➤ 8) einen Straßenblock südlich auf der Paulay Ede utca. Wieder auf der Andrássy bewegen Sie sich weiter vom Pester Zentrum weg, vorbei am **Művész** (➤ 123), einem hübschen Café aus Budapester Gründerzeittagen.

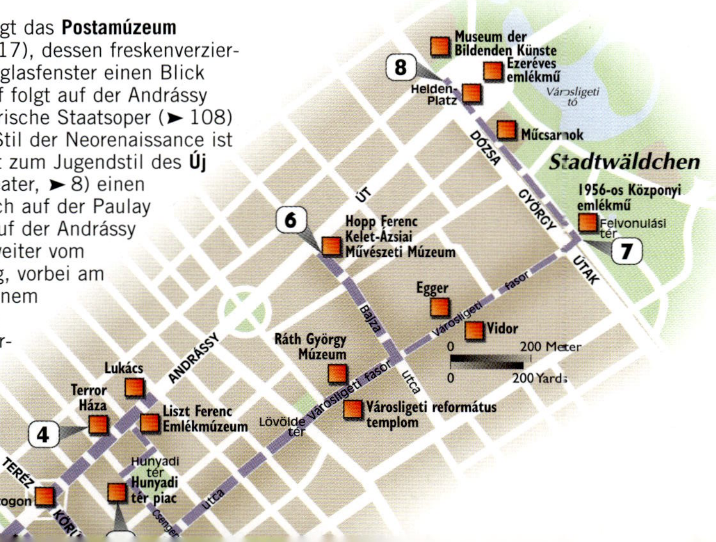

3–4

Wenige Schritte hinter dem Művész geht auf der anderen Seite der Andrássy út die **Nagymező utca** (➤ 124) ab, der Budapester Broadway. Vor und nach den Abendvorstellungen ist die Straße voller Theaterfans, die einen Aperitif oder einen Drink nach der Aufführung am nahe gelegenen **Liszt Ferenc tér** nehmen. Auf der Südseite des Platzes befindet sich die renommierte **Liszt Zeneakadémia** (Liszt Musikakademie, ➤ 116), deren Interieur im schönsten Jugendstil glänzt. Von der Hochschule aus gehen Sie den Teréz körút zum **Oktogon** und die Andrássy zwei Blocks weiter in nordöstlicher Richtung zum **Terror Háza** (Haus des Terrors, ➤ 110). Einst gefürchtetes Hauptquartier der Geheimpolizei der Faschisten und später der Kommunisten, ist es heute ein Museum, das den Opfern beider Regimes gedenkt.

4–5

Kurz hinter dem Terror Háza liegt das **Lukács** (➤ 122), ein weiteres schönes Café auf der Andrássy út. Nach einer gehaltvollen Pause überqueren Sie die Straße zum **Liszt Ferenc Emlékmúzeum** (Franz-Liszt-Museum, ➤ 116). Verlassen Sie dann die Andrássy út und spazieren Sie über die Vörösmarty utca zum **Hunyadi tér piac** (Hunyadi-Straßenmarkt, ➤ 123).

5–6

Nach dem Marktbesuch gehen Sie die Király utca in nordöstliche Richtung und über den Lövölde tér zur Városligeti fasor und der auffälligen Jugendstilfassade der **Városligeti református templom** (Stadtwaldreformationskirche, ➤ 9). Schräg gegenüber wartet chinesische und japanische Kunst im **Ráth György Múzeum** (György-Ráth-Museum, ➤ 118). Mehr asiatische Kunst bietet das **Hopp Ferenc Kelet-Ázsiai Művészeti Múzeum** (Ferenc-Hopp-Museum für Ostasiatische Kunst, ➤ 118) auf der Andrássy út, auf die Sie die Bajza utca zurückführt.

Kleine Pause

Vom reichhaltigen Restaurantangebot am Liszt Ferenc tér empfiehlt sich das **Menza** (➤ 121).

Oben: Die prächtige Walcker-Orgel in der Liszt Musikakademie

Kleine Pause

Das Gundel (➤ 139) im Stadtwäldchen zählt zu den berühmtesten Restaurants der Stadt. Genießen Sie eine wunderbare Mahlzeit in diesem historischen Lokal, das auch in der kommunistischen Ära, als noch Statuen wie das Béla Kun Denkmal (rechts) das Stadtbild prägten, sehr beliebt war.

6–7

Zurück auf der Városligeti fasor gehen Sie in nordöstlicher Richtung an zwei herausragenden Jugendstilvillen vorbei, links die **Egger** (➤ 9) und rechts die **Vidor** (➤ 9). Am Ende der Straße überqueren Sie die Dózsa György út zum **Stadtwäldchen** (➤ 134), wo Sie sich einige Minuten Zeit für das 2006 errichtete **1956-os Központi Emlékmű** (1956er Nationale Denkmal, ➤ 135) nehmen sollten.

7–8

Vom bewegenden Denkmal führt der Weg nordwestlich auf der Dózsa György út an der **Műcsarnok** (Kunsthalle, ➤ 130) vorbei zum Heldenplatz (➤ 130), der das Ende der Andrássy út bildet. Der markanteste Punkt ist hier das **Ezeréves Emlékmű** (Millenniumsdenkmal, ➤ 130), während an der Nordseite das **Museum der Bildenden Künste** (➤ 132) steht. Von hier aus können Sie gut das Stadtwäldchen erkunden oder Sie nehmen die M1 zurück ins Pester Zentrum.

Unten: Das Béla Kun Denkmal, ein klassisches Beispiel sozialistischer Bildhauerei, steht heute im Szoborpark

Praktisches

INFORMATION VORAB

Websites
- **Tourinform:** www.tourinform.hu
- **Budapester Tourismusamt:** www.budapestinfo.hu
- **Stadtseite Budapest** www.budapest.hu

In Budapest
Tourinform
V. Sütő utca 2
Budapest
☎ 438 8080
(weitere Filialen in der Stadt und am Flughafen)

In Deutschland
Regionaldirektion Berlin & Deutschland Ost
Wilhelmstraße 61
10117 Berlin
☎ 030/24 31 46-13
www.ungarn-tourismus.de

REISEVORBEREITUNG

WICHTIGE PAPIERE

● Erforderlich
○ Empfohlen
▲ Nicht erforderlich
△ Nicht gültig

Bei einigen Ländern muss der Pass über das Einreisedatum hinaus noch eine bestimmte Zeit gültig sein (i.d.R. mind. 6 Monate). Prüfen Sie Ihren Pass vor der Abreise.

	Deutschland	Österreich	Schweiz
Pass (bzw. Personalausweis)	●	●	●
Visum	▲	▲	▲
Weiter- oder Rückflugticket	▲	▲	▲
Impfungen (Tetanus und Polio)	▲	▲	▲
Krankenversicherung	●	●	●
Reiseversicherung	○	○	○
Führerschein (national)	●	●	●
Kfz-Haftpflichtversicherung	●	●	●
Fahrzeugschein	●	●	●

REISEZEIT

Budapest

Hauptsaison | Nebensaison

	JAN	FEB	MÄRZ	APRIL	MAI	JUNI	JULI	AUG	SEPT	OKT	NOV	DEZ
Saison	Nebensaison	Nebensaison	Nebensaison	Nebensaison	Hauptsaison	Hauptsaison	Hauptsaison	Hauptsaison	Nebensaison	Nebensaison	Nebensaison	Nebensaison
Temperatur	0°C	0°C	10°C	18°C	22°C	25°C	28°C	26°C	24°C	16°C	8°C	0°C
Wetter	Bedeckt	Bedeckt	Bedeckt	Wechselhaft	Wechselhaft	Sonnig	Wechselhaft	Sonnig	Sonnig	Wechselhaft	Regnerisch	Regnerisch

Sonnig · Bedeckt · Regnerisch · Wechselhaft

Die angegebenen Temperaturen beziehen sich auf das **durchschnittliche Tagesmaximum** pro Monat. Budapest erfreut sich eines gemäßigten Klimas mit kaltem Winter, heißem Sommer sowie häufigem Regen im Frühjahr und Herbst. Wetterseitig gesehen eignen sich die Monate Mai, Juni, September und Oktober am besten für einen Besuch, denn da sind die Temperaturen mild und in der Regel erstreckt sich ein klarer, blauer Himmel über der Stadt. Das soll nicht heißen, dass Budapest im Winter nicht auch ganz zauberhaft wäre, aber Sie sollten dann an Ihren warmen Wintermantel denken.

Festivals finden zwar das ganze Jahr über statt, die meisten jedoch im Frühling und im Herbst (➤ 38).

In Deutschland
Regionaldirektion
Deutschland Mitte,
Nord & West
Lyoner Straße 44-48
60528 Frankfurt/Main
☎ 069/92 88 46-13;
www.ungarn-tourismus.de

In Österreich
Regionaldirektion
Österreich
Opernring 1, Stiege R
A – 1010 Wien
☎ 0900/22 00 13;
www.ungarn-tourismus.at

In der Schweiz:
Ungarisches Tourismusamt
Schweiz
Hegibachplatz/
Minervastrasse 149
CH – 8032 Zürich
www.ungarn-tourismus.ch

ANREISE

Flugzeug Den internationalen Flughafen von Budapest Ferihegy (➤ 28) fliegen Gesellschaften aus aller Welt an, die meisten Flugzeuge, die hier landen, kommen jedoch aus anderen europäischen Städten und gehören zu den großen europäischen Linien. Die ungarische Airline Malév (Tel. in Ungarn 06 40-212-121; www.malev.hu) bietet Direktflüge in viele Städte Europas. Auch die Billigflieger Air Berlin (www.airberlin.com), EasyJet (www.easyjet.com), SkyEurope (www.skyeurope.com) und Wizzair (www.wizzair.com) haben das Ziel Budapest im Programm.
Schiff Fähren und Tragflächenboote fahren auf der Donau zwischen April und Oktober von Wien nach Budapest. Nähere Informationen entnehmen sie bitte den Websites www.mahartpassnave.hu oder www.ddsg-blue-danube.at
Bus Die Deutsche Touring (www.deutschetouring.de) steuert aus vielen Städten Deutschlands und Österreichs den Népliget-Busbahnhof in Pest an (➤ 28). Die Agentur Alsa+ Eggmann bietet Verbindungen aus der Schweiz nach Budapest (www.alsa-eggmann.ch).
Auto Wien und Budapest sind über die Autobahn M1 verbunden, die M7 führt in südwestlicher Richtung über den Plattensee nach Kroatien, die M5 geht nach Süden nach Serbien und die M3 nach Osten bis zur Stadt Nyíregyháza.
Zug Die staatliche ungarische Bahn Magyar Államvasutak (www.mav.hu) bedient auch internationale Verbindungen. Züge aus dem Ausland halten an den drei großen Bahnhöfen in Budapest (➤ 28): Keleti (Osten), Déli (Süden) und Nyugati (Westen).

ZEIT

In Ungarn gilt die Mitteleuropäische Zeit, die der Greenwich-Zeit eine Stunde voraus ist. Am letzten Sonntag im März wird die Uhr auf die Sommerzeit um eine Stunde vorgestellt; am letzten Sonntag im Oktober dann wieder eine zurück.

WÄHRUNG

Währung In Ungarn ist der Forint im Umlauf. Die Münzen gibt es in folgenden Werten: 1 Ft., 2 Ft., 5 Ft., 10 Ft., 20 Ft., 50 Ft. und 100 Ft.; Scheine wie folgt: 200 Ft., 500 Ft, 1000 Ft., 2000 Ft., 5000 Ft., 10 000 Ft. und 20 000 Ft. Obwohl Ungarn EU-Mitglied ist, wird der Euro erst im Jahr 2010 als Zahlungsmittel eingeführt.

Kreditkarten werden in den touristischen Zentren in fast allen Hotels, Restaurants und Geschäften akzeptiert.

Geldwechsel Geldautomaten gibt es überall in der Stadt; Geldwechselmaschinen sind im Pester Zentrum sehr zahlreich vertreten.

Reiseschecks tauschen Sie am besten in Banken um; Geldwechsler und Wechselautomaten sollten Sie eher meiden, da Sie schlechte Wechselkurse bieten. Die OTP und K&H sind große, zuverlässige Banken mit vielen Filialen in der ganzen Stadt; American-Express-Kunden können bei Schwierigkeiten die Nummer 235-4340 anrufen.

ZEITUNTERSCHIED

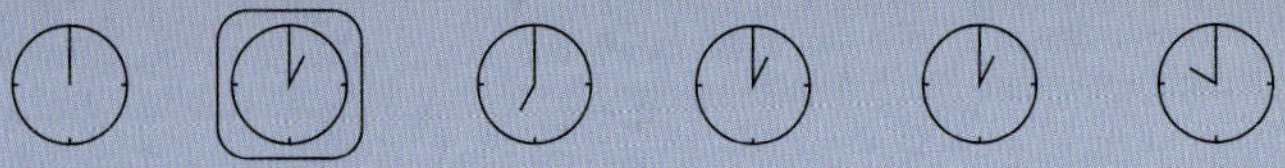

GMT	Budapest	New York	Berlin	Rom	Sydney
12 Uhr	13 Uhr	7 Uhr	13 Uhr	13 Uhr	22 Uhr

DAS WICHTIGSTE VOR ORT

KONFEKTIONSGRÖSSEN

Ungarn	Restl. Europa	
46	46	Anzüge
48	48	
50	50	
52	52	
54	54	
56	56	
41	41	Schuhe
42	42	
43	43	
44	44	
45	45	
46	46	
37	37	Hemden
38	38	
39/40	39/40	
41	41	
42	42	
43	43	
34	34	Kleider
36	36	
38	38	
40	40	
42	42	
44	44	
38	38	Schuhe
38	38	
39	39	
39	39	
40	40	
41	41	

FEIERTAGE

1. Jan.	Neujahr
15. März	Nationalfeiertag zum Gedenken an die Revolution von 1848
März/April	Ostermontag
1. Mai	Tag der Arbeit
Mai/Juni	Pfingstmontag
20. Aug.	Sankt-Stephanstag
23. Okt.	Tag der Republik – Gedenken an den Aufstand von 1956
1. Nov.	Allerheiligen
25./26. Dez.	Weihnachtsfeiertage

ÖFFNUNGSZEITEN

Geschäfte
Büros
Banken
Postämter
Museen/Sehenswertes
Apotheken

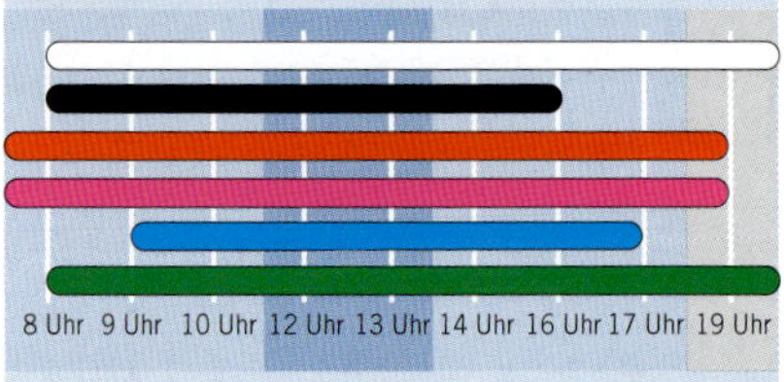

tagsüber mittags abends

Geschäfte Die meisten Läden haben Mo–Fr von 9 oder 10 bis 18 Uhr und am Sa bis 13 Uhr geöffnet. Einkaufszentren öffnen in der Regel tägl. von 10–21 Uhr, zudem gibt es überall in der Stadt 24-Stunden-Mini-Märkte. Manche Läden haben donnerstags und gelegentlich samstagnachmittags länger offen. Märkte halten sich selten an diese Standardzeiten, sondern öffnen sehr früh und schließen kurz nach Mittag. *Nyvita* heißt »geöffnet« und *zárva* »geschlossen«.
Büros Mo–Fr 9 oder 10 bis 18, Sa bis 13 Uhr.
Banken Mo–Do 8–17, Fr 8–16 Uhr.
Postämter In der Regel Mo–Fr 8–18, Sa 8–12 Uhr.
Museen/Sehenswertes Di–So 9–17 oder 10–18 Uhr.
Apotheken Mo–Fr 9 oder 10 bis 18, Sa bis 13 Uhr.

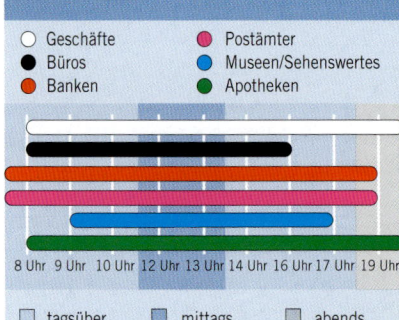

POLIZEI 107

FEUERWEHR 105

RETTUNGSDIENST 104

SICHERHEIT

Bagatelldiebstähle kommen in Budapest durchaus vor, körperliche Angriffe sind aber selten. Nachts sollten Sie die Margareteninsel und die auswärtigen Bezirke Józsefváros und Ferencváros besser meiden. Zu Ihrer Sicherheit:

- Lassen Sie keine sichtbaren Wertgegenstände im Auto.
- Geben Sie in der Metro und Touristenattraktionen auf Ihre Wertsachen acht.
- Lassen Sie wichtige Papiere im Hotelsafe, führen Sie eine Kopie des Ausweises mit sich.

Polizei:
107 von jedem Telefon

TELEFONIEREN

Öffentliche Telefone sind weit verbreitet und funktionieren mit Münzen und Karten, viele sind mittlerweile jedoch reine Kartentelefone. (Karten bekommt man bei Postämtern, Kiosken und Tankstellen).
Die Vorwahl für Budapest ist die 1; aus dem Ausland wählen Sie 00361 und dann die gewünschte Nummer. Wenn Sie innerhalb Ungarns und nicht in derselben Stadt anrufen, wählen Sie erst die 06, dann, nach dem zweiten Tonsignal, die Vorwahl und die Nummer. Beachten Sie bitte, dass in diesem Reiseführer bei Telefonnummern außerhalb Budapests die 06 + Vorwahl berücksichtigt wurde, die Budapester Vorwahl 1 jedoch nicht.

Internationale Vorwahlen

Deutschland:	**0049**	**Schweiz**	**0041**
Österreich:	**0043**		

POST

Das Hauptpostamt der Stadt in der V. Petőfi Sándor utca 13–15 ist Mo–Fr 8–20 und Sa 8–14 Uhr geöffnet. Die Postfiliale am Nyugati-Bahnhof (VI. Teréz körút 51–53) hat noch länger offen: Mo–Sa 7–21 und So 8–20 Uhr.

ELEKTRIZITÄT

Die Stromversorgung läuft auf 220 V. Die Steckdosen sind identisch mit denen im restlichen Europa. Reisende aus nicht-europäischen Ländern brauchen einen Adpater.

TRINKGELD

Trinkgeld wird für die meisten Dienstleistungen erwartet. Als Faustregel gilt:

Restaurant	circa 10 % (wenn der Service nicht inklusive ist).
Barkeeper	auf nächsten vollen Forint aufrunden.
Fremdenführer	nach freiem Ermessen.
Taxis	auf nächsten vollen Forint aufrunden.

INTERNET

In ganz Budapest gibt es Internetcafés (in allen Einkaufszentren) und viele Bars, Restaurants sowie Kaffeehäuser bieten kostenlos Wireless Lan an. Ansonsten sollte man pro Stunde mit 200–700 Ft. rechnen. Gute Cafés sind: Electric Café (VII. Dohány utca 37, Tel. 413-1803; tägl. 9 Uhr–Mitternacht), Private Link (VIII. József körút 52, Tel. 334-2057; rund um die Uhr).

BOTSCHAFTEN & KONSULATE

Deutschland
☎ (0036)-1-488-3500

Österreich
☎ (0036)-1-352-8795

Schweiz
☎ (0036)-1-460-7040

GESUNDHEIT

Krankenversicherung: Durch Sozialversicherungsabkommen genießen Staatsangehörige der meisten europäischen Staaten, die im Heimatland krankenversichert sind, in Ungarn mit der Europäischen Krankenversicherungskarte (EHIC) ersicherungsschutz.

Zahnarzt: Die private zahnärztliche Versorgung ist in Ungarn sehr gut und kostengünstig. Da viele EU-Bürger sich in Ungarn preiswert die Zähne richten lassen, findet man auch deutschsprachige Zahnärzte. Der zahnärztliche Notdienst ist unter der 267-9602 erreichbar.

Wetter: Im Hochsommer kann es in Budapest unglaublich heiß werden. Tragen Sie daher nicht zu kurze Kleidung, schützen Sie Ihre Haut mit Sonnencreme und trinken Sie viel Wasser.

Medikamente: Die Apotheken (*patika* or *gyógyszertár*) in Budapest sind zahlreich vertreten und gut ausgestattet. Wenn Sie spezielle Medikamente benötigen, empfiehlt es sich jedoch, genügend davon mitzunehmen. Einige Apotheken sind rund um die Uhr geöffnet, z. B. Teréz Gyógyszertár am VI. Teréz körút 41, Tel. 475-0295.

Trinkwasser: Das Leitungswasser entspricht Trinkwasserqualität. Mineralwasser gibt es aber auch überall zu kaufen.

ERMÄSSIGUNGEN

Studenten: Ein Internationaler Studentenausweis (ISIC) verschafft Ermäßigungen in Museen und Attraktionen.
Senioren: Eventuell erhalten Sie in Museen Ermäßigungen, allerdings gelten diese meist nur für ungarische Staatsbürger.
Budapest-Card: Die Karte, die entweder 48 oder 72 Stunden gültig ist (6450 Ft./7950 Ft.), gewährt freien oder ermäßigten Eintritt zu 60 der großen Museen und Sehenswürdigkeiten der Stadt, beinhaltet Fahrten im öffentlichen Nahverkehr sowie Ermäßigungen in Thermalbädern, einigen Restaurants und Geschäften, organisierten Führungen und Autovermietungen. Sie ist an Metrostationen, in den Büros der Tourinform, in Reisebüros, Hotels und am Flughafen erhältlich.

EINRICHTUNGEN FÜR BEHINDERTE

Die meisten öffentlichen Verkehrsmittel sind schlecht für Rollstühle geeignet; nur die neueren Modelle haben Rampen. Im übrigen Stadtbild bemüht man sich um behindertengerechte Zugänge, generell liegt Budapest in dieser Hinsicht aber unter dem europäischen Durchschnitt. Die Hungarian Disabled Association (III. San Marco utca 76, Tel. 250-9013; www.meoszinfo.hu) bietet Informationen auf Englisch.

KINDER

Viele Hotels haben Kinderbetten und Restaurants meist Hochstühle, Sie sollten diese aber im Voraus buchen.

TOILETTEN

In der ganzen Stadt gibt es öffentliche Toiletten (50 bis 100 Ft.), Sie können aber auch in eine Bar oder ein Lokal gehen (manche verlangen ein Entgelt). *Hölgyek/Nők* heißt »Damen«, *Urak/ Férfiak* bedeutet »Herren«.

ZOLL

Aus Nicht-EU-Ländern dürfen bis zu 250 Zigaretten, 2 l Wein und 1 l Spirituosen sowie 100 ml Parfum eingeführt werden. Antiquitäten von Wert (älter als 50 Jahre) erfordern eine Ausfuhrerlaubnis.

SPRACHE

Anfangs erscheinen ungarische Worte als zum Verzweifeln schwierig auszusprechen. Aber mit der Zeit und vor allem mit Geduld und Praxis wird auch der unsicherste Sprachkünstler selbst die längsten Worte bewältigen.

AUSSPRACHE

Die Betonung liegt immer auf der ersten Silbe des Wortes.
a wie das »o« in **Posten**
á wie das »a« in **Tomate**
c wie das »tz« in **Klotz**
cs wie das »tsch« in **Tschechien**
e wie das »e« in **Bett**
é wie »ä« in Käse
gy wie ein stimmhaftes »dj«
i wie das »i« in **Tisch**
í wie das »ie« in **tief**
j/ly wie das »y« in **Yacht**
ny wie das »nj« in **Tanja**
o wie »o« in **Organ**, aber länger
ó wie o, aber länger
ö wie das »u« in **Fuß**
ő wie ö, aber länger
s wie das »s« in **Stephan**
sz wie das »s« in **Sven**
ty wie in »tja«
u wie das »u« in **Bulle**
ú wie das »ou« in **Boule**
ü wie das »u« in **Kuh**
ı wie ü, aber länger
zs wie das »sch« in **Pascha**

IMMER ZU GEBRAUCHEN

Ja/nein **Igen/Nem**
Bitte **Kérem**
Danke **Köszönöm**
Gerne **Szívesen**
Tut mir leid **Sajnálom**
Hallo **Szervusz**
Auf Wiedersehen **Viszontlátásra**
Hallo/tschüß (formlos) **Szia**
Guten Morgen **Jó reggelt**
Guten Tag **Jó napot**
Guten Abend **Jó estét**
Gute Nacht **Jó éjszakát**
Entschuldigung **Elnézést kérek**; (um vorbeizugehen: **Bocsánat**)
Wie geht es Ihnen? (formell) **Hogy van?**
Wie gehts? (formlos) **Hogy vagy?**
Mir geht es gut. Und Ihnen? **Jól vagyok. És ön?**
Sprechen Sie Englisch? **Beszél angolul?**
Ich verstehe (nicht) **(Nem) értem**
Bitte schreiben Sie das auf **Leírná, írja le**
Ich hätte gerne... **Kérek...**
Wer? **Ki?**
Was? **Mi?**
Warum? **Miért?**
Wann? **Mikor?**
Wie teuer ist das? **Mennyibe kerül?**
Geöffnet **Nyvita**
Geschlossen **Zarva**
Herren **Férfi**
Damen **Női**
Drücken **Tolni**
Ziehen **Húzni**
Heute **Ma**
Gestern **Tegnap**
Morgen **Holnap**

UNTERWEGS

Eingang **Bejárat**
Ausgang **Kijárat**
Wo ist...? **Hol van a...?**
Wie weit ist das? **Milyen messze van?**
Links **Balra**
Rechts **Jobbra**
Geradeaus **Egyenesen**
Nah **Közel**
Weit **Messze**
Bahnhof **Pályaudvar**
Bushaltestelle **Buszállomás**
Flughafen **Repülőtér**
Inland **Belföldi**
International **Külföldi**
Fahrkartenschalter **Pénztár**
Einzelfahrschien **Jegyet kérek**
Rückfahrkarte **Retur jegyet**
Bus **Busz**
Straßenbahn **Villamos**
Zug **Vonat**
Trolleybus **Trolibusz**
U-Bahn/Metro **Metró**

WOCHENTAGE

Montag **Hétfő**
Dienstag **Kedd**
Mittwoch **Szerda**
Donnerstag **Csütörök**
Freitag **Péntek**
Samstag **Szombat**
Sonntag **Vasárnap**

ÜBERNACHTEN

Hotel **Szalloda**
Einzelzimmer **Egyágyaz szoba**
Doppelzimmer **Kétágyas szoba**
Ich möchte gerne ein Doppelzimmer reservieren **Szeretnék egy duplaágyas szobát foglani**
Wieviel kostet das pro Nacht? **Mennyibe kerül egy éjszakára?**
Reservierung **Foglalás**
Dusche **Zuhany**
Bad **Fürdőkád**
Toilette **Vécé**

SPEISEKARTE

Alma Apfel
Bárány Lamm
Borjú Kalb
Bors Pfeffer
Burgonya Kartoffeln
Comb Bein
Csirkehús Hähnchen
Cukor Zucker
Disznóhús Schwein
Ecet Essig
Eper Erdbeere
Fehér bor Weißwein
Galuska Knödel
Gomba Pilze
Hagyma Zwiebel
Hal Fisch
Húsok Fleisch
Kacsa Ente
Kávé Kaffee
Kenyér Brot
Levesek Suppe
Liba Gans
Máj Leber
Marha Rindfleisch
Mell Brust
Narancs Orange
Nyúl Kaninchen
Olaj Öl
Paprika Paprika
Paradicsom Tomate
Pulyka Pute
Rizs Reis
Roston sült gegrillt
Saláták Salate
Sárgarépa Karotte
Só Salz
Sonka Schinken
Sör Bier
Sült gebacken
Szalvéta Serviette
Szarvas Wild
Szilva Pflaume
Tojás Ei
Uborka Gurke
Vaj Butter
Víz Wasser
Vörös bor Rotwein
Zöldborsó Erbsen
Zöldség Gemüse

IM RESTAURANT

Restaurant **Étterem**
Café **Kávéház**
Bierkeller **Söröző**
Tisch **Asztal**
Die Rechnung, bitte **Számlát kérek**
Speisekarte **Étlap**
Frühstück **Reggeli**
Mittagessen **Ebéd**
Abendessen **Vacsora**
Vorspeisen **Előételek**
Hauptgerichte **Főételek**
Desserts **Desszertek, édességek**
Kellner/Kellnerin **Pincér/pincérnő**
Guten Appetit **Jó étvágyat**
Prost **Egészégedre**
Ich bin Vegetarier **Vegetáriánus vagyok**

ZAHLEN

0 **Nulla**
1 **Egy**
2 **Kettő (két mit einem Objekt)**
3 **Három**
4 **Négy**
5 **Öt**
6 **Hat**
7 **Hét**
8 **Nyolc**
9 **Kilenc**
10 **Tíz**
11 **Tizenegy**
12 **Tizenkettő**
13 **Tizenhárom**
14 **Tizennégy**
15 **Tizenöt**
16 **Tizenhat**
17 **Tizenhét**
18 **Tizennyolc**
19 **Tizenkilenc**
20 **Húsz**
21 **Huszonegy**
22 **Huszonkettő**
30 **Harminc**
40 **Negyven**
50 **Ötven**
60 **Hatvan**
70 **Hetven**
80 **Nyolcvan**
90 **Kilencven**
100 **Száz**
200 **Kétszáz**
500 **Ötszáz**
1.000 **Ezer**

Cityplan

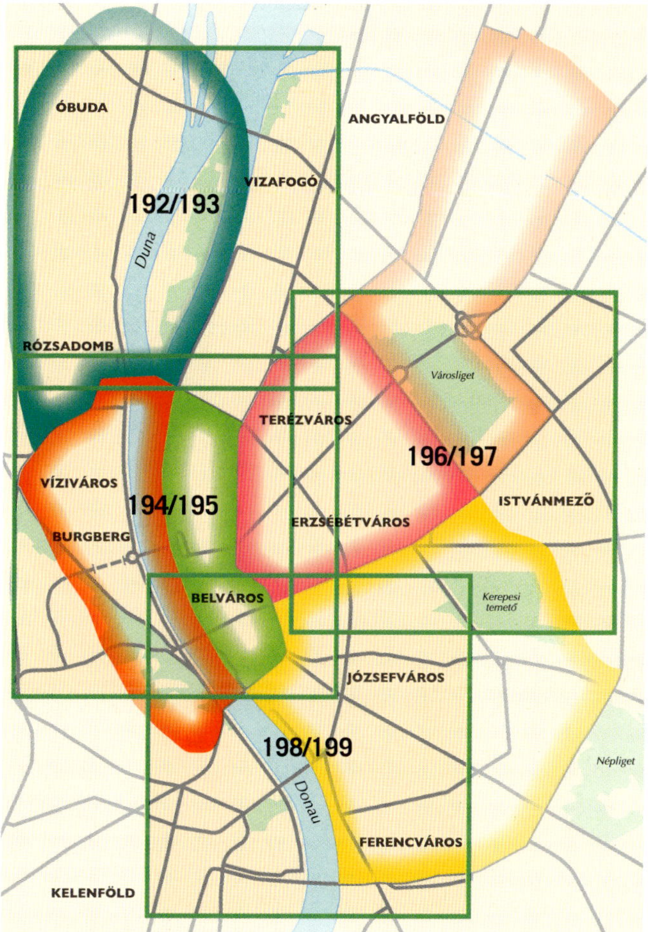

Kapiteleinteilung: siehe Übersichtskarte auf den Umschlaginnenseiten

Legende

- Hauptstraße
- Nebenstraße
- Fußweg
- Treppenweg
- Bahnlinie
- Wichtiges Gebäude
- Park
- Sehenswürdigkeit
- Touristeninformation
- Denkmal
- Kirche
- Synagoge
- Postamt
- U-Bahnstation

192–199 0 500 Meter 0 500 Yards

A
B
C
5
4
3
2
1
III
ÓBUDA
ÚJLAK
SZEMLÖHEGY
FELHÉVÍZ
II
RÓZSADOMB
194
Duna
Hercules Villa
Aquincum
VÖRÖSVÁRI ÚTAK
Flórián
Varga Imre Kiállítóháza
Kassák Múzeum
Fürdő Múzeum
Kun Zsigmond Népművészeti Gyűjtemény
Flórián tér
Szentlélek tér
Fő tér
Óbudai rakpart
Kiscelli Múzeum
Táborvárosi Múzeum
Építészeti Múzeum
Textil Múzeum
TIMÁR UTCA
PACSIRTAMEZŐ UTCA
Amfiteátrum
Palvölgyi-barlang & Szemlőhegyi-barlang
Szépvölgyi útak
SZÉPVÖLGYI ÚTAK
Kolosy tér
LAJOS UTCA
Ferences templom és kolostor
Kilátó
Zsigmond tér
Császár-Komjádi uszoda
Szent Császár Strandfürdő
Lukács Gyógyfürdő
Hajós Alfréd Nemzeti Sportuszoda
Casino
Szökőkút
Centenáriumi emlékmű
Margitszigeti Atlétikai Centrum
ÁRPÁD FEJEDELEM ÚTJA
világifjúság park
Gül Baba Türbéje
MARGIT HÍD
KÖRÚT
MARGIT
HÍD
Bécsi útak
Kiscelli utca
Kenyeres utca
Selmeci utca
Viador utca
Nagyszombat utca
Bécsi útak
Frankel Leó útak
Zsigmond köz
Ustökös utca
Török utca
Rómer Flóris utca
Szemlőhegy utca
Bimbó
Margit utca
Mecset utca
Apostol utca
Vérhalom utca
Mandula utca
Berkenye utca
Aldás utca
Eszter utca
Bólyai utca
Kavics utca
Szerena útak
Sarolta utca
Józsefhegyi útak
Pusztaszeri útak
Borókā utca
Szeréna
Apolka utca
Alsó Zöldmáli útak
Virág B utca
Folyóka
Mikovinyi utca
Mátyáshegyi útak
Remetehegyi útak
Kiscelli lejtő
Tégla utca
Föld utca
Remenység utca
Gyenes utca
Váradi Sándor utca
Perényi lejtő
Serfőző utca
Dugovics T tér
Óbudai utca
Harrer P utca
Laktanya utca
Perc utca
Lajos utca
Fényes A utca
Tímár utca
Dereglye utca
Calagonya utca
Bokor utca
Cserfa utca
Darázs utca
Újlaki rakpart
Árpád fejedelem rakpart
Margitszigeti sétány
Alfréd Hajós

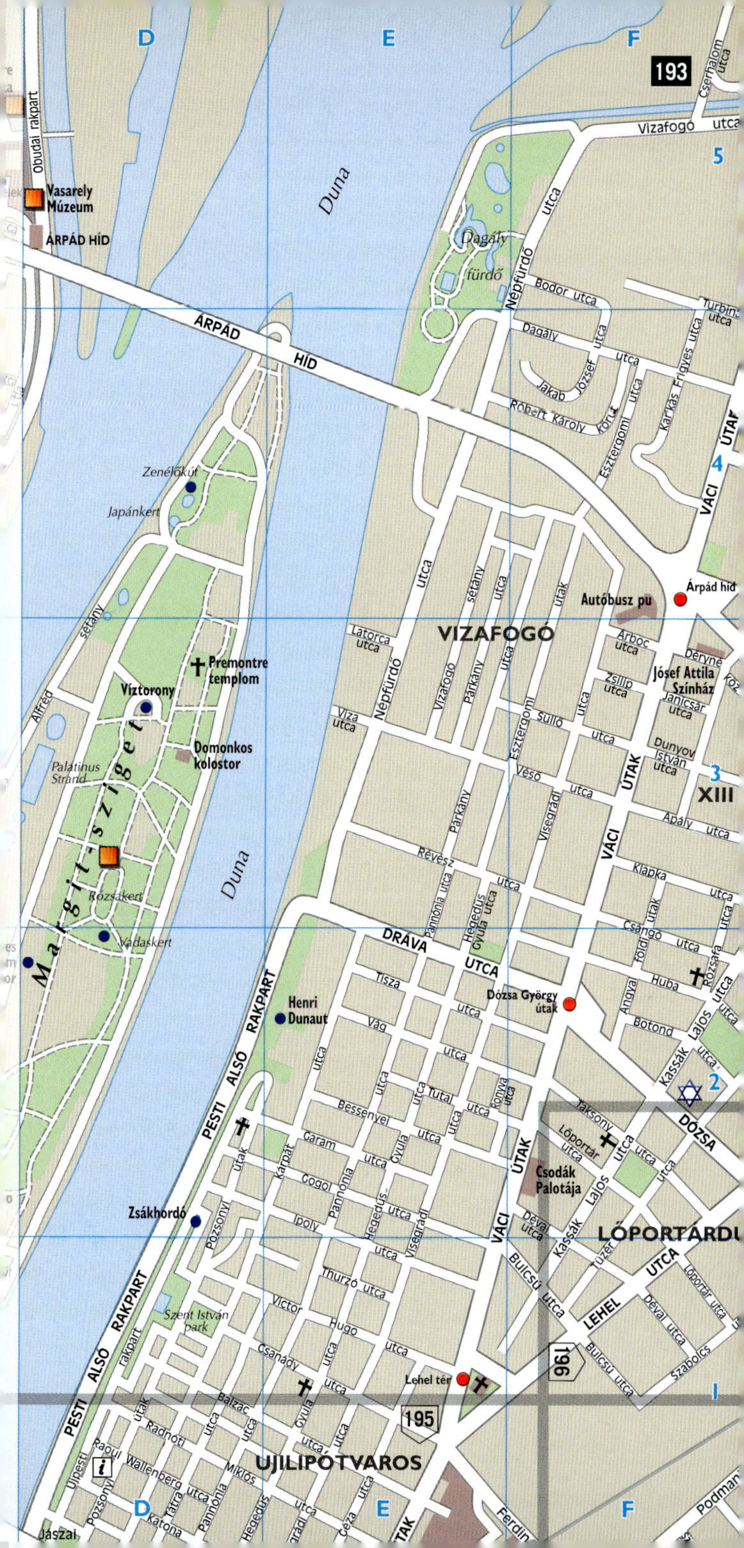
D
E
F
5
4
3
2
1
Óbudai rakpart
Vasarely Múzeum
ÁRPÁD HÍD
Duna
Dagály fürdő
Népfürdő utca
Vizafogó utca
Cserhalom utca
Bodor utca
Turbina utca
Dagály utca
Jakab József utca
Róbert Károly körút
Esztergomi utca
Karikás Frigyes utca
VÁCI ÚT
Zenélőkút
Japánkert
sétány
Alfréd
Palatinus Strand
Víztorony
Premontre templom
Domonkos kolostor
Margit-sziget
Rózsakert
Vadaskert
Autóbusz pu
Árpád híd
VIZAFOGÓ
Latorca utca
Népfürdő utca
Vizafogó
Parkány
Viza utca
Arboc utca
Zsilip utca
József Attila Színház
Déryné köz
Jánicsár utca
Süllő
Dunyov István utca
Véső
Visegrádi
XIII
Apály utca
Révész
Parkány
Klapka utca
Pannonia utca
Hegedűs Gyula utca
DRÁVA UTCA
Csángó utca
Földi utca
Rózsafa utca
Tisza
Dózsa György út
Huba
Angyal
Botond
Henri Dunant
Vág
PESTI ALSÓ RAKPART
Kassák Lajos utca
Tutaj
Bessenyei
Ronyva utca
Taksony
Lőportár utca
DÓZSA
Garam
Kárpát
Gogol
Pannonia
Csodák Palotája
Zsákhordó
Pozsonyi
Ipoly
Hegedűs Gyula utca
Visegrádi
VÁCI ÚT
Dévai utca
LŐPORTÁRDŰLŐ
Tüzér
Thurzó utca
Bulcsú utca
LEHEL UTCA
Victor Hugo utca
Szent István park
Csanády utca
Lehel tér
196
Szabolcs
195
Balzac
Radnóti
Raoul Wallenberg utca
Miklós
UJLIPÓTVÁROS
Újpesti
Tátra
Katona
Jászai
Géza
Ferdinánd
Podmaniczky

194
RÓZSADOMB
Gül Baba Türbéje
MARGIT HÍD
MARGIT
KÖRÚT
HÍD
192
Mechwart liget
BEM J. UTCA
Öntödei Múzeum
Külügyminisz
Király Gyógyfürdő
Színház
MARGIT
KÖRÚT
Széna tér
Csalogány
Batthyány
Szent Anna templom
HÉV-VÉGÁLLOMÁS
Batthyány tér
Batthyány tér
Moszkva tér
Országház
VÉRMEZŐ ÚTAK
Bécsi Kapu
Hadtörténeti Múzeum
Múzeum
Múzeum
VÍZIVÁROS
Mária Magdolna-Torony
Vendéglátóipari Múzeum
Mátyás templom
Halászbástya
Telefónia Múzeum
VÁR-HEGY
Szentháromság szobor
Cipők a Duna-parton
Duna
PESTI ALSÓ RAKPART
Régi Budai Városháza
Arany Sas Patikamúzeum
Déli pályaudvar
DÉLI PÁLYAUDVAR
KRISZTINAVÁROS
Budavári Labirintus
Dísz tér
Várszínház
Clark Ádám tér
SZÉCHENYI LÁNCHÍD
Sikló
ALAGÚT UTCA
Legújabbkori Tort Múzeum
Savoyai Jenő szobor
Magyar Nemzeti Galéria
Mátyás-Kút
Horváth-kert
Budapesti Történeti Múzeum
Országos Széchényi Könyvtár
Budai Királyi Palota
NAPHEGY
Naphegy tér
TABÁN
Tabán
Semmelweis Orvostörténeti Múzeum
198
Erzsébet királyné szobor
Rác Gyógyfürdő
HEGYALJA ÚTAK
Gellért emlékmű
GELLÉRT-HE
Gellért-hegy
Citadella
Jubileumi park
MÉSZÁROS UTCA
HEGYALJA
ALKOTÁS UTCA
A
B
C
1
2
3
4
5

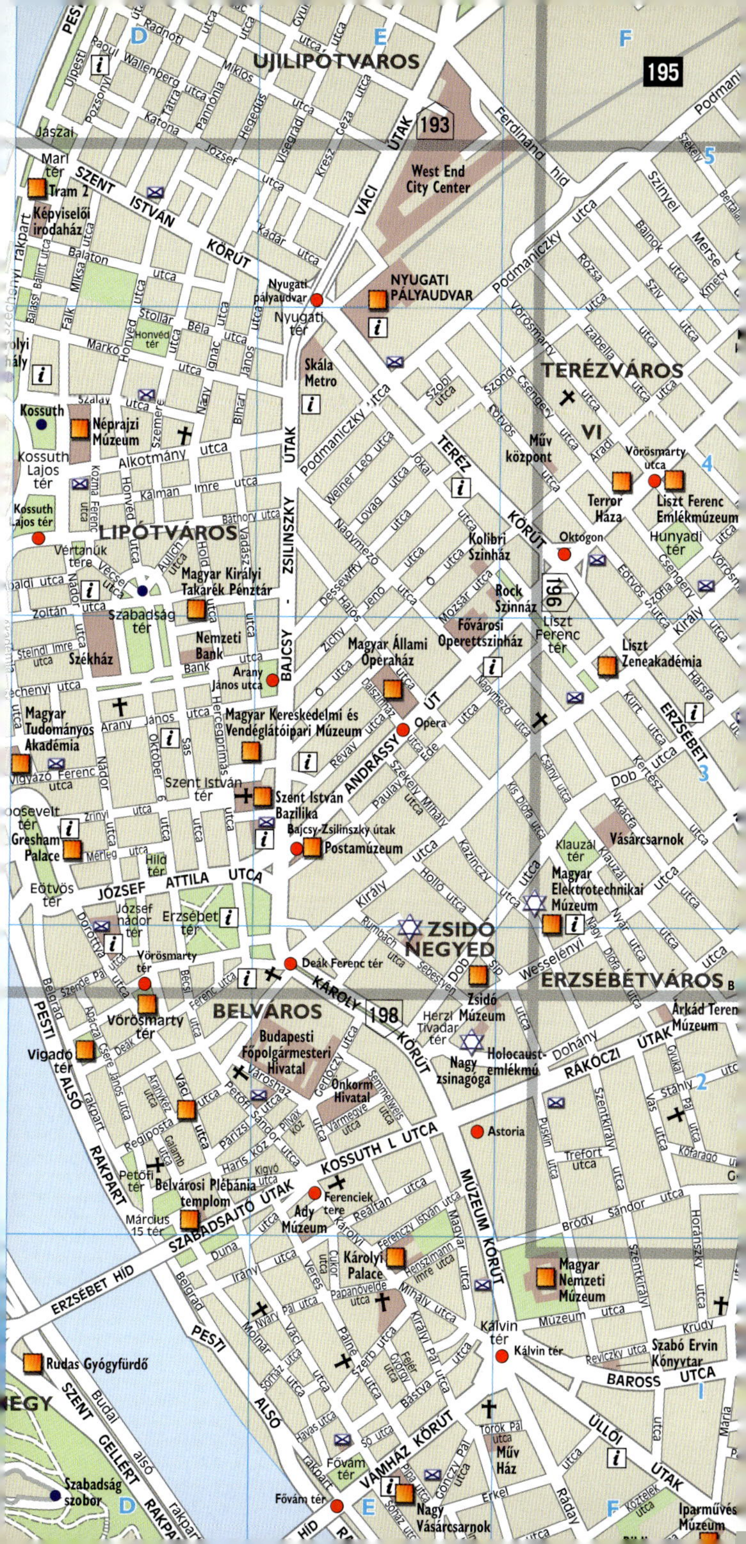
195
D
E
F
UJILIPÓTVÁROS
193
West End City Center
NYUGATI PÁLYAUDVAR
Nyugati pályaudvar
Nyugati tér
Skála Metro
SZENT ISTVÁN KÖRÚT
Jászai Mari tér
Tram 2
Képviselői irodaház
Ferdinand híd
Podmaniczky utca
TERÉZVÁROS
VI
Mű-központ
Terror Háza
Vörösmarty utca
Liszt Ferenc Emlékmúzeum
Hunyadi tér
Oktogon
TERÉZ KÖRÚT
Kolibri Színház
Rock Színház
Fővárosi Operettszínház
196
Liszt Ferenc tér
Liszt Zeneakadémia
Magyar Állami Operaház
Opera
ANDRÁSSY ÚT
Kossuth tér
Néprajzi Múzeum
Kossuth Lajos tér
LIPÓTVÁROS
Magyar Királyi Takarék Pénztár
Szabadság tér
Székház
Nemzeti Bank
Arany János utca
BAJCSY-ZSILINSZKY ÚTAK
Magyar Tudományos Akadémia
Magyar Kereskedelmi és Vendéglátóipari Múzeum
Szent István tér
Szent István Bazilika
Bajcsy-Zsilinszky útak
Postamúzeum
Roosevelt tér
Gresham Palace
JÓZSEF ATTILA UTCA
Erzsébet tér
Vörösmarty tér
Deák Ferenc tér
KÁROLY KÖRÚT
198
ZSIDÓ NEGYED
Zsidó Múzeum
ERZSÉBETVÁROS
Árkád Terem Múzeum
Vásárcsarnok
Klauzál tér
Magyar Elektrotechnikai Múzeum
Herzl Tivadar tér
Holocaust-emlékmű
Nagy zsinagóga
RÁKÓCZI ÚTAK
Astoria
BELVÁROS
Budapesti Főpolgármesteri Hivatal
Önkormányzati Hivatal
Vigadó tér
PESTI ALSÓ RAKPART
KOSSUTH L UTCA
Petőfi tér
Belvárosi Plébánia templom
Március 15 tér
SZABADSAJTÓ ÚTAK
Ferenciek tere
Ady Múzeum
Károlyi Palace
MÚZEUM KÖRÚT
Magyar Nemzeti Múzeum
Kálvin tér
Szabó Ervin Könyvtár
BAROSS UTCA
ÜLLŐI ÚTAK
ERZSÉBET HÍD
Rudas Gyógyfürdő
SZENT GELLÉRT RAKPART
Szabadság szobor
Fővám tér
VÁMHÁZ KÖRÚT
Műv Ház
Nagy Vásárcsarnok
Iparművész Múzeum
5
4
3
2
1

196
193
195
199
A
B
C
LŐPORTÁRDŰLŐ
DÓZSA
GYÖRGY
ÚTAK
LEHEL UTCA
Lőportár utca
Kassák
Tüzér
Dévai utca
Bulcsú utca
Szabolcs utca
Aba utca
Vágány
Magyar Vasúttörténeti Park
Varannó utca
Vidámpark
Looping star
Hullám
Fővárosi Nagycirkusz
Vihar-vasút
Állatkert
Állatkerti körút
Széchenyi Gyógyfürdő
Széchenyi fürdő
Állatkerti tó
Állat-és Növénykert
Szépművészeti Múzeum
KÓS KÁROLY SÉTÁNY
Városliget
Vajdahunyad Vár
Ezeréves emlékmű
Hősök tere
Városligeti tó
Magyar Mezőgazdasági Múzeum
Műcsarnok
Olof
Palme
Felvonulási tér
Podmaniczky utca
Munkácsy
Rippl Rónai utca
Mihály
Szondi
Bajza
Székely Bertalan
Andrássy út
Szinyei
Bainok
Merse
Gyorgy
Aradi
Rózsa
Szív
Kmety
Délibáb
Hopp Ferenc Kelet-Ázsiai Művészeti Múzeum
Bajza utca
Benczúr
Kodály körönd
Kodály Zoltán Emlékmúzeum
Ráth György Múzeum
Felső erdősor utca
Városligeti fasor
Izabella
TERÉZVÁROS
VI
Vörösmarty utca
Terror Háza
Liszt Ferenc Emlékmúzeum
Hunyadi tér
Lövölde tér
Damjanich
Peterdy
Dembinszky
Hernád
Murányi
József
Bethlen Gábor utca
Nefelejcs
Marek
István
Oktogon
Eötvös
Szófia
Csengery
Király
Jókai
Hevesi Sándor tér
Rottenbiller
Bethlen Gábor tér
Róth Miksa Emlékház
Liszt Ferenc tér
Liszt Zeneakadémia
Hársfa
Dob
Wesselényi
Almássy tér
Almássy utca
Szövetség utca
Rózsák tere
Kürt
ERZSÉBET KÖRÚT
Kertész
Akácfa
Vásárcsarnok
VII
Barcsay
Dohány
Alsó erdősor
Huszár utca
Munkás
Keleti pályaudvar
Baross tér
THÖKÖLY
Garay
Péterfy Sándor
Klauzál tér
Magyar Elektrotechnikai Múzeum
Nyár
Osvát utca
New York Kávéház
Rákóczi útak
Luther utca
Kiss
Berzsenyi
Festetics
Mosonyi utca
Légszesz utca
Rendőrség-történeti Múzeum
ERZSÉBETVÁROS
Blaha Lujza tér
Árkád Terem Múzeum
Csokonai utca
Bezerédj
József utca
Köztársaság tér
Erkel Színház
Gázláng utca
Dologház utca
Népszínház útak
Népszínház utca
Szilágyi
Vay Ádám
Kun
Alföldi
Teleki László tér
Rákóczi ÚTAK
Gyulai
Stáhly
Szentkirályi
Somogyi Béla utca
JÓZSEF KÖRÚT
Bacsó Béla utca
Víg
Tolnai
Fecske
Auróra
Nagy Fuvaros utca
Kis Fuvaros
Homok
Erdélyi
Bérkocsis
Lujza
Kőfaragó utca
Trefort
Gutenberg tér
Rákóczi tér
Déri Miksa
Mátyás tér
Szerdahelyi
Brody Sándor utca
Puskin utca
Horánszky

D
E
F
Limanova tér
HERMINAMEZŐ
ERZSÉBET KIRÁLYNÉ ÚTJA
Mexikói út
Globe színház
Petőfi Csarnok
Közlekedési Múzeum
HUNGÁRIA KÖRÚT
MEXIKÓI ÚT
THÖKÖLY ÚT
ZUGLÓ M
Hungária körút
ISTVÁNMEZŐ
Millenáris Sporttelep
Kisstadion
Magyar Áll Földtani Int
Reiner F park
Dózsa György út
Istvánmezei út
Nemzeti Sportcsarnok
Népstadion
Puskás Ferenc Stadion
Papp László Sportarena
Dózsa György út
KELETI PÁLYAUDVAR
Stadionok
KEREPESI ÚT
Stróbl Alajos utca
Batthyány mauzóleum
Munkásmozgalmi mauzóleum
Kerepesi temető
Deák mauzóleum
Kossuth mauzóleum
FIUMEI ÚT
199
Asztalos Sándor út
Ciprus utca
1
2
3
4
5

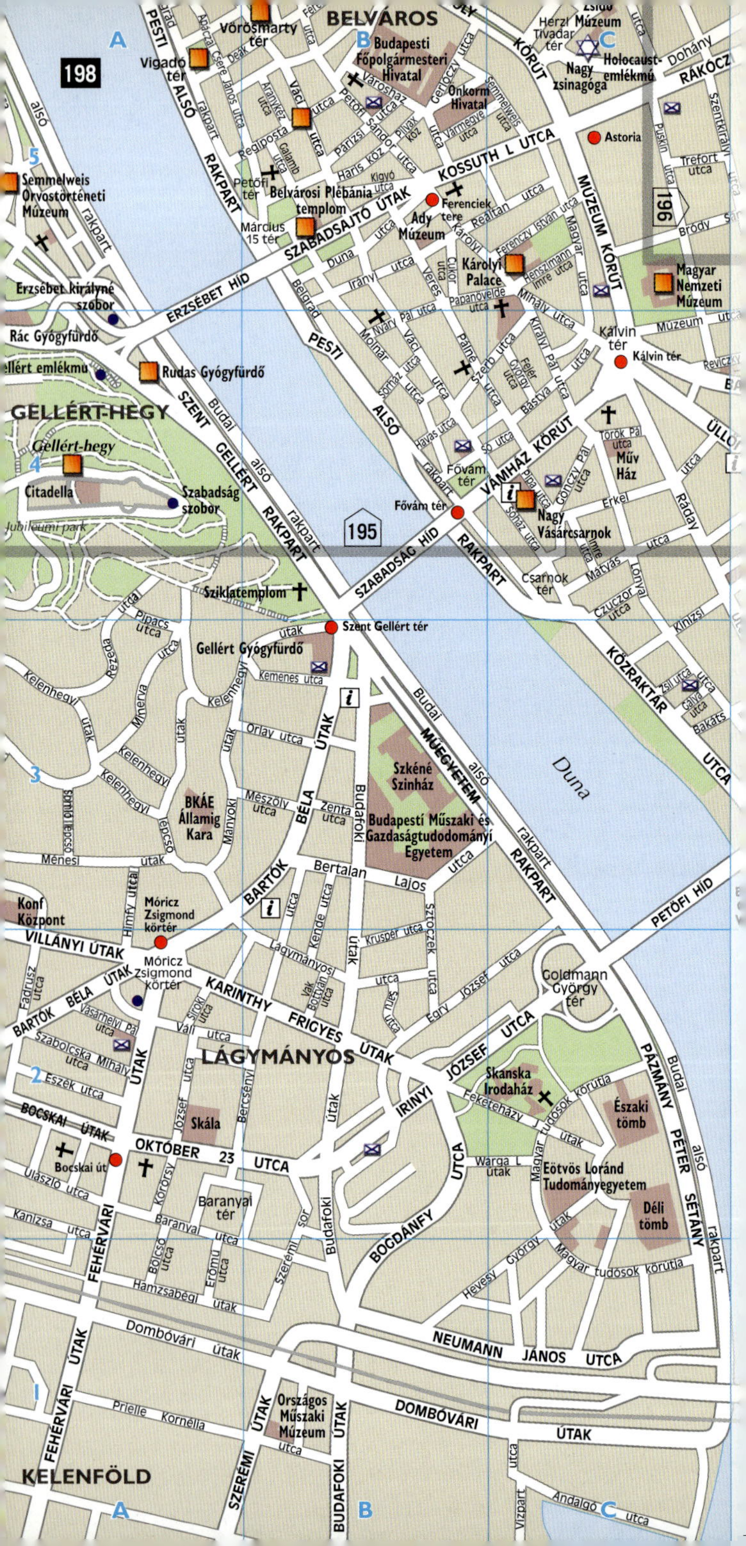
198
A
B
C
1
2
3
4
5
195
196
BELVÁROS
Vörösmarty tér
Vigadó tér
Budapesti Főpolgármesteri Hivatal
Önkorm. Hivatal
Herzl Tivadar tér
Zsidó Múzeum
Nagy zsinagóga
Holocaust-emlékmű
Dohány
RÁKÓCZI
Astoria
KOSSUTH L. UTCA
KÓRÚT
MÚZEUM KÖRÚT
Semmelweis Orvostörténeti Múzeum
Petőfi tér
Belvárosi Plébánia templom
Március 15 tér
SZABADSAJTÓ ÚTAK
Ferenciek tere
Ady Múzeum
Károlyi Palace
Magyar Nemzeti Múzeum
Erzsébet királyné szobor
ERZSÉBET HÍD
Rác Gyógyfürdő
Gellért emlékmű
Rudas Gyógyfürdő
Kálvin tér
GELLÉRT-HEGY
Gellért-hegy
Citadella
Szabadság szobor
Jubileumi park
SZENT GELLÉRT RAKPART
PESTI ALSÓ RAKPART
Fővám tér
VÁMHÁZ KÖRÚT
Műv Ház
Nagy Vásárcsarnok
SZABADSÁG HÍD
Csarnok tér
Sziklatemplom
Szent Gellért tér
Gellért Gyógyfürdő
KÖZRAKTÁR UTCA
ÜLLŐI
Duna
Szkéné Színház
Budapesti Műszaki és Gazdaságtudodományi Egyetem
MŰEGYETEM RAKPART
BKÁE Államig Kara
BARTÓK BÉLA ÚTAK
PETŐFI HÍD
Konf Központ
Móricz Zsigmond körtér
VILLÁNYI ÚTAK
KARINTHY FRIGYES ÚTAK
LÁGYMÁNYOS
Goldmann György tér
Skanska Irodaház
JÓZSEF UTCA
Északi tömb
Eötvös Loránd Tudományegyetem
Déli tömb
PÁZMÁNY PÉTER SÉTÁNY
Skála
OKTÓBER 23 UTCA
BOCSKAI ÚTAK
Bocskai út
Baranyai tér
FEHÉRVÁRI ÚTAK
BOGDÁNFY UTCA
IRINYI
NEUMANN JÁNOS UTCA
DOMBÓVÁRI ÚTAK
Országos Műszaki Múzeum
SZERÉMI ÚTAK
BUDAFOKI ÚTAK
KELENFÖLD
Andalgó utca
Vízpart

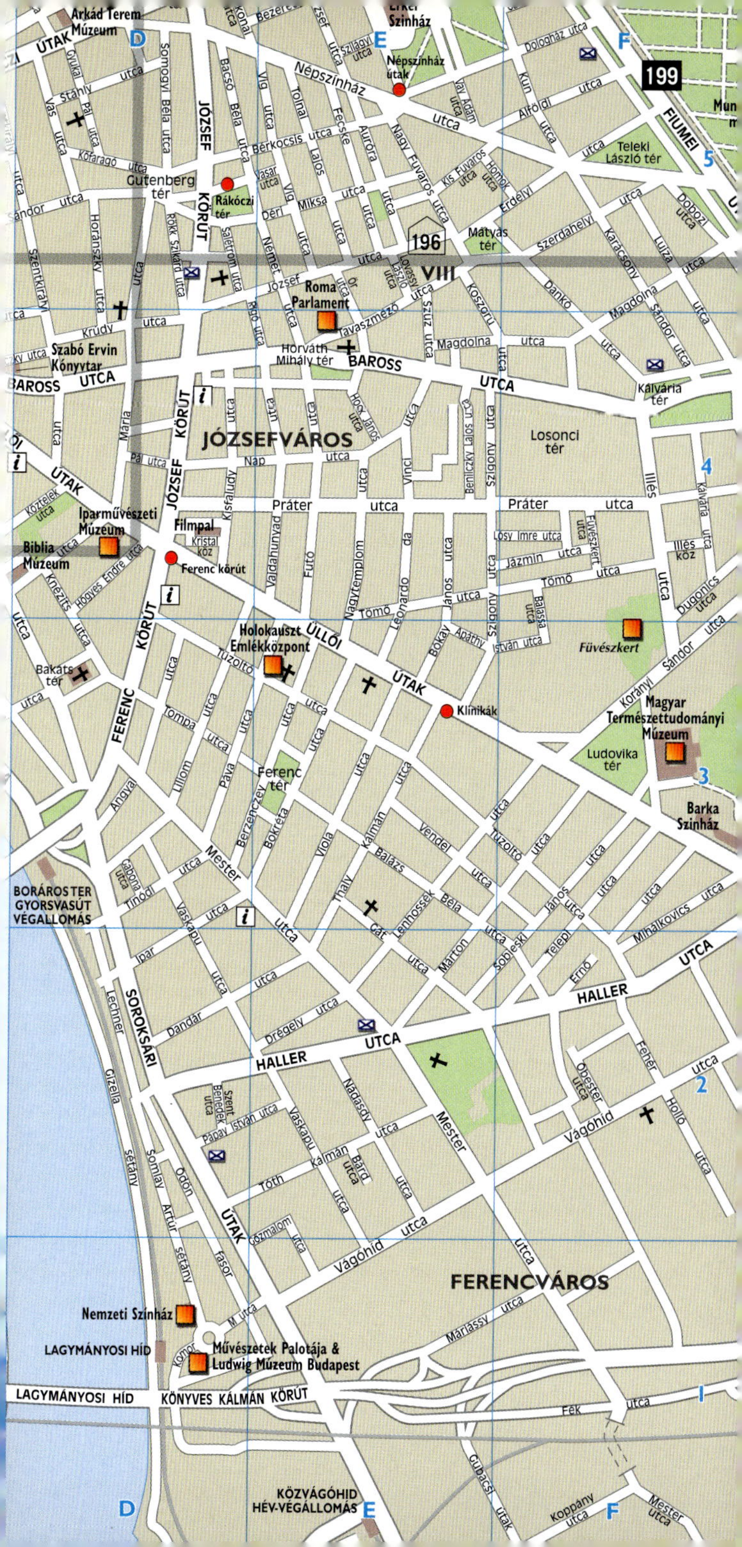

199
196
VIII
D
E
F
D
E
F
1
2
3
4
5
JÓZSEFVÁROS
FERENCVÁROS
Arkád Terem Múzeum
Erkel Színház
Népszínház útak
Népszínház utca
Teleki László tér
FIUMEI
Gutenberg tér
Rákóczi tér
JÓZSEF KÖRÚT
Mátyás tér
Roma Parlament
Horváth Mihály tér
BAROSS UTCA
Szabó Ervin Könyvtár
Kálvária tér
Losonci tér
Práter utca
ÜLLŐI ÚTAK
Iparművészeti Múzeum
Biblia Múzeum
Filmpal
Ferenc körút
Holokauszt Emlékközpont
Füvészkert
Klinikák
Magyar Természettudományi Múzeum
Ludovika tér
Barka Színház
Bakáts tér
Ferenc tér
FERENC KÖRÚT
BORÁROS TÉR GYORSVASÚT VÉGALLOMÁS
SOROKSÁRI ÚTAK
HALLER UTCA
Mester utca
Vágóhíd utca
Nemzeti Színház
LAGYMÁNYOSI HÍD
Művészetek Palotája & Ludwig Múzeum Budapest
KÖNYVES KÁLMÁN KÖRÚT
KÖZVÁGÓHÍD HÉV-VÉGÁLLOMÁS
Gubacsi út
Koppány utca

Straßenregister

Abbildungsnachweis

Die Automobile Association dankt den nachfolgend genannten Fotografen und Bildagenturen für ihre Unterstützung bei der Herstellung dieses Buches:

Umschlag: AA World Travel Library/Jonathan Smith

Alamy (Danita Delimont) 58, (Eddie Gerald) 110/111, (Mark Pink) 111; Getty Images 15u, 16o, 16u; Steve Fallon 71, 174; Trent Middleton 20u, 135o, 136u, 157; Ungarisches Tourismusamt 21m

Alle übrigen Fotos befinden sich im Besitz des AA Bildarchivs (AA WORLD TRAVEL LIBRARY) und stammen von:

Eric Meacher 3i, 3v, 12, 13, 20/21, 23o, 42o, 44, 54, 85u, 95, 118, 125, 129o, 131, 138, 162, 169, 170, 183; Ken Paterson, 2i, 2ii, 3iv, 5, 6/7, 10/11 Hintergrund, 10/11, 11o, 11u, 12/13 Hintergrund, 18, 21o, 22u, 23m, 23u, 24/25, 26, 27, 43o, 46o, 47, 48o, 50, 51, 53, 55, 65o, 67o, 72, 73, 75o, 75u, 76, 77, 84o, 87o, 88/89, 91o, 91u, 96, 112, 113, 116, 127u, 130/131, 135u, 136m, 144o, 144u, 147, 148/149, 151o, 151u, 163, 164/165, 171, 172, 173, 175, 181, 182, 187r; Jonathan Smith 2iii, 2iv, 2v, 2vi, 3ii, 8o, 8ul, 8ur, 9o, 9ur, 14, 17, 19, 21u, 22o, 25, 39, 42u, 43u, 45, 46u, 48u, 49, 52, 56, 57, 63, 65u, 66, 67u, 68, 69, 81, 82l, 82r, 83, 85o, 86, 87u, 89, 90, 92, 94, 97, 103, 104o, 104u, 106, 107o, 107u, 109o, 109u, 114, 115, 126, 127o, 128, 129u, 130, 132/133, 134, 136o, 141, 143o, 143u, 145o, 145u, 146, 148, 150, 153, 154, 155, 156/157, 166, 167, 177; Peter Wilson 3iii, 15o, 40, 41, 70, 74, 119, 161, 168; Gregory Wrona 84u, 187l

Abkürzungen: (o) oben; (u) unten; (l) links; (r) rechts; (m) Mitte